길 위의 우리 철학

길 위의
우리 철학

최시형부터 안호상까지
근대 지성 13인의
발자취를 따라 걷다

한국철학사상연구회 지음

메멘토

희망이란 본래 있다고도 할 수 없고 없다고도 할 수 없다.

그것은 마치 땅 위의 길과 같은 것이다. 본래 땅 위에는 길이 없었다.

걸어가는 사람이 많아지면 그것이 곧 길이 되는 것이다.

—루쉰, 「고향」에서

머리말

자기 시대가 던져 준 삶의 무게를 오롯이 견뎌 낸 사람들이 남긴 발자취는 역사의 물줄기를 따라 흘러간다. 그들이 뜻하지 않은 데서 좌절할 수밖에 없었더라도 역사에 새겨진 행적은 후대에게 거울이 된다. 그래서 '점'으로 남은 한국 근대 지성들의 흔적을 선으로 이어 가면 그들의 삶을 이해하는 '길'이 되고, 그 길이 긴 시간을 두고 겹쳐지면 한 역사 공동체의 '지성사'로 읽힌다.

이 책은 19세기 후반 이후 순탄치 않게 흘러온 한반도의 지성사, 특히 당대의 문제에 대응하기 위해 이 땅에서 스스로 일어난 '우리 철학 사상'을 오늘의 눈으로 보기에 쉽게 소개한다는 뜻에서 기획했다. 글쓴이들은 앞서간 사상가나 지식인들이 '사상'과 '실천'을 아로 새긴 '길'을 먼저 찾아보고 오늘을 살아가는 사람들과 함께 걸어 보려고 했다. 열세 사람이 걸어간 길을 되밟아 보는 여정 속에 과거와 현재와 미래가 하나로 이어지면서 고개를 드는 물음을 정리하고 그것을 독자들과 나누고 싶다. 어떤 독자는, 아무렇지도 않게 지나던 길에 때로는 보잘것없는 모습으로 남은 역사를 확인하고는 가슴이 뻐근해져서 다시는 그 길을 심드렁하게 오가지 못할 수도 있다.

한 시대를 관통하는 철학과 사상은 그 시대의 길에서 만들어졌다고 해도 과언이 아니다. 그리고 지난날 우리 땅 곳곳에서 피어난 '실천적 사상'과 '사상적 실천'은 현재의 사회적 구조, 가치, 문화를 형성하는 데 중요한 바탕이 되었다. 그래서 이 땅 곳곳에 어린 근대 지성의 삶을 따라 걷는 것은, 구체적인 역사 속에서 철학과 사상을 파악하고 그것의 총체적 결과물인 이 땅의 현재 위에서 다시 미래를 전망하고 준비하는 데 꼭 필요한 활동이다. 이 책에서 제안하는 길은 물리적인 실체일 뿐만 아니라 역사적 인물들이 걸은 삶의 노정이자 그들이 추구한 가치를 담아내는 실천의 형식이며 목숨을 바쳐서라도 지키려고 한 신념의 진로다. 역사 공동체에게 이 길은 다른 세상, 다음 시대를 알려 주는 이정표가 되기도 한다.

그런데 다시 밟아 보는 이 길에서 사람들은 추상적 관념의 차원에 머물러 있던 철학 사상과 감성적으로 교감하고 그것을 역사적으로 인식한다. 탐방의 길은 문자 기록에 기댄 소통에서는 기대할 수 없는 만남의 장이 된다. '길 위의 인문학'이라는 것은 육신이 사라져 이름과 글만 전하는 존재들이 지금 여기 있는 존재들과 만나서 새로운 현재를 만들어 가는 배움의 과정을 가리킨다. 그렇다면 다시 걷는 옛길은, 죽은 자와 산 자가 만나는 현장이고 서로 다른 방식으로 생각하는 사람들이 부딪치며 대화하는 과정이 된다.

이 책에서 만나 볼 '철학자의 길'은 올곧은 뜻을 품은 지성들이 당대에 제기된 물음에 발맞춰 자기만의 사유와 실천을 전진시킨 '신념의 길'이다. 처음에는 길이라고 불릴 수 없었어도, 다른 시대를 사는 사람들이 함께 다져 나가며 '역사의 길'이 된다. 과거의 지성이 죽음으로 멈춘 곳에서 생겨난 새로운 지적 분투가 큰길을 만들기도 한다. 그래서 이 책의 독자들은 읽는 행위를 통해 다채로운 길을 함께 찾고 만들어 가는 것이다.

물론 이 책에 등장하는 인물들은 대개 오늘날의 의미에서 직업 철학자나 전문 연구자와는 거리가 멀다. 하지만 그들이 격동과 수난의 시기를 온몸으로 관통하며 밀어붙인 투쟁과 성취와 타협과 오류는 모두 '지금, 여기'를 이해하는 데 그 어떤 텍스트보다 훌륭한 토대가 된다는 점에서, 그들의 삶은 철학적 사유의 대상이 된다. 여기에는 역사의 뒤안길로 사라지거나 희미한 흔적만 남은 발자취도 있다. 그러나 비슷한 시대를 살아간 그들 저마다의 길이 예상치 못한 곳에서 마주치거나 엇갈리면서 역사를 밝힌다.

이 책은 우리나라 근대 지성 열세 명을 다섯 가지 갈래로 나누어 살펴본다.

1부 '낮은 데서 찾은 진리'는 토착적인 근대 지성의 중요한 뿌리가 어디에 있는지를 예를 들어 보여 준다. 그 길은 사람을 하늘같이 섬기라고 한 동학의 2대 교주 최시형에서 시작해, 일찍 세상을 떠났지만 어린이의 눈으로도 세상을 보게 한 방정환을 거쳐, 강원도 원주에서 지식과 행동을 겸허히 조화시키려고 한 장일순의 이야기로 이어진다.

2부 '경계를 넘어선 큰 마음'에서는 시대의 어둠을 헤쳐 나가기 위해 근시안적인 구분 짓기를 떨쳐 내고 하나 된 실천을 촉구하던 지조 높은 근대적 지식인의 길을 걸어 본다. 여기서 새롭게 만날 여운형과 한용운은 정치인이나 종교인이 아니라 근대사상가로서 자신의 삶을 개척한다.

3부 '역사와 교육에서 희망을 보다'는 역사의 큰 물줄기를 직시하며 몸과 마음을 다해 민족의 앞날을 밝히려고 한 선각자들의 이야기다. 그 주인공인 박은식, 안창호, 신채호는 독립을 위해 헌신하며 안일한 구체제의 습속과 이해관계를 끊어 내고 스스로 끊임없이 단련하며 역사와 당대의 현실을 주체적으로 탐구했다.

4부 '펜과 칼을 함께 들다'에서는 시대의 고난과 모순에 맞선 실천적 지식인의 길을 따라 걷는다. 나라 안팎을 넘나들며 투쟁한 대종교 창시자 나철 그리고 태백산에서 빨치산으로 산화할 수밖에 없었던 '서양철학 1세대' 박치우의 신산한 삶과 사상에 가슴이 저릿하다.

5부 '타협과 저항 사이'는 식민에서 분단과 전쟁으로 이어진 한반도의 격변 속에서 자신의 학문적 신념과 시대의 요구를 절충하려고 한 지식인들의 초상을 만난다. 경성제대, 서울대, 김일성종합대에서 짧게나마 교수로 지냈지만 남북 모두에서 잊힌 인문주의자 신남철의 행로는 첨예한 분단의 경계를 체감하게 한다. 또 '대한민국 1호 박사' 현상윤과 독일철학 박사 안호상의 길에서 볼 수 있는 반민족적 친일과 민주주의 억압 및 '독재'와 '반공'에 대한 옹호도 숨길 수 없는 우리 지성사의 한 부분이다.

이렇게 근대 지성인들과 함께 걸어갈 열세 가지 길에는 우리 철학 사상이 걸어온 단절과 모방, 비판과 창조, 저항과 굴종이 모두 담겼다. 글쓴이들은 신자유주의 체제가 강요하는 '지식의 상품화'와 '비판적 지성의 말살' 속에서도 시대와 철학을 함께 사유하려는 철학 연구자들의 모임인 (사)한국철학사상연구회에서 공부하고 있다. 이들은 한국현대철학분과를 만들어 인문 교양서 두 권을 펴내기까지 지난 5년 동안 '한국 근현대 철학이란 것이 얼마만큼 있느냐'는 냉소적인 체념을 스스로 극복하며 공부해 왔다. 앞으로도 한국 현대 철학을 발굴하고 재구성하기 위해 토론하는 길을 기꺼이 즐기며 걸어갈 것이다.

이 책의 원고는 (사)한국철학사상연구회에서 운영하는 웹진 〈ⓒ시대와 철학〉에 연재된 글을 수정, 보완한 것이다. 일관된 내용과 형식을 갖추지 못한 초고를 꼼꼼히 교정하고 수정을 제안해 주신 메멘토 출판사 편집진에게 진심으로 고마움을 전한다. 이 책이 세상으로 나아가 더 많은 사람들에게 더 넓고 깊은 앎을 자극할 수 있다면, 그것은 오로지 책을 만드는 과정에 글쓴이들의 열정과 편집자의 노고가

치열하게 만난 덕이다.

(사)한국철학사상연구회 한국현대철학분과 필자들을 대신해

2018년 가을

조배준 쓰다

1부
낮은 데서 찾은 진리

최시형

1898년 6월 2일 좌포도청, 고문을 받은 탓에 똑바로 앉기도 힘든 최시형이 교수형을 앞두고 있다. 동학을 창시한 초대 교주 최제우가 처형된 지 30년이 넘게 흘렀지만, 민족종교 동학에 대한 탄압은 그대로다.

최시형은 1827년 3월 21일에 경주 동촌 황오리에서 경상(慶翔)이라는 이름으로 태어났다. 여섯 살 때 어머니가 돌아가시고 열다섯 살 때는 아버지가 돌아가시는 바람에 어려서부터 일을 해야 먹고살 수 있었다. 1861년 6월에 스승 최제우를 만나 동학에 입도했는데, 이때 이미 동학이 민심을 얻고 세력을 확장하는 데 위협을 느낀 조정의 탄압이 있었다. 1863년 7월에 최시형을 후계자로 지목한 최제우는 결국 얼마 있다 처형되고 말았다.

동학의 2대 교주가 된 최시형은 정치적 행위를 자제하며 되도록 조용히 동학을 널리 퍼뜨리기 위해 힘썼다. 하지만 조용히 지낼 수 없는 세상이었다. 1871년에는 야심가 이필제(李弼濟)를 도와 봉기하고, 1894년에는 전봉준을 비롯한 대규모 동학교도가 가혹한 정치에 반발하며 새로운 세상을 만들자고 무기를 들 때 힘을 보탰다. 최시형은 처음에 무장봉기를 반대했지만, 무도한 외세의 침략을 당하고도 가만히 있을 수는 없었다. 다만 그는 귀한 민중이 헛되게 희생당할 것을 걱정했다. 역시 일본 군대는 너무 강했고, 동학군은 처참히 패했다.

동학농민군의 의로운 기상과 조직적 투쟁에 놀란 우리 정부와 일본군은 최시형을 체포하는 데 혈안이 되었고, 결국 그를 처형했다. 하지만 그와 같이한 사람들의 뜻은 꺾이지 않았다. 동학의 도통은 이미 손병희에게 전해졌으며 정의로운 민중의 투쟁은 끝없이 이어지고 있기 때문이다.

모든 이웃의 벗

■

구태환

원주 송골에서 만난 최보따리 선생님

해월(海月) 최시형(崔時亨, 1827~1898)을 만나러 길을 나선다면 맨 먼저 강원도 원주시 호저면 고산리 송골을 가라고 추천한다. 청량리 역에서 중앙선 열차를 타고 한 시간 남짓 걸려 원주역에 도착한 뒤 시내를 벗어나 한적한 시골길을 따라가다 보면 길가에 기념비 하나 가 서 있다. 이 기념비를 처음 접한 것이 약 10년 전이다. 학술 단체 회원들과 원주 교외로 모꼬지를 왔는데, 상지대학교에서 학생을 가르치는 회원이 이곳을 소개했다. 모두가 기념비를 에워싸고 단체 사진까지 찍었지만, 그때만 해도 이 기념비의 의미를 제대로 알지 못했다. 기념비는 현대 한국 사회에서 민주화 운동, 생명 운동의 큰 어른이었으며 최시형의 사상을 실천하고 발전시킨 장일순(張壹淳)과 그 제자들이 최시형을 기리며 세운 것이다.

장일순과 그 제자들이
최시형을 기리며 세운 원주 송골의 기념비.

기념비의 글씨는 모두 장일순의 것으로, 상단에 '모든 이웃의 벗
崔보따리 선생님을 기리며'라는 글이 검은 돌에 하얗게 오목새김되
어 있다. '최보따리'는 이 글의 주인공인 최시형이다. 최시형이 서른
다섯 살에 동학에 입교하고 얼마 지나지 않아 동학의 창시자인 수운
(水雲) 최제우(崔濟愚)가 조선 중앙정부에 체포되어 '좌도난정(左道亂
正)', 즉 사이비 도로 올바른 유학을 어지럽혔다는 죄목으로 처형된
다. 최제우는 체포되기 전에 이미 이런 날이 올 것을 예견해 최시형
을 후계자로 지목했고, 최제우의 죽음 이후 최시형이 동학의 운명을
떠안는다.

최제우와 마찬가지로 경주 출신인 최시형은 동학에 입교하기 전

에는 고향을 떠나지 않은 것으로 보인다. 하지만 최제우와 달리 경주에서 그의 출생지나 흔적을 찾기는 쉽지 않다. 유명한 집안 출신도 아니고 부모를 일찍 잃고 막일로 생계를 이은 그의 성장 과정을 생각하면 당연하다. 그가 죽은 뒤에도 그의 흔적을 찾기가 쉽지 않으니, '이단'으로 지목된 동학에 대한 탄압을 피해 각지를 떠돌 수밖에 없었던 그의 처지를 생각한다면 이 또한 당연해 보인다. 정부의 탄압을 피해 여기저기를 떠돌던 최시형은 언제나 보따리 하나를 짊어진 채 다녔다고 한다. 그래서 그의 성인 '최'에 '보따리'를 더한 '최보따리'라는 별명을 얻는다.

무엇이 최제우는 죽음으로 내몰고 최시형은 보따리를 짊어지고 각지를 떠돌게 했을까? 바로 '좌도난정', '이단'이라는 보이지 않는 표식이다. 그런데 그들에게 붙은 이 표식이, 현재와 다른 당대의 통념을 드러낸다. 최제우는 당대를 기존 질서가 새로운 질서로 교체되는 시기, 즉 '다시 개벽'된 세상이 도래할 시기라고 보았다. 따라서 새로운 시기에 맞는 새로운 사상이 필요하다면서 스스로 개창한 것이 동학이다.

동학사상은 모든 사람이 '한울님을 모신〔侍天主〕' 존재라는 점을 기본 원리로 한다. 그리고 우주적 근원인 한울님을 모신 존재인 모든 사람이 군자가 되는 세상이 '다시 개벽'된 세상이라는 것이다. 여기에서 '군자'는 지배층 사람 또는 지배층다운 덕목을 갖춘 사람이다. 따라서 모두가 군자가 되는 세상이란 모든 사람이 사회의 주체로서 덕목을 갖추고 실제로 사회의 주체로서 구실을 하는 세상이다.

이것은 모든 인민이 사회의 주인이라는 민주주의 원칙을 기본으로 삼는 현대사회에서 결코 이단일 수 없다. 하지만 조선 사회는 신분제에 기반해 운영되었고, 최제우와 최시형이 활동하던 때도 오직 사대부만 사회를 움직이는 주체의 자격을 가졌다. 권력을 독점한 사대부 계층에서, 모든 이가 군자가 되는 세상을 주장하는 동학을 용인할 리 없었다. 그들은 동학에서 모시는 천주(한울님)가 '서학(西學)', 즉 가톨릭이 섬기는 것과 같다고 주장하면서 동학을 자신들이 신봉하는 유학의 도리를 어지럽히는 이단으로 규정한다. 실상 사대부가 용납할 수 없는 것은 유교 경전 학습 같은 유학적 수련 없이도 모든 이가 사회의 주체가 될 수 있다는 동학의 주장이었다.

최시형은 사대부가 장악한 조선 정부의 탄압을 피해 '다시 개벽'된 세상 건설을 설파하고 실현하기 위해 전국 각지를 떠돌았다. 그가 당시를 자신이 꿈꾸는 세상을 실현하기 위한 행동에 나서기에 적절한 때라고 본 것은 아니다. 그러기에는 동학의 교세가 미약했고, 조정의 탄압도 삼엄했다. 따라서 그는 조정을 자극하는 정치적 행위를 되도록 자제하며 최제우의 유고를 출판하고, 사상을 전파하고, 교단을 정비하는 등 조용히 활동해 나갔다.

하지만 백성에 대한 관료들의 수탈과 동학교도에 대한 탄압이 갈수록 심해지는 등 여러 원인으로 1894년에 동학농민혁명이 일어나고, 조선 정부는 농민군들을 진압하려고 외국에 파병을 요청하는 지경에까지 이르렀다. 이에 최시형은 항전에 나설 것을 결정하지만, 이미 서구의 발달한 과학기술과 제도를 수용한 일본의 무력은 농민

도피 생활을 하던 최시형이 숨어 지낸
원주의 동학교도 원진여의 생가.

군이 넘볼 수 없는 수준이었다. 결국 수많은 농민군이 일본군과 조선 정부군에 처참하게 학살당한다. 동학에 대한 조선 정부와 일본 제국주의 세력의 탄압은 더욱 거세지고, 최시형은 전보다 더 혹독한 도피 생활을 버텨야 했다.

　도피 생활을 이어 가던 최시형이 1898년 4월에 원주의 동학교도 원진여(元鎭汝)의 집에서 숨어 지내다 체포된다. 정부가 내건 상금과 공에 눈먼 교도 송경인(宋敬仁)의 밀고 탓이다. 앞에 말한 기념비는 원진여의 집 어귀에서 역사적 장소를 알리고 있으며 이것을 지나자마자 왼쪽에 장일순과 그의 제자들이 복원한 원진여의 생가를 알리는 표지판이 보인다. 큰길에서 농로를 따라 쉬엄쉬엄 올라 보면, 앞으로 너른 들이 펼쳐지고 뒤편이 산이라서 추적자들이 기습해도 달아나기에 쉬운 조건을 갖추고 있다. 체포의 고비를 수없이 넘긴 최시형이 이런 곳에서 잡혔다는 사실이 선뜻 이해되지 않는다. 이질을 심하게 앓고 있었다는 그의 몸 상태가 얼마나 안 좋았는지 알 만하다. 게다가 그는 이미 일흔이 넘은 노인이었다.

죽음의 장소, 단성사 터

체포된 최시형이 문막까지는 육로, 한강의 지류인 섬강부터는 수로를 통해 한양으로 압송된다. 문막에 이르는 육로는 지금도 따라갈 수 있지만, 그가 압송되던 물길은 많은 댐에 가로막혀 이미 끊겼다. 육로건 수로건 결코 짧지 않은 노정이었고, 심한 설사병을 앓는 일흔 노인이 견딜 수 없는 것이었으리라. 이미 늙고 병들어 기력이 쇠잔해진 그가 이렇게 한양에 압송된다.

잘 알려진 대로 한양(漢陽)은 서울의 옛 이름이다. '한'은 한강, '양'은 강의 북쪽을 가리킨다. 해가 드는 곳을 '양지[陽]'라고 하는데, 산의 남쪽과 강둑의 북쪽에 해가 들기 때문이다. 즉 한양은 한강 이북을 뜻한다. 정확히 말해 한강 이북의 사대문 안을 가리키는 한양은 조선 왕조 500년에 이어 대한제국 이래 100여 년 동안 수도로 자리해 왔다. 그래서인지 한양 땅 가운데 역사적 사건과 관련되지 않은 곳이 거의 없다. 주의 깊은 사람은 서울 시내 곳곳에서 사적지를 나타내는 표석을 쉽게 발견할 수 있다.

지하철 종로3가역에서 가까운 단성사 자리도 마찬가지다. 단성사는 1907년에 우리나라 최초의 상설 영화관으로 문을 열었다. 오랜 역사가 있는 이 극장이 중년 이상의 나이에 접어든 이들에게는 추억의 장소다. 영화를 보기 위한 인터넷 예매나 다운로드가 익숙한 요즘 세대는 이해하기 힘들겠지만, 1990년대까지만 해도 최신 영화를 보려고 단성사 같은 극장 앞에 긴 줄을 서는 풍경이 흔했다. 요즘처럼 놀잇거리가 많지 않고 다양한 문화를 접할 기회가 적었던 당시 이곳은 놀이 공간이자 문화 공간이었으며 많은 연인들의 데이트 장소이기도 했다. 이제 대부분의 극장이 대기업의 멀티플렉스인데, 이런 변화의 흐름을 따라가지 못한 단성사는 문을 닫았다. 그리고 그 자리에 귀금속 상점과 고층건물이 들어서 있다.

조선 시대에는 단성사 자리에 좌포도청(左捕盜廳)이 있었다. 이름 그대로 도둑[盜]을 체포[捕]하려고 만든 이 관청이 조선 후기에는 주로 당쟁의 정적 제거, 천주교도 탄압 같은 기능을 수행한다. 주로 사회적·정치적으로 중대한 사건에 연루된 이들을 취조하고, 재판하고, 형을 집행하던 곳이다. 최시형도 이곳에서 재판을 받고 결국 스승인 최제우와 마찬가지로 좌도난정이라는 죄목으로 처형된다.

최시형의 재판과 관련해 눈길을 끄는 인물이 있다. 바로 조병갑(趙秉甲)이다. 고부 군수 시절 그의 가혹한 수탈에 분노한 농민들의 항거가 동학농민혁명으로 이어진 것은 이미 잘 알려진 사실이다. 이런 사실이 발각되어 결국 귀양까지 간 조병갑은 조선 말기 탐관오리의

동학의 2대 교주 최시형.©국립중앙박물관

대명사다. 그런데 이자가 정계에 복귀해 최시형을 재판했다. 조병갑의 복귀는 조선 말기 중앙 정계의 실상을 적나라하게 보여 주며, 동학의 발흥과 동학농민혁명의 발발이 당시 사회의 치유할 수 없는 병폐가 불러온 결과라는 사실을 확인하게 한다.

피맛골에서 만난 한울님들

서울에 압송된 최시형은 서소문감옥에 갇히고 좌포도청을 오가면서 취조를 받는데, 그때 어느 길을 오갔는지는 정확히 알 수 없다. 하지만 상상력을 조금 발휘하면 어느 정도 추측할 수 있다. 당시 권력자

최시형

들의 처지에서 생각해 보면, 죄인을 좁은 길보다는 넓은 길로 호송하는 편이 관리하기 편한 데다 죄인의 참혹한 모습을 통해 백성에게 경고하는 효과도 거둘 수 있었을 것이다. 그렇다면 아무래도 종로가 제격이지 싶다. 하지만 옥리(獄吏)들에게 둘러싸여 죄인 신분으로 끌려가는 최시형에게는 종로라는 큰길이 결코 맘 편한 길이 아니었을 것이다. 그가 죄인 신분이 아니었다면 어땠을까?

사람들은 대개 좁고 지저분하고 음습한 거리보다는 넓고 깨끗하고 밝은 거리를 좋아하며, 최시형도 그랬을 것이다. 하지만 그 길은 권력을 갖지 못한 백성들이 마음 편히 다닐 수 있는 길이 아니었다. 권력자가 앞길을 정리하는 벽제꾼을 앞세우고 거들먹거리며 지나갈 때 일반 백성은 한쪽으로 물러나고 멈춰 서서 권력자 앞에 조아려야 했다. 이런 꼴을 보기 싫은 사람들이 다니던 뒷골목이 종로와 평행선을 그으며 이어진 '피맛골'이다. '피맛골'은 비록 좁고, 더럽고, 불편해도 힘없는 이들이 거리낌 없이 다닐 수 있던 길이다. 긴 세월 동안 정부의 탄압을 피해 떠돌던 최시형은 대로를 마음 편히 다닐 처지가 아니었다. 만약 그가 쫓기는 신세가 아니었어도 종로 큰길을 활보하며 다니지는 않았을 것이다. 큰길에 나서기 어려운 힘없는 이들에게 다가가기 위해서라도 좁고 불편한 길로 기꺼이 걸음을 옮겼을 것이다. 그에게는 좁고 지저분한 길에서 삶을 이어 가야 하는 존재들이 바로 한울님을 모신 존재, 곧 한울님이다. 그리고 이 길을 오가는 '모든 이웃의 벗'으로서 삶이 그의 평생이다.

단성사 터가 있는 종로3가의 피맛골은 재개발된 종로1가나 종로2

최시형 순교 터 표석이 단성사 터 안내판과 함께 설치되어 있다.

가 일부에 비해 그나마 옛 모습을 간직하고 있다. 주로 서민들이 이용하는 작은 식당과 술집이 들어선 이 골목을 따라 광화문 쪽으로 가다 보면 탑골공원 담벼락이 나오고, 그걸 끼고 오른편으로 돌아가면 낙원상가가 있다. 악기 판매점이 많던 이곳은 이제 쇠락했고, 주변에 늘어선 허름한 식당들이 풍기는 고릿하면서도 구수한 국밥 냄새가 코를 자극한다. 노인이나 일용직 육체노동자처럼 주머니가 가벼운 이들이 국밥 한 그릇으로 허기진 배를 채우는 곳이다.

　인간은 음식 없이 살아갈 수가 없다. 최시형은 음식이 하늘과 땅〔天地〕의 기운, 즉 우주의 기운으로 만들어진다고 했다. 따라서 곡식을 천지가 인간에게 주는 젖이라고 했다. 갓난아이가 어머니의 젖 없이는 살 수 없듯이, 우리는 천지의 젖인 곡식 없이는 살 수 없다. 더구나 천지는 내가 세상에 존재할 수 있도록 하는 근원이다. 나를 이 세상에 낳아 준 부모, 조부모, 증조부모 등을 거슬러 올라가면 거기에 천지가 있다. 따라서 천지는 나를 이 세상에 낳아 주고 젖을 먹여 길러 주는 부모와 같다. 최시형이 한 말이 송골의 기념비 아랫단에 새겨 있다. "천지가 곧 부모요, 부모가 곧 천지니, 천지와 부모는 한 몸이니라.〔天地卽父母요 父母卽天地니 天地與父母는 一體也니라.〕"

음식을 먹는 것은 부모님, 즉 우주의 기운을 맞이하는 행위이며 우주의 기운은 바로 한울님과 다르지 않다. 더구나 최시형은 모든 사람이 한울님이며 우주 만물이 한울님을 모신 존재라고 했다. 따라서 우리는 인간만이 아니라 우주 만물을 허투루 다뤄서는 안 된다. 쌀·채소·생선·소·돼지·닭에도 한울님이 깃들어 있으니, 음식을 함부로 다루는 것은 한울님을 무시하는 행위나 마찬가지다. 음식을 먹는 것은 그 안에 깃든 한울님을 맞이하는 행위고, 음식을 먹으면서 내 안에 계신 한울님을 기른다. 따라서 국밥 한 그릇을 먹는 것은 한울님을 모신 인간이 한울님이 깃든 국밥을 접하는 신성한 종교적 행위다. 이런 최시형의 사상이 당시 농민들에게 쉽게 받아들여진 것은 당연할 수도 있다.

국밥 한 그릇과 술 한잔을 땀 흘려서 얻은 이와 땀 흘리지 않고 얻은 이는 그것을 대하는 태도가 같을 수 없다. 바로 이런 점 때문에 동학이 당시 농민 대중에게 폭넓게 퍼졌다. 밥 한 사발을 얻기 위해 한여름 땡볕 밑에서 땀 흘려 일한 사람과 남이 생산해 준 것을 그저 먹기만 하는 사람에게 밥 한 사발의 의미는 다를 수밖에 없다. 최시형의 사상이 일한 사람들에게는 절실하게 다가왔을 것이다. 특히 밥 먹는 행위가 한울님, 즉 우주적 진리에 다가가는 행위라는 그의 수행론은 기존 종교에서 내세우는 오랜 수행이나 독서에 접근해 보지 못한 일하는 백성에게는 참으로 매력적이었을 것이다. 따라서 밥을 지을 때, 먹을 때의 태도에 대한 최시형의 세세한 지침도 그것을 종교적 수행으로 생각한다면 결코 거추장스럽게만 볼 수가 없다.

광희궁 밖 한울님들 곁으로

최시형을 만나기 위해 원주 송골, 단성사 터, 피맛골과 낙원상가 부근의 국밥집을 거쳐 왔다. 모든 이웃의 벗인 최시형은 행색이 초라해도 형형한 눈빛으로 이 모든 곳에서 백성들과 함께 그들이 주인 되는 세상을 모색했다. 만약 최시형이 이 중 한 곳을 선택해 머무른다면 어디일까? 국밥집이 아닐까? 힘들게 일하고도 풍족하게 살지 못하는 사람, 평생 열심히 일해도 자식들 뒷바라지 뒤에 남은 게 없는 노인 들이 주머니를 털어 국밥 한 그릇과 소주 한잔에 깃든 한울님을 맞이하는 곳, 힘없는 이웃들이 머무는 곳에 최시형도 머물려고 하지 않을까?

　모든 사람이 한울님이라고 주장하고 기꺼이 그들과 함께한 최시

처형당한 최시형의 시신은 광희문을 통해
한양 밖으로 내보내진 뒤 공동묘지에 묻힌다.

형은 사회적 약자에 대한 관심이 특별했다. 특히 그는 가부장적인
의식이 지배하던 당시 사회에서 여성, 특히 며느리를 함부로 대하지
말라고 누누이 강조한다. 동학교도 집의 며느리가 베 짜는 소리를
한울님이 베 짜는 소리라고 했다는 일화도 있다. 그뿐만 아니라 어
린아이에 대한 배려와 사랑을 주장하기도 한다. 장유유서(長幼有序)
라는 말에 드러나는 서열 의식이 굳게 자리 잡은 당시 사회에서 어
린아이는 무시되는 존재였다. 그는 어린아이를 윽박지르거나 때리
면 그 안에 모셔진 한울님을 상하게 한다면서 절대로 어린아이를 때
리지 말라고 힘주어 말했다. 사회적 약자, 특히 어린아이에 대한 최

모든 이웃의 벗

시형의 태도와 관련해 찾아가 봐야 할 곳은 광희문이다. 처형당한 그의 머리가 단성사 터에 사흘 동안 내걸렸다. 그리고 제자가 수습한 그의 시신은 광희문을 통해 한양 밖으로 내보내진 뒤 공동묘지에 묻힌다.

한양의 사대문 사이에 자리한 네 문, 사소문 가운데 동남쪽 문에 해당하는 광희문은 한양 성내의 시신을 내보내던 문이라 '시구문(屍口門, 屍軀門)'이라는 별칭이 생겼다. 한양은 일찍부터 도시의 면모를 갖춰, 그 안에 죽은 이의 시신을 매장할 곳이 없었다. 그래서 주로 광희문을 통해 시신을 성 밖으로 내보내 매장한 것이다. 물론 상례와 장례를 중시한 조선의 지배층은 시신이 되어 광희문 밖에 나가도 풍수 좋은 곳에 묻혔을 것이다. 하지만 '송곳 꽂을 땅'조차 갖지 못한 일반 백성에게는 풍수를 따질 겨를이 있었을 리 만무하다. 더구나 죄인으로서 처형된 이, 온전한 사람으로도 내접받지 못한 어린아이 들의 시신은 멀리 옮길 것도 없이 광희문을 나서자마자 눈에 띄는 대로 빈 땅에 묻었다. 이렇게 광희문 밖에 공동묘지가 만들어졌다. 실제로 최시형이 죽기 몇 해 전에 한양 성내에 돌림병이 크게 일어나 많은 어린아이가 죽었고, 그래서 공동묘지에 어린아이의 묘가 특히 많았다. 최시형은 당시 사회의 약자, 못 가진 이들의 자식들과 함께 이곳에 묻혔다. 물론 이곳에 묻힌 것은 그의 뜻이 아니다. 하지만 힘없는 이들이 세상의 주인이 되는 사회를 꿈꾼 그에게 어울리는 마무리가 아닌가 싶다. 최시형의 묘는 나중에 제자의 손에 송파로 옮겨지고, 훗날 여주의 원적산 천덕봉 밑에 다시 자리 잡는다.

최시형이 꿈꾸던 세상이 왔나? 사회 구성원들이 맡긴 힘으로 되레 구성원들을 겁박하는 공직자가 우리 사회에 여전히 존재한다. 학생, 노동자, 대중예술인, 일반 시민 들의 사회적 발언이나 정치적 발언을 불순하게 보는 세력이 여전히 사회의 주인 행세를 하고 있다. 우리 사회를 구성하는 사람들 대부분이 이들의 눈에는 먹이나 던져 주면 언제나 자신들의 뜻대로 움직이는 개돼지다. 모든 사람이 한울님인 세상은 아직 오지 않았다. 하지만 한국 현대사에 흐르는 민중의 자각과 저항의 물결은 사람들이 자신이 한울님, 사회의 주인임을 깨달아 가고 있음을 여실히 보여 준다. 우리 모두가 최시형의 벗이고, 한울님이다.

방정환

비록 짧은 삶이었지만 하루도 뜨겁지 않은 날이 없었다. 우리 민족의 실제적, 정신적 해방이라는 미래의 희망이 어린이라는 사실을 늘 잊지 않았기 때문이다. 보성사에서 목숨 걸고 「독립선언서」를 인쇄할 때도, 종로경찰서에서 모진 고문을 받을 때도, 억지로 도쿄 유학길에 올랐을 때도 뜨거운 심장은 조선 땅을 위해 뛰고 있었다.

그는 조선 사람이 사람답게 살지 못하는 현실에 울분을 참지 못했다. 이처럼 모질고 처참한 일이 어디 있겠는가? 그래서 평생 이를 바로잡는 데 힘을 보태고 싶었다. 그뿐이었다.

천도교중앙대교당 앞마당에서 어린이를 위한 날을 선포한 바로 그때를 잊을 수 없다. 어린이날은 단순히 어린이만을 위한 날이 아니다. 가장 낮은 자리에 있는 어린이를 위한 날을 만든 것은, 어린이는 물론이고 우리 민족 모두가 진정 사람답게 살기 위한 첫걸음이다. 그러나 오늘 어린이들의 삶을 보노라면 가야 할 길이 너무 멀다. 그가 뗀 걸음을 우리는 아직도 위대한 도약으로 만들지 못하고 있다.

어린이에게서 미래 어른을 보다

■

김세리

서울 능동의 어린이대공원은 쉰한 번째 어린이날인 1973년 5월 5일에 어린이들이 자유롭게 뛰어놀 수 있는 공간으로 문을 열어, 식물원·동물원·놀이동산에 다양한 공연 시설과 체험 공간을 갖추고 있다. 그리고 '어린이를 위한 어른'이라는 말에 저절로 떠오르는 어린이 운동가 소파(小波) 방정환(方定煥, 1899~1931)의 동상과 흔적을 만날 수 있다. 지금 어린이대공원을 유유히 내려다보는 그가 꿈꾼 세상은 어떤 것이었을까?

> 문간에 검은 말이 끄는 검은 마차가 날 데리러 왔으니 떠나야겠소. 어린이를 두고 떠나니 잘 부탁하오.

평생 어린이를 마음에 품고 불꽃같은 열정으로 살던 방정환은 33세에 짧은 삶을 마감하면서 이렇게 유언했다. 생의 끝자락에서도 그

어린이대공원에서 만날 수 있는 방정환.

는 오직 어린이에 대한 염려와 걱정을 놓지 않았다. 과연 그에게 어린이는 어떤 의미였을까?

조선조 이래 가부장제 사회에서 나이 어린 사람은 어른의 예속물로 여겨질 뿐 독립된 인격체로 인정받지 못했다. 불평등한 처지에서 사회적으로 소외된 것이다. 이런 상황에서 어린이라는 사회적 약자를 존중받는 인격으로 자리매김하게 하려고 가능한 모든 활동을 한 사람이 바로 방정환이다. 우리나라에서 '어린이' 개념을 탄생시키고 완성한 이가 그다. 한자어 '소년'을 대체할 '어린이'라는 말은 육당(六堂) 최남선(崔南善)이 『청춘』 창간호(1914)에 「어린이의 꿈」을 실은 데 기원을 두지만, 1920년대부터 근대적 개념으로 쓰였다.

방정환은 한국 근대 아동문학의 선구자, 아동교육자, 아동문화운동가, 언론·출판인, 천도교 청년운동가, 동화 구연가, 민족운동가 등 함께 떠오르는 수식어가 다양하다. 짧은 삶에서 어떻게 그 많은 일을 해냈는지 놀라울 정도다. 그런데 이 모든 활동이 결국 '어린이'를 위한 것이다. 독립운동가인 그는 나라의 운명이 미래의 어른인 어린이에게 달렸다고 보았다.

어른이 어린이를 내리누르지 말자. 30년, 40년 뒤진 옛사람이 30년, 40년 앞사람을 잡아끌지 말자. 낡은 사람은 새 사람을 위하고 떠받쳐서만, 그들의 뒤를 따라서만 밝은 데로 나아갈 수 있고, 새로워질 수가 있고, 무덤을 피할 수 있는 것이다.

그는 여러 강연에서 이렇게 당장의 현상이 아닌 미래를 보는 눈으로 어린이를 대하자고 강조했다. 미래의 희망인 어린이를 주체적인 인격으로 대해야 한다는 주장은 천도교 정신에 바탕을 둔다. 방정환의 행적을 살펴보기 위해 천도교의 발상지로 걸음을 옮겨 보자.

어린이날의 시작

안국역 5번 출구를 나와 왼쪽으로 보이는 운현궁의 자태를 감상하며

조금 걸어가노라면 오른쪽으로 붉은 벽돌이 인상적인 천도교중앙대
교당이 자리 잡고 있다. 그쪽으로 가는 길에 너른 마당이 나오는데,
이곳이 어린이날이 시작되고 선포된 천도교 광장이다.

　방정환은 1899년 11월 9일 서울 야주개(종로구 당주동)에서 방경
수(方慶洙)의 맏아들로 태어났다. 방정환의 부모에게는 차남 덕환(德
煥), 셋째이자 맏딸인 순환(順煥), 막내딸 춘자(春子)가 더 있었다. 집
안에서 어물전과 미곡상을 운영해 비교적 넉넉한 생활을 했으나, 방
정환의 나이 아홉 살 무렵에 형편이 심하게 어려워지면서 사직골 꼭
대기 도정궁 밑의 조그만 초가로 이사하게 된다. "더 괴로운 일은 그
후 한 달도 못 지나서 가끔가끔 콩나물죽을 억지로 먹어야 하게 되
는 일이었습니다. 어떻게 그렇게나 먹기가 싫던지…. 몇 번이나 없
는 밥을 달라고 떼를 쓰다가 매를 맞았는지 모릅니다." 그가 이렇게
회상했을 만큼 당시 생활은 어려웠고, 천도교 교주 손병희(孫秉熙)의
셋째 사위가 될 때까지 배고프고 고단한 삶은 계속되었다.

　선린상업학교에 재학 중이던 1913년에 천도교에 입교한 방정환은
1917년에 천도교인이자 독립운동가인 권병덕(權秉悳)의 소개로 손
병희의 딸 손용화(孫溶嬅)와 결혼하고 천도교청년회, 천도교소년회
의 중심 일원으로 활동했다. 방정환은 권병덕이 주관한 모임 '소년
입지회'를 통해 채 열 살이 되기 전부터 동화 구연과 연설을 하며 천
도교 사상을 자연스럽게 익혔기 때문에 1대 교주 최제우의 시천주
(侍天主, 한울님을 마음속에 모신다), 2대 교주 최시형의 사인여천(事人
如天, 한울님을 받드는 것과 같이 사람을 받든다), 3대 교주 손병희의 인내

1923년 5월 1일, 천도교중앙대교당 옆 천도교 광장에서 어린이날이 선포되었다.

천(人乃天, 사람이 곧 한울이다)으로 이어지는 만민 평등, 인간 존중 사
상을 사회 문화 운동, 어린이 운동의 바탕으로 삼았다고 볼 수 있다.
어린이를 존중할 대상, 인격으로 보는 바탕은 모든 사람이 동등한
존재라는 인식이다. 천도교 교단에서 최시형의 설법을 엮어 펴낸 경
전 『해월신사법설(海月神師法說)』에 아이를 한울님으로 대해야 한다
는 대목이 있다. "나는 비록 부인과 어린이의 말이라도 하늘의 말로
알고 배울 것은 배우고 스승으로 모실 만한 것은 스승으로 모시노
라." "도가의 부인은 경솔히 아이를 때리지 말라. 아이를 때리는 것
은 곧 한울님을 때리는 것이니 한울님이 싫어하고 기운이 상하느니

어린이에게서 미래 어른을 보다

라. (…) 경솔히 아이를 때리면 그 아이가 반드시 죽으리니 일체 아이를 때리지 말라." 어떤 처지에 있든 사람은 누구나 침해하면 안 될 '인격'이 있으며 이를 무한히 존중해야 한다고 강조한 것이다.

1923년 5월 1일 오후 3시, 천도교 광장에 1000명도 넘는 어린이와 어른 들이 모였다. 기념식을 치른 뒤 이들 중 어린이 50명씩 한 조를 이루어 네 조가 알림장 12만 장을 사람들에게 나눠 주었다. 어린이날과 어린이의 중요성을 알리기 위해 대대적으로 진행한 연예회와 강연회 등 이날 행사의 감격을 『동아일보』가 기사화했다.

> 어린이날 5월 1일이 왔다. 조선에서 처음으로 어린이에게도 사람의 권리를 주는 동시에 사람대우를 하자고 외치는 날이 돌아왔다. 몇몇 대조상 적부터 아이나 어른이나 사람의 허울을 쓰고 사람으로 살아 보지 못한 것은 우리의 골수에 박힌 원한이다. 지금에 우리 조선 사람은 어른이나 아이가 누가 사람의 권리가 있으며 누가 사람대우를 받는가. 생각하면 실로 기가 막히는 일이다. 첫째 먹을 것이 없고 편안히 쉴 집이 없는 터라 사람 노릇을 하려 할지라도 할 수가 없는 것은 자연 형세다. 이에 뜻있는 몇 사람의 발기로 일어나게 된 소년운동협회라는 곳에서 '젊은이나 늙은이는 이미 희망이 없다. 우리는 오직 나머지 힘을 다하여 가련한 우리 후생 되는 어린이에게 희망을 주고 생명의 길을 열어주자'는 취지로, 오늘 5월 1일을 어린이의 날로 작정하여 가지고 어린이를 위하여 일을 하자고 선전하는 동시에, 다만 하루의 짧은 시간이라도 그들에게 기쁨이 있게 하고 복이 있게 하자는 오늘이라 한

다. 조선의 어린이여! 그들에게 복이 있으라. 조선의 부형이여! 그들에게 정성 있으라.

격한 감정과 의지가 타오르는 글이다. 이날 행사는 천도교 광장에서 시작해 종로3가, 광화문까지 이어졌다. 공교롭게 광화문 세종문화회관 뒤편은 바로 방정환이 태어난 곳이다. 지하철 5호선 광화문역 1번 출구를 나서면 바로 앞에 우뚝 선 로얄빌딩이 보이는데, 이곳에 생가 터 표석이 있다.

독립에 대한 의지

1918년에 방정환은 이중각(李重珏), 유광렬(柳光烈) 등과 함께 민족을 위해 무엇인가를 하려고 '경성청년구락부'를 조직했다. 그리고 주로 강연회와 토론회를 열면서 일제 식민지 통치를 비판하는 연극을 공연하거나 기관지 성격의 문예지 『신청년』을 다달이 펴내기도 했다. 경성청년구락부는 1920년대 초기 문화운동을 전개하는 토대를 마련했다는 데 의의가 있으며 3·1운동 때 한몫을 담당하기도 했다. 방정환은 나라 독립에 대한 의지가 강렬했다. 그는 결국 독립을 위한 활동으로 경성청년구락부를 조직했으며 소속이 달라도 뜻을 합하면 큰 힘을 발휘할 수 있다고 믿었다. 일제 말기에는 친일 행위로 방정환과 다른 길을 간 유광렬이 이렇게 증언했다.

어린이에게서 미래 어른을 보다

1919년 1월 어느 날, 나는 서울에 왔다가 소파를 찾았더니 소파는 뛰어나와서 손을 잡으면서 눈물을 주르르 흘린다. 그의 말은 '우리는 하도 답답하여 우리끼리라도 해보려던 것인데, 벌써 어른들이 일으키게 되었다'고 하면서 그의 장인 손 선생이 중심이 되어 작년 여름부터 일을 추진하여 근일에는 천도교, 예수교, 불교의 지도자들이 일치단결하여 독립운동을 하게 되었으니 우리들은 그 뒤를 따라서 하면 된다고 하였다.

3·1운동이 일어났을 때 방정환은 보성전문학교 법과 학생이었다. 당시 이 학교 교장은 윤익선(尹益善)으로, 『독립신문』의 사장이기도 했다. 3·1운동 때 전국 곳곳으로 퍼진 「독립선언서」가 바로 『독립신문』을 인쇄하던 보성사에서 만들어졌다. 지금 조계사 후문에 표석만 남은 이곳에서 「독립선언서」 인쇄 작업을 들키는 바람에 일제 형사에게 뒷돈을 주고 위기를 넘기기도 했다. 그러나 바로 뒤 3월 1일에 보성사 이종일(李鍾一) 사장과 윤익선은 일본 경찰에게 체포된다. 물론 『독립신문』 인쇄도 금지되었다. 3·1운동 준비에 힘을 보탠 방정환이 이때 동료 오일철(吳一澈)과 집에서 『독립신문』을 등사해 배부했고, 결국 종로경찰서에 연행되어 혹독한 고문을 받는다. 일본 경찰 몰래 『독립신문』을 만들어 돌리는 것은 목숨을 건 일이다. 당시 독립운동가 대부분이 이런 각오로 활동했다지만 아무나 이렇게 할 수는 없었다.

방정환은 어린이를 대할 때 한없이 부드럽고 따뜻했는데, 대상에

조계사 후문에 남아 있는 보성사 터 표석. 방정환은 보성사가 위기에 처하자
『독립신문』을 집에서 몰래 등사해 배부하다 종로경찰서에 연행되었다.

따라서는 아주 강렬한 의지를 드러내기도 했다.

건방진 사람이 되어야 합니다. 주제넘은 사람이 많아져야 합니다. 지
금 조선 사람들은 너무 주제넘지 못하고 건방지지 못해서 아무 짓도
신기한 짓도 없어서 탈입니다. 하다가 못 할망정 내가 나서서 이렇게
하면 된다(!)고 외치고 용감하게 나설 수 있는 건방진 사람이 더 많이
생겨야 합니다.

어린이를 대하는 태도와는 비교도 할 수 없을 만큼 강렬하고 도전
적인 글이다. 이것은 조선의 정신이 바뀌기를, 새로워지기를 갈망하

어린이에게서 미래 어른을 보다

는 절규다. 조선 사람이 변하지 않으면 조선의 독립도 발전도 없다는 것을 그는 아주 잘 알고 있었다. 그가 '어린이 운동'에 온 힘을 기울인 것 같지만, 크게 볼 때 '어린이'는 일제가 억압하는 상황에서 구습과 적폐를 벗어나는 새 시대의 희망을 인간적 표상으로 함축한 말이다. 그래서 어린이라는 말은 나이가 어린 이뿐만 아니라 새롭게 태어나야 할 사람 모두를 담고 있다.

망우역사문화공원에서 만난 사람

망우리공동묘지. '망우(忘憂)'라는 지명은 태조 이성계(李成桂)가 자신의 묏자리를 정하고 돌아오는 길에 이 고개에 올라 묏자리를 바라보며 "이제야 근심을 잊을 수 있겠구나." 한 데서 왔다는데, 죽은 뒤 갈 곳을 정한 이의 안도감과 상관없이 공동묘지가 주는 느낌은 적막하고 쓸쓸하다. 그래서인지 서울시가 얼마 전 이곳의 새 이름을 공개 모집해 이제 망우역사문화공원이 되었다. 사실 이곳에는 독립운동가 한용운(韓龍雲)과 오세창(吳世昌), 화가 이중섭(李仲燮), 시인 박인환(朴寅煥) 등 우리 현대사의 주요 인물 수십 명이 잠들어 있다.

방정환의 묘소는 한용운의 묘소와 이웃해 있으며 한강이 시원스레 내려다보이는 자리다. 두 사람은 생전에도 인연이 있었다. 한용운이 펴내던 불교 잡지『유심』에 방정환의 글이 실렸고, 한동안 한용운의 고향 홍성에서 산 방정환이 그곳을 제2의 고향이라고 부르기도

망우역사문화공원 어귀의 안내판에 있는 방정환의 사진과 약력.

했다. 또 방정환이 『신청년』 창간을 의논하기 위해 한용운을 찾아갔고, 한용운은 '권두언'을 쓰는 것으로 이 젊은 애국지사를 응원했다. 우리가 소중하게 기억하는 두 사람이 이미 서로 알아본 모양이다.

방정환의 단정한 묘소는 쑥돌이 에워싸고 있으며 비석의 '동심여선(童心如仙)', 즉 어린이의 마음은 신선과 같다는 뜻의 글은 그 또한 망우역사문화공원에 잠들어 있는 오세창이 썼다. 오세창은 손병희를 도와 3·1운동 때 민족대표 33인 중 한 사람으로 참여했고, 1946년에는 광복 1주년 기념식에서 일제에 빼앗겼던 옥새를 돌려받는 주인공이 되기도 했다. 방정환의 묘소 아랫자락으로 눈을 돌리면 천도교 출판사인 개벽사의 후배이며 평생 그를 따르고 존경한 아동문학

어린이에게서 미래 어른을 보다

'동심여선'이 새겨진 방정환 묘의 비석.

가 최영주(崔泳柱)가 아내와 나란히 묻혀 있다. 살아 있을 때 맺은 인연이 죽은 뒤에도 이어지는 것이 묘하면서도 아름답다.

묘소 가까이에 있는 추모비에는 어린이에 대한 방정환의 당부가 담겼다.

> 어린이의 생활을 항상 즐겁게 해주십시오. 어린이는 항상 칭찬해가며 기르십시오. 어린이의 몸을 자주 주의해 살펴주십시오. 어린이에게 책을 늘 읽히십시오. 희망을 위하여, 내일을 위하여 다 같이 어린이를 잘 키웁시다.

희망을 위하여, 내일을 위하여 다 같이 어린이를 잘 키우자는 말이 큰 울림을 준다. 어린이를 위하는 그의 진실한 마음과 강한 의지가 지금도 필요하기 때문이 아닐까? 어린이를 부속물쯤으로 여기는 어른이 여전히 있는 만큼 지금 어린이들 또한 억압받고 있다. 어린이가 현재의 미래요, 내일의 희망이건만 우리는 정작 오늘만 보며 살고 있지는 않은지 생각해 볼 일이다.

방정환이 꿈꾼 세상

〈어린이날 노래〉의 시를 지은 윤석중(尹石重)이 회고한 방정환을 대표하는 말은 '정성스러워라'와 '나를 버리라'다. 이는 천도교에서 '사람들이 자기만 생각하는 이기주의를 버리고 한울님의 마음으로 돌아가 한 몸같이 화합하는 것'을 뜻하는 '동귀일체(同歸一體)' 정신과 일치한다. 나를 버린다는 것은 이기심을 버려 나 자신을 비우는 것이고, 세상을 정성스럽게 맞이한다는 것은 비워진 내가 무엇이든 담을 만큼 큰 그릇이 된다는 뜻이기도 하다. 방정환은 어린이를 통해 이런 뜻이 펼쳐지는 세상을 꿈꾸었다. 이기심을 버리고 다른 사람을 배려하는 마음, 어린이가 이런 마음을 가진다면 어른이 되어서도 이 마음을 유지할 것이고 이런 마음이 있는 어른을 보는 새로운 어린이들도 자연스럽게 따라 하고 배우며 자랄 것이라고 꿈꾸지 않았을까?

민족운동을 활발하게 펼치던 방정환은 1931년 7월에 무리한 활동으로 신장염과 고혈압을 앓다 서른셋의 나이로 짧은 생을 마감한다.

죽기 직전까지도 동화를 쓰고 구연하는 데 몰두했고, 죽음을 맞은 날에도 강연 계획이 있었다. 그의 삶이 짧은 만큼 활동한 기간도 10년 남짓으로 길지 않다. 그럼에도 그는 참 많은 일을 했다. 우리나라 최초의 영화 잡지로 창간한 『녹성』을 비롯해 열 가지 잡지를 직접 만들어 냈고, 동요·동화·동화극·번안 동화·논문·수필 등 800편에 이르는 글을 잡지에 기고했으며, 해마다 70여 회씩 통산 1000회가 넘는 동화 구연과 순회강연을 강행했다. 당시 상상할 수도 없던 규모인 전 세계 20개국이 참가한 '세계아동예술전람회'를 열고, 색동회를 결성하며 전국의 소년 운동 단체를 끌어모아 조선소년운동협회를 이끌기도 했다. 이 밖에도 크고 작은 행적이 수두룩하다. 마치 짧은 생을 예감한 듯 남들이 평생 할 일을 10여 년이라는 짧은 기간에 해낸 것이다.

어린이를 얼마큼 아끼는가

다시 망우역사문화공원으로 돌아가 보자. 우리는 같은 공간에서도 다른 걸음, 다른 생각으로 산다. 다른 시간을 살던 방정환은 이렇게 말했다. "나는 여태 어린이들 가슴에 '잔물결(小波)'을 일으키는 일을 했소. 이 물결은 날이 갈수록 커질 것이오. 뒷날에 큰 물결, 대파(大波)가 되어 출렁일 터이니 오래오래 살아 그 물결을 꼭 지켜봐 주시오." 소파는 과연 대파로 거듭났을까?

1930년, 창간한 지 7년이 된 『어린이』의 발행 부수가 10만이었다. 당시 서울 인구가 30여 만 명이고 『조선일보』와 『동아일보』의 발행 부수가 5만 정도였으니, 『어린이』의 발행 부수는 엄청났다고 할 수 있다. 하지만 그다음 해에 방정환은 건강이 급속히 악화되어 세상을 떠났고, 1934년에는 『어린이』가 통권 122호를 끝으로 폐간되었다. 참으로 안타까운 일이다. 그 뒤로 다양한 어린이 잡지가 등장했지만, 대개는 만화나 과학 잡지고 요즘은 성인 잡지를 따라 만든 연예인 소개지도 나오는 모양이다. 어린이가 미래를 준비할 수 있는 잡지를 펴내기가 어려울까? 어른들이 어린이의 꿈을 키우기보다는 어린이의 주머닛돈을 노리는 게 아닐까? 방정환이 살던 시대처럼 지금도 어린이는 우리의 희망이요 미래다. 그럼에도 어린이를 부모나 사회에 귀속시키고 있지 않은지 생각해 볼 일이다.

　사회 전반에서 다양하게 일어나는 여러 문제를 전문가 등이 단면적, 극단적으로 해석하고 정리하려는 경향이 있다. 문제를 문제로만 보면 원초적인 해결안을 얻기 힘들다. 그 속을 비집고 들어가 보면 그 속에 사람이 있고, 그들의 구성과 인격에 따라 사회문제도 달라지게 마련이다. 그 사람 중에 어린이와 어른이 있고, 특히 어린이가 성장하는 과정은 미래를 결정하기 때문에 사회문제와 직결된다. 일제 아래 수난을 겪은 방정환의 시대나 인간성 상실을 겪고 있는 지금이나 사회적 혼돈은 다르지 않다. 방정환이 어린이에게서 미래를 보았듯 우리도 어린이에게서 미래를 보고 어떤 미래를 제시할지에 대해 진지하게 고민할 때다.

　　　　　　　　어린이에게서 미래 어른을 보다

장일순

장일순은 임진왜란 이후 대대로 원주에 살던 집안에서 6남매 중 둘째아들로 태어났다. 그가 열 살 때 다섯 살 많은 맏형이 세상을 떠났는데, 형의 유언이 집안 식구들에게 천주교로 개종하라는 것이었다. 불교를 믿던 가족들이 모두 천주교로 종교를 바꾼다.

배재중학교를 졸업하고 경성공업전문대학과 서울대학교 미학과를 다닌 장일순은 국립 서울종합대학안 반대 투쟁과 한국전쟁 등으로 졸업은 못 했다. 교육에 뜻을 두고 1954 년에 대성중·고등학교를 설립해 이사장이 되지만, 5·16쿠데타로 정권을 잡은 세력 탓에 1964년에는 학교에서 밀려난다. 쿠데타 세력은 중립화 평화 통일론을 빌미로 장일 순을 3년간 감옥에 가둔 것도 모자라 그의 사회 활동을 끊임없이 감시하고 탄압했다. 그는 국회의원 선거에 두 차례 입후보할 만큼 정치 참여 의지가 강했지만 이런 제약 때문에 마음껏 뜻을 펼 수 없었다.

그런데 정권의 탄압이 뜻밖의 결과를 낳았다. 그가 농촌과 광산촌 등 그늘진 삶의 현장에 관심을 집중하게 해, 1966년부터 강원도 일대에서 신용협동조합 운동이 펼쳐지고 1971년에 밝음신협이 창립되었다. 1971년부터는 지학순 주교와 민주화 운동을 막후에서 지원했다. 특히 1977년 이후에는 사람과 사람, 사람과 자연의 공생을 추구하는 생명운동에 본격적으로 힘을 쏟아 도농 직거래 조직인 원주소비자협동조합을 창립했다.

이렇게 그가 병든 사회를 고치려고 애썼는데 그의 몸에 암이 찾아왔고, 그는 이 병을 '모시고' 세상을 떠났다. 그의 짧은 삶이 아쉽긴 하지만, 사람뿐만 아니라 자연까지 살릴 만큼 넉넉한 그의 품이 지금도 먹고사는 생활과 이어진 생명운동을 통해 넓어지고 있으니 그나마 위로가 된다.

밑바닥에서 진리를 찾다

■

구태환

원주역 앞에 엎드린 장일순

무위당(无爲堂) 장일순(張壹淳, 1928~1994)의 행적을 찾으려면 원주에 가야 한다. 전국적으로 도로가 거미줄처럼 연결된 요즘은 승용차나 버스를 이용하는 것이 빠르고 편리할 테지만 열차를 이용해 보는 것도 좋다.

　기차역은 그곳을 거치는 사람들만큼 많은 사연을 간직하게 마련이다. 요즘에야 스마트폰으로 열차 시간을 알아보고 좌석까지 예매하지만, 예전에는 열차 시간을 알아보거나 열차표를 예매하기 위해 역에 직접 가야 했다. 열차가 시간표에 맞춰 도착하는 것도 아니어서 역에 머무는 시간도 길었다. 게다가 그때는 가족과 벗을 배웅하거나 마중하기 위해 역까지 직접 가는 것이 일반적이었다. 기차역은 많은 사람이 오랫동안 머무는 곳이었다. 역 주변에는 이들을 대상으

장일순에 관한 다양한 일화를 만날 수 있는 원주역.

로 한 식당과 여인숙 등이 자리했고, 규모가 좀 큰 역 주변에는 성매매 업소가 모여 있기도 했다. 게다가 상인이나 여객 들을 노린 깡패, 소매치기, 사기꾼도 적지 않았다. 기차역과 그 주변은 그야말로 온갖 인간의 집결지였던 셈이다. 옛 원주역도 그랬다. 적어도 대학생이던 내가 치악산에 가려고 청량리에서 기차를 타고 원주역에 도착한 1980년대 후반까지는 말이다.

원주역은 다양한 사람들과 어울린 장일순의 체취가 배어 있는 곳이다. 일화 하나를 들어 보자. 어떤 아주머니가 장일순을 찾아가 딱한 사정을 하소연했다. 딸의 결혼 비용을 역에서 소매치기당했다는 것이다. 원래 역 앞에서 이런 일이 자주 일어나지만, 아주머니로서는 눈앞이 캄캄해지는 사고였을 것이다. 그때 지나던 사람이 여기서는 어려운 일을 당했을 때 장일순이라는 사람과 상의하면 해결되기도 한다고 알려 주었고, 아주머니는 정말로 장일순을 찾아가 하소연했다. 사정을 들은 장일순은 그 일대를 돌면서 소매치기를 찾아내고 결국 돈을 돌려받아 아주머니에게 주었다. 참 영화 같은 이야기다. 장일순이 그 동네를 주름잡던 패거리의 두목이라면 모를까, 힘을 쓰는 사람도 아닌 그가 어떻게 소매치기를 설득했을까? 이야기는 여기에서 끝나지 않는다. 그 뒤 장일순은 소매치기를 다시 불러 술을 한잔 대접했다고 한다. 당신이 소매치기한 돈을 피치 못할 사정으로 돌려받았지만, 결국 영업을 방해해 미안하다는 이유에서였다.

말도 안 되는 이야기 같지만, 잘 생각해 보면 장일순이 사람들을 대하는 태도를 알 수 있다. 그대가 도둑일지라도 나는 그대의 잘잘못을 따지지 않겠다. 나는 그대를 사람으로 그리고 소매치기를 당신의 생업으로 인정하겠다. 이런 태도다. 자기 생각만 옳다면서 다른 사람 위에 군림하고 가르치려 들지 않고, 그 사람의 처지에서 세상을 바라보는 태도 말이다. 장일순의 이런 태도는 어렸을 때 만들어졌을 것이다. 특히 그의 조부와 모친은 예전 우리 주변에서 가끔 볼 수 있는 현명한 이의 전형이다. 조부 장경호(張慶浩)는 가족들에게 '온 우주가 힘을 합해야 밥 한 그릇이 만들어진다'고 말하면서 땅에 떨어진 곡식 한 알도 허투루 버리지 않았다. 젊은 시절 장사로 상당한 부를 쌓은 사람이 곡식 한 알도 아까워했다니 자린고비로 보일 수 있다. 하지만 거지가 오면 상을 차려 대접하도록 하는 등 자기보다 못 가진 사람에게는 아낌없이 베풀었고, 그 때문에 그의 집에는 시 쓰고 그림 그리는 묵객들이 많이 드나들었다. 장일순의 어머니도 거지에게 대접할 상을 차릴 때 정성을 다했고, 자식들에게는 찬밥을 줘도 소작농에게는 더운밥을 대접했다고 한다.

젊은 시절 장일순은 교육과 현실 정치에 뜻을 두기도 했다. 1954년에 대성중·고등학교를 세우고 이사장을 맡았으며 1958년과 1960년에는 국회의원 후보로 나섰다가 낙선하기도 했다. 그런데 평소 주장하던 중립화 통일론이 북한의 통일론과 비슷하다는 이유로 1961년 5·16쿠데타 직후 체포되어 3년간 옥고를 치른다. 그 뒤로 정권의 눈 밖에 난 사람들은 형기를 마쳐도 정상적인 사회생활을 못 하게 막아 악명 높던 '사회안전법'에 따라 박정희(朴正熙) 정권의 감시 대상이 된다. 그리고 6·3항쟁으로 알려진 한일 굴욕 외교 반대 운동으로 1964년에 대성학교 학생들이 구속되자, 이들의 석방을 조건으로 이사장직을 포기하기도 한다.

이제 장일순은 사람들의 삶에 관심을 집중한다. 망가져 가는 농촌과 광산촌을 살리기 위해 신용협동조합 운동을 펼치고, 1971년 이후에는 천주교 원주교구의 지학순(池學淳) 주교와 민주화 운동을 돕는다. 그의 협동조합 운동은 '원주소비자협동조합'을 탄생시켰으며 현재 전국적으로 조직된 '한살림생협'의 창립에 크게 이바지했다. 생산자와 소비자를 잇고, 결국 땅과 생명을 살리는 운동에서 그가 해낸 몫이 지대했다고 할 수 있다.

그러나 병든 세상을 고쳐 보겠다고 평생 노력한 그에게 못된 병이

그림마당 민 전시회 때 장일순의 모습.©(사)무위당사람들

찾아왔다. 1991년에 위암 진단을 받았으며 1994년에는 그 '병을 모시고' 세상을 등졌다.

다른 사람 위에 군림하지 않으려고 한 장일순의 태도는 제자들에게 늘 하던 말, "기어라!"로 드러난다. 남과 맞서서 내가 잘났다고, 힘 있다고 우기지 말고 남들 밑에 처하라는 말이다. 이에 관해 재미난 이야기가 있다. 한번은 얼큰하게 취한 제자 한 명이 길에서 장일순과 마주쳤다. 술김에 제자가 스승에게 따졌다. "맨날 저희보고 기어라, 기어라 하시면서 선생님께서는 언제나 저희에게 대접만 받지 않습니까?" 제자의 치기 어린 투정에 장일순은 그 자리에 납작 엎드리는 것으로 답했다.

밑바닥에서 진리를 찾다

남의 발밑을 기라는 것은 어떤 뜻일까? 그 연원을 노자(老子)의 『도덕경(道德經)』에서 찾을 수 있다. '무위당'이라는 그의 호도 『도덕경』에서 따왔다. '기어라'와 관련되는 노자의 대표적인 언급은 '가장 선한 것은 물과 같다[上善若水]'는 대목이다. 물은 만물을 이롭게 하지만 스스로의 공을 뽐내지 않으며, 남들이 머물려고 하지 않는 아래로 흘러간다. 노자는 이렇게 산에서 흘러내린 물이 모이는 계곡의 신은 죽지 않는다면서 계곡의 신을 오묘한 암컷의 생식기에 비유하는데, 암컷의 생식기에서 만물이 탄생한다. 노자는 이 말을 통해 남들 위에 군림하려고만 하고 남 밑에서 기지 않으려고 하는 세태를 비판했다. 이런 세태와 달리 물은 모두가 싫어하는 밑으로 흐르면서도 만물에 생명을 준다는 것이다. 남과 다투고 그 위에 군림하려고 하면, 결국 모두가 다칠 뿐이다. 다투지 않고 남을 인정해 함께 사는 것이 중요하다.

집으로 향하는 길의 양갈보

장일순의 옛집[故居]이 원주 봉산동에 있다. 그는 별일이 없으면 집에서 원주역까지 걸어 나와 사람들을 만났다고 한다. 원주역에서 봉산동 집까지 느긋하게 걸어도 30분 거리인데, 장일순은 이 길을 두 시간씩 들여 가며 걸어 다녔다고 한다. 지나는 사람들과 대화하며 그들 속에서 '참'을 찾은 것이다.

장일순

장일순은 어느 길로 다녔을까? 자동차가 오가는 큰길보다는 뒷길이 아니었을까? 실제 뒷길로 들어서면 가정집이 많아서 오래된 동네라는 느낌을 물씬 풍긴다. 하지만 가면 갈수록 유흥가의 분위기가 짙어진다. 휘황찬란하고 세련되기보다는 어딘지 퇴락한 거리. 정장을 깔끔하게 차려입은 사람들보다는 땀에 전 작업복 차림의 사람들이 오갈 듯한 술집들이 드문드문 이어진다. 그가 다니던 때와 지금 길의 모습이 같은지는 몰라도, 그가 이 길을 오가는 데 주저하지는 않았을 것 같다. 길을 걸으면서 만나는 사람마다 인사를 나누고 그들의 애환을 들으면서 슬퍼하고, 그들의 기쁨을 들으면서 즐거워했을 것이다.

　　장일순이 군대 간 동생에게 보낸 편지에 '양갈보(洋渴寶)는 우리의 동생이고 누나'라는 구절이 있다. '양갈보'는 주로 미군 부대 근처에서 미군에게 성을 팔아 살아가는 여성을 비하하는 속어로, 사회에서 가장 천한 대접을 받던 이들을 말한다. 먹고살기 위해 뭐든 해야 하는 절대 빈곤이 낳은 사람들, 어떻게든 가족을 부양하려고 성을 판 그들을 바로 우리 동생이고 누나(언니)라고 본 것이다. 게다가 우리말인 '갈보'를 한자어로 고쳐 가며 새로운 뜻을 붙인다. 결코 천한 존재가 아니라, 양놈들〔洋〕이 애타게 갈망하는〔渴〕 보물〔寶〕 같은 존재라고 말이다. 사회의 치부를 적나라하게 보여 주기 때문에, 존재 자체가 부정되고 외면당하던 그들을 장일순은 보배로운 우리 누이들이라고 했다. 우리는 그들을 보면, 한편으로는 외면하고 싶지만 다른 한편으로는 내 처지가 그네들보다는 낫다는 위안을 받지 않나?

장일순의 봉산동 집 근처에 있는 무위당길.

어떤 이들은 그들의 삶을 개선한답시고 가르치려 들고, 상처를 주고, 결국 내친다.

　타인 위에 군림하려는 태도는 어디에서 올까? 장일순은 이런 태도의 원인이 자신을 내세우는 데 있다고 본다. 그리고 자신을 내세우는 것은 자신을 채우기 때문이라고 한다. 그런데 노자의 말처럼 비어 있어야만 무언가를 채울 수 있다. 다른 이를 받아들일 수 있는 것이다. 다른 이를 받아들인다는 것은 그들을 있는 그대로 인정하는 것이고, 그들의 삶에서 세상을 바라보며 그들이 더 나은 삶을 살아갈 수 있도록 세상을 고쳐 나가는 것이다. 마치 물이 밑으로 흐르면서 만물에 생명을 불어넣듯이 말이다. 그러나 장일순도 늘 이런 자

　장일순

세로 살 수는 없었나 보다. 그도 남이 추어주면 으쓱해지는 마음이 있는 사람이었다. 이런 마음을 경계하기 위해 1980년대에는 그가 '무위당'이라는 호보다 '조한알', '일속자(一粟子)'라는 호를 즐겨 썼다. 좁쌀 한 알처럼 하찮은 존재로 자신을 낮춘 것이다. 이런 낮춤은 '장서각(張鼠角)'이라는 호를 쓰는 데까지 이른다. 글자 그대로 '장쥐뿔'이고, 뜻을 풀자면 '쥐뿔도 아닌 장가 놈' 정도가 되지 않겠나?

장일순의 고거 근처에는 그의 호 '무위당'을 딴 도로명이 새겨진 작은 표지판이 있다. 사실 이 길은 도로라고 하기에 민망할 만큼 매우 좁다. 장일순처럼 큰사람의 호를 이렇게 작고 초라한 길에 붙인 것이 불만인 사람이 있을지도 모르겠다. 하지만 자신을 내세우지 않던 그의 이름을 큰길에 붙이는 것이 오히려 모욕일지도 모르겠다는 생각이 든다. 서울에 '충무로', '세종로', '퇴계로' 등 큰길이 있어도 누가 그 길을 다니면서 이순신, 세종대왕, 이황을 생각하겠는가? 작은 길이나마 장일순과 그의 정신을 기억하게 한다면 더 소중하지 않을까?

장일순의 봉산동 집은 1955년에 그가 스스로 지었다고 한다. 예전에는 사람들로 북적였을 이곳에 여전히 그의 부인이 살고 있다. 갖가지 풀과 잡초로 뒤엉킨 뜰을 안고 소박하게 자리한 이 집은 다른 사람 위에 군림하지 않으며 자연조차 인간의 도구나 수단으로 보지 않던 장일순을 꼭 닮았다.

1955년에 장일순이
손수 지었다는 봉산동 집.

쌀 한 톨에 담긴 철학

봉산동 고거에서 걸음을 되돌려 중앙로로 향하다 보면 장일순의 흔
적이 깃든 '밝음신협' 건물이 있다. 정부의 탄압으로 정치 활동을 할
수 없었던 장일순은 지학순 주교와 협동조합 운동을 벌인다. 그래서
1971년에 만든 것이 바로 '밝음신협'이다. 원주의 원도심인 중앙로
에 위치한 밝음신협 건물 4층의 '무위당기념관'은 장일순을 기리는
사람들의 마음이 깃든 곳으로, 그의 서화가 주로 전시되어 있다. 그
는 뒷사람들이 자신의 이름으로 일을 벌이지 않기를 바랐지만, 그의
뜻을 따르는 사람들의 마음으로는 작은 기념관이라도 만들고 싶었

을 것이다. 그런데 기념관이 크고 화려하지 않은 것은 이해가 되지만 초라하다는 느낌을 지울 수 없어서 아쉽다. 그의 삶과 사상을 알리려면 최소한의 공간과 구색은 갖추길 바란다.

장일순의 생활협동조합 운동에서 가장 중요한 것은 먹을거리다. 모든 사람이 먹을거리 없이는 살 수 없다. 먹을거리는 그것을 제공하는 우주 자연과 사람을 연결하고, 사람과 사람을 연결한다. 따라서 먹을거리를 어떻게 다루는가가 매우 중요하다. 그가 말하는 한살림 정신은 우리가 일상에서 먹는 밥 한 사발을 알뜰하게 아껴서 이웃과 나누는 것이라고 정리할 수 있다. 너무 간단해 보이지만 '진리는 단순하다'. 흔히 '진리'라면 아주 거창한 것처럼 생각하지만 우리 삶의 참된 이치가 진리니, 진리는 우리 삶에 녹아 있으며 우리는 진리 속에서 살고 있다. 그것이 진리라는 것을 모르고서 말이다.

위암으로 세상을 뜬 장일순은 자신의 병에 대해 이렇게 말한다.

> 그러니까 자연도, 지구도 암을 앓고 있고, 자연 전체가 암을 앓고 있는데 사람도 자연의 하나인데 사람이라고 왜 암에 안 걸리겠어요? 그러니까 큰 것을 나한테 가르쳐 주느라고, 결국은 지금 뭐냐 하면 너 좀 앓아 봐라 하고 그러시는 것 같아요.

사람이 자연의 일부니 자연이 병들면 사람도 병들 수밖에 없다는 장일순의 생각은 동양의 전통 사상에서 기원을 찾을 수 있는데, 가깝게는 최시형이 떠오른다. 최시형에 따르면, 인간과 만물은 모두 한울님을 모신 존재고, 만물과 내 몸에 깃든 한울님은 같은 존재다. 그리고 하늘과 땅이 만물을 낳았으니, 내 부모와 한 몸이다. 최시형은 나막신을 신은 아이가 뛰어다니는 것을 마뜩잖게 생각했다고 한다. 나막신이 딸각거리며 땅을 울리면 땅에 깃든 한울님, 즉 내 부모가 상한다고 생각했기 때문이다. 한울님, 내 부모가 상하면 그 자식인 우리도 상한다. 만물과 나는 천지라는 같은 부모의 품에서 생장하는 존재니, 천지가 병들면 내 몸이 병들지 않을 수 없다.

장일순은 최시형을 젊은 시절에 접했다. 서울대학교 공과대학의 전신인 경성공업전문학교에 다니던 그는 미 군정의 '국립서울종합대학안'(신남철, 244쪽 참고.)에 대한 반대 투쟁으로 제적당하고 원주에 내려오는데, 이때 친척 형을 통해 최시형을 접하고는 그의 사상에 빠진 것이다. 그 뒤 장일순의 행적에서 최시형의 흔적을 찾을 수 있는데, 그중 하나가 최시형이 관군에게 체포된 곳에 세워진 비문이다. 원주시 호저면 고산리 송골에 있는 이 비문에 장일순이 직접 글씨를 남긴 것이다.(최시형, 18쪽 참고.) 장일순은 특히 만물이 한울님을 모신 존재라는 최시형의 생각에 마음을 빼앗긴 것 같다. 사람만이 아니라 곡식 한 알, 돌멩이 하나, 벌레 한 마리도 한울님인데 이런 한울님을 무시하고 멋대로 개발한다면 한울님을 해치는 것이고 결국 인간도 살아갈 수 없다고 한다.

그럼 한울님을 어떻게 섬겨야 할까? 장일순은 '알뜰'을 꼽는다. 농부의 땀과 하늘과 땅이 일체가 되어 나오는 밥 한 사발을 소중히 여기며 알뜰하게 다뤄서 이웃과 나누라는 것이다. 음식에도 한울님이 있다. 최시형은 음식을 섭취하는 것이 한울님을 맞이하는 행위라고 했다. 장일순은 한울님이 깃든 음식을 나눠 모두 함께 살아가야 한다는 데까지 최시형의 생각을 발전시켰다고 할 수 있다. 그리고 이런 사고는 자연을 무한정 착취할 수 있는 대상으로 보고 인간의 뜻에 맞게 개발하고 변형해 더욱 풍요로워질 수 있다고 믿는 인간중심주의에 정면으로 맞선다. 장일순은 '알뜰'을 실행할 때 비로소 우주 만물과 거기 속하는 나와 우리를 살릴 수 있다고 보았다. 만물 위에 군림하지 말고 그들 밑에 "기어라!" 한 것도 우주 만물, 모든 인간과 함께하는 삶을 추구한 그의 사유와 밀접히 관련된다.

식당에 걸린 의인란

장일순이 대성학교 이사장이던 시기의 제자가 부인과 운영하는 식당이 원주기독병원 근처에 있는데, 여기에 장일순의 글씨·그림·사진이 많다. 그 가운데 식당에 어울릴 법한 글씨 한 점이 눈에 띈다. 일완지식 함천지인(一碗之食含天地人), 밥 한 사발에 하늘과 땅과 인간이 담겨 있다는 뜻이다. 이 글귀는 최시형의 '만사지 식일완(萬事知食一碗)', 즉 모든 일을 아는 것이 밥 한 사발 먹는 것에 달려 있다는 말을 조금 바꾼 것이다. 만물에 그리고 밥 한 사발에도 한울님이 깃들어 있으니, 밥 한 사발을 먹는 것이 한울님이라는 우주의 진리를 맞이하는 행위라는 것이다. 장일순은 여기에서 더 나아가 밥을

밑바닥에서 진리를 찾다

장일순의 글씨로 '밥 한 사발에 하늘과 땅과 인간이 담겨 있다(一碗之食含天地人)'는 뜻이다.
©(사)무위당사람들

알뜰하게 대하라고 한다.

식당에 눈길을 끄는 서화가 또 있다. '의인란(擬人蘭)', 사람 얼굴을 닮은 난초 그림이다. 부당한 군사정권의 감시 대상이던 그는 자신의 글 때문에 자신과 주변 사람들이 고초를 당할까 봐 일부러 글을 남기지 않았다. 한 사람의 사상을 파악하기 위해 그 사람이 남긴 글을 꼭 봐야 하는 것은 아니다. 인류사에서 성인으로 숭앙받는 공자, 소크라테스, 석가, 예수 가운데 그 누구도 글을 남기지 않았다. 하지만 그들의 말과 행동이 제자들을 감화했고, 그 제자들이 스승의 말과 행동을 글로 남겨서 우리가 그들의 사상을 접할 수 있다. 장일순도 마찬가지다. 그의 행적은 제자들의 기록으로 남아 책으로 세상에 나왔고, 그의 서화도 우리가 그의 사상을 단편적으로나마 접할 수 있도록 도와준다.

장일순

원주기독병원 근처 식당에 걸려 있는 장일순의 의인란.

장일순은 어렸을 때 할아버지의 묵객 차강(此江) 박기정(朴基正)에게 서예를 배웠다. 군사정권 밑에서 글을 쓸 수 없던 그에게 서화는 자신의 생각을 펼치는 수단이었다. 의인란이 대표적인 예다. 장일순이 식당을 운영하는 제자의 부인을 위해 그려 주었다는 의인란은 단아하면서도 수줍은 얼굴 같은 꽃과 부드러우면서 곧게 선 꽃대, 휘어졌지만 강한 생명력을 머금은 이파리 등이 그림의 주인공을 닮았다. 그림 옆의 글을 보니 역경을 이겨 내면서 자신의 길을 꿋꿋이 가는 주인공에 대한 애정이 듬뿍 담겼다.

"난을 치되 반드시 난이 아니라 이 땅의 산야에 널려 있는 잡초에서부터 삼라만상이 다 난으로 되게 해서, 시나브로 난이 사람의 얼

밑바닥에서 진리를 찾다

굴로 되다가 이윽고 부처와 보살의 얼굴로 되게끔 쳐보는 게 내 꿈일세."(이용포, 『무위당 장일순: 생명사상의 큰 스승』, 166쪽.) 살아 있을 때 장일순이 한 말이다. 돼지 눈에는 돼지가 보이고 부처 눈에는 부처가 보인다고 했던가? 내 눈에는 서화의 난이 그저 사람처럼 보이지만, 어떤 이는 부처나 보살의 얼굴을 볼지도 모르겠다. 모든 이에게, 아니 길가에 핀 꽃에도 부처와 보살이 깃들어 있다는 것을 안 사람이 바로 장일순이 아닐까? 모든 이가 부처이며 보살인 세상은 어떤 모습일까?

원주역 담벼락의 장일순

몇 년 전만 해도 원주역 표 내는 곳 쪽 담벼락에는 두 사람의 얼굴이 그려져 있었다. 한 사람은 장일순이고, 다른 한 사람은 지학순 주교다. 지금은 그 얼굴들이 사라지고 없다. 코레일 측에 따르면, 2013년 환경개선사업의 일환으로 상지영서대 교수와 학생들이 원주를 빛낸 인물로 이들을 그렸는데, 시간이 지날수록 벽화가 풍화되고 파손되자 원작자의 동의를 받아 2016년에 지웠다고 한다. 하지만 원작자는 다른 이야기를 한다. '공공 기관 인물 벽화는 적절하지 않다는 철도공사의 여론 때문에 원주역 관리자들이 힘들어한다'(2013년 9월 30일 자『원주투데이』기사)는 것이다. 여론을 정확히 알 수는 없지만, 장일순과 지학순을 불편하게 여기는 사람들의 목소리를 반영한 것이

원주역 담벼락에 그려진 장일순.

분명해 보인다. 그들을 불편하게 여기는 사람들이 있다는 것은 여전히 그들이 우리에게 필요한 존재임을 방증하는 듯하다. 두 사람의 얼굴이 이곳에 있는 것을 못마땅해한 이들이 또 있다. 벽화 옆에 쓰레기장이 있는 게 문제라고 보는 이들이다. 과연 문제가 될까? 쓰레기가 모이는 쓰레기장에서 어떤 이는 쓰레기를 처리해야 한다. 쓰레기장을 일터로 삼는 사람에게 그곳은 자신과 가족의 삶을 이어 가는 공간이다. 사람을 살리는 '살림'의 공간이다. "기어라!" 이렇게 말한 장일순은 쓰레기장이라고 해서 무조건 피하지는 않았을 것이다.

쓰레기장에서 일하는 사람이 있기 때문에 우리가 쾌적한 환경에

밑바닥에서 진리를 찾다

서 건강하게 살아갈 수 있다. 그런데도 더럽고 냄새난다며 쓰레기장에서 일하는 이들과 함께하려 하지 않는다. 오히려 그들로부터 멀어지는 삶을 위해 서로 경쟁한다. 게다가 먹을거리를 제공하는 자연 덕에 목숨을 이어 갈 수 있는데도 자연을 이용 대상으로만 보고 착취한다. 우리가 다른 사람 그리고 자연에 기대 살아갈 수밖에 없는, 별것 아닌 존재라는 점을 잊고 있는 것이다. 결국 우리는 일상화된 경쟁과 다툼에 지치고, 환경 파괴에 위협을 느끼고 있다. 장일순은 우리에게 타자 위에 군림하는 자세가 아니라 그 밑에서 기는 자세가 필요함을 말한다. "기어라!"

장일순

2부
경계를 넘어선 큰 마음

여운형

집에서 폭탄이 터진 것을 비롯해 여러 차례 습격을 당한 여운형은 살얼음판을 걷듯 하루하루를 살아갔다. 일제의 억압에서 풀려난 지 2년 가까이 되도록 온전한 나라를 세우기는커녕 남북으로 갈라져 다투는 데다 남쪽의 좌우 이념 대립이 극렬한 상황을 수습하지 못한 채 죽을지도 모른다는 두려움이 있었다. 남쪽만의 정부를 세우는 것은 진정한 해방이라 할 수 없기 때문에. 그것만은 막기 위해 동분서주했다.

그는 1886년 경기도 양평의 신원에서 태어났다. 비록 국운이 기울기는 했지만 아직은 우리 민족이 자주적으로 살던 시기다. 양반 가문에서 태어나 부족함 없는 유년을 보냈는데, 머리가 크자 세상의 부당함에 눈을 뜨기 시작했다. 무엇보다 일제에 국권을 빼앗기는 모습을 지켜보는 것이 너무 힘들었다. 중국으로 넘어가 동지들과 독립운동을 하고 일본을 방문해 세계만방의 기자들 앞에서 조선 독립의 당위성을 외치기도 했지만, 독립의 길은 멀기만 했다. 영국의 식민 정책을 비판했다가 영국 경찰에 체포되고 일본 경찰에게 넘겨져 3년간 옥살이를 해야 했다.

해방 직전 일본을 방문했을 때 일본이 망하리라는 것을 알아차린 그가 우리 민족의 국가 건설을 준비하기 시작했지만, 갈라진 민족의 화해가 쉽지 않았다. 얼마 있다 전쟁을 치르고 분단이 70년 넘게 이어질 줄 누가 알았겠는가? 그가 1945년에 방송을 통한 연설에서 이렇게 말했다. "만일 자기의 공만을 내세우고 자기의 주장만 고집하여 독선적이고 배타적인 태도로만 한다면 민족 통일은 절대로 불가능하고 이 기회를 놓쳐 천추의 한을 우리나라 역사에 남기게 될 것이니, 이 점을 절대로 삼가야 할 것이다."

정치의 중심에서 주변을 배회한 근대인

■

유현상

근현대사의 교차로, 혜화동 로터리

'로터리'는 회전식 교차로를 가리키는 말이다. 어릴 적 기억에 로터리라는 말이 붙은 지역은 차가 매우 많이 다니고 번화한 거리를 품고 있었다. 그런데 서울 시내에서는 진정한 의미의 로터리를 보기가 쉽지 않다. 이름에 걸맞은 회전 교차로는 없어졌지만, 혜화동 로터리는 다른 곳에 비해 오랫동안 로터리의 면모를 간직하던 곳이다. 1970년대 중반부터 한성대에서 창경궁으로 이어지는 방향으로 난 고가도로가 이용된 2008년까지 고가도로 밑은 여전히 로터리로 기능했다. 이곳에서 동쪽으로는 한성대를 거쳐 미아리로 이어지는 길이 뻗어 있고 서쪽은 창경궁과 종묘를 향한다. 북쪽으로는 북악산이 있으며, 남쪽은 곧장 종로5가로 이어지는 대학로를 형성하고 있다.

혜화동 로터리는 지리적 의미뿐만 아니라 한국 근현대사의 여러

2017년 11월 혜화동 로터리에 건립된
'몽양 여운형 선생 서거지' 표석.

사건이 교차했다는 점에서도 흥미로운 공간이다. 혜화역 1번 출구로
나오면 그 길 끝에 자리한 동성중·고등학교 정문 쪽으로 이 학교 학
생들이 4·19혁명에 참가한 것을 알리는 기념비가 있다. 또 이곳에
있는 혜화동성당은 약현성당, 명동성당에 이어 1927년에 서울에서
세 번째로 지어진 성당이라고 한다. 나중에 늘려 짓기 위한 손질이
있었지만, 우리나라 근대 성당 건축의 시작으로 평가받는 건축물이
다. 혜화역으로 돌아갔다 2번 출구로 나와 한국방송통신대학교 뒤편
골목으로 가면 이승만(李承晩)이 살던 이화장을 찾을 수 있다. 4호선
전철을 타고 수유역까지 가면 멀지 않은 곳에 국립4·19민주묘지가

여운형

있고, 쌍문역에서 내리면 함석헌기념관이 가깝다. 자동차의 통행을 전제로 하는 로터리의 구조와 주변 장소들의 의의를 고려할 때 혜화동 로터리는 단순한 교차로가 아니라 우리 근현대의 여러 사건이 교차한 곳이다.

동성중·고등학교와 대각선으로 마주한 중국 음식점은 혜화동 로터리를 80년째 지키고 있다는데, 내가 한동안 대학로에 일자리를 얻어 지낼 무렵 알게 된 뒤로 가끔 가 보는 곳이다. 이 식당에서 10미터 남짓 떨어진 곳에서 눈에 띄는 표석이 있다. 그것이 우리 근대사의 비극적 사건 한 가지를 전해 준다. '몽양 여운형 선생 서거지' 표석이기 때문이다.

표석은 그 자리에서 몽양(夢陽) 여운형(呂運亨, 1886~1947)이 1947년 7월 19일 오후 1시 15분에 괴한의 흉탄에 쓰러졌다고 말하고 있다. 혜화동 로터리가 여운형이 암살당한 현장이라는 사실은 알았어도 정확한 위치를 확인해 보진 못했다. 식당에 여러 차례 드나들면서도 코앞에 있는 역사적 현장을 이제야 처음으로 확인한 것이 좀 부끄러웠다. 아울러, 혜화역 반대편 출구로 나서면 그의 정적 이승만이 살던 곳이 지척이라는 생각도 새삼 들었다. 여운형의 서울 집이 종로구 계동에 있었으니 그리 멀지 않은데, 하필이면 암살이 정적의 집 근처에서 벌어졌다. 여운형은 생전에 무려 열한 번이나 테러를 당했다. 암살되던 해 3월에는 계동 집이 폭파되었고, 운명의 장소인 혜화동 로터리에서도 이미 5월에 한 차례 테러를 당했다.

여운형을 암살한 범인은 극우 청년 한지근(韓智根)으로 알려졌다.

정치의 중심에서 주변을 배회한 근대인

당시 경찰은 여운형 암살이 단독 범행이라고 발표했지만, 27년이 지난 1974년에 한지근뿐만 아니라 당시 백색테러를 저지르던 양근환(梁槿煥)과 염동진(廉東振) 등이 가담했다는 사실이 드러났다. 아쉽게도 배후를 더 밝히지는 못했는데, 사실 여운형의 정적은 이승만뿐만이 아니었다. 정치적 노선이 조금만 달라도 적이 되는 시대였다. 이렇게 복잡한 정치 지형은, 여러 암살 사건의 배후를 캐는 과정에 추측만 난무하게 만들었다. 여운형을 노린 암살 시도는 가장 집요했다고 할 수 있다. 그의 정치 활동이 민족 분단을 막기 위해 여러 세력을 통합하려는 시도였기 때문에 오히려 정적이 많지 않았을까 하는 생각이 든다.

　달리는 차 안에서 맞은 여운형의 죽음은 그야말로 길 위의 죽음이다. 빼앗긴 조국에서 일제의 탄압에 맞서 독립운동을 하면서도 지킨 목숨을 해방된 조국에서 동포의 손에 빼앗긴 여운형의 삶은 그 자체가 역사의 아이러니다. 서울 한복판에서 마감된 그의 삶은 경기도 양평의 남한강변에서 시작되었다.

노비 문서를 불태워 종들을 해방한 양반

서울에서 강변북로를 따라 덕소를 지나 6번 도로로 양수리를 거쳐 신원역 옆길 600미터 언덕을 오르면 여운형의 생가와 기념관이 나타난다. 이곳은 다산(茶山) 정약용(丁若鏞)의 생가와 기념관이 있는 두물머리와 다리 하나를 사이에 두고 차로 10분 정도 거리에 있다. 차로 다산기념관이나 두물머리를 찾는다면 조금만 더 시간을 내어 몽양기념관도 둘러보는 것이 나쁘지 않은 선택이다. 또는 몽양기념관을 방문한 김에 다산 생가를 찾는 것도 좋겠다. 대중교통을 이용해 여운형 생가를 방문하려면 용산에서 출발해 청량리를 거쳐 용문 방향으로 가는 전철을 타고 가다 양수역을 지나 신원역에서 내리면 된다. 하지만 나는 이 길을 택하지 않았다. 내가 사는 곳이 양평이기 때문에, 남한강 건너편에서 출발해 양평읍을 거쳐 신원리로 가는 길을 택했다. 이 경로는 대중교통을 이용할 수 없어서 차를 가지고 갔다. 그리 먼 길도 낯선 길도 아니다. 몽양기념관을 몇 차례 찾다 보니, 차를 가지고 가도 차는 신원역 주차장에 세워 두고 비탈이 그리 심하지 않은 오르막길을 걸어 보는 것이 좋겠다고 느꼈다. 느린 걸음으로 천천히 오르내리며 남한강을 보는 소박한 기쁨이 있기 때문이다.

여운형의 생가 터는 나지막한 언덕 위 양지바른 곳에 자리해, 날씨 좋은 봄날에 방문하면 등허리에 따스한 햇볕을 한 짐 지고 오를 수 있다. 오르는 길 오른쪽에는 여운형의 주요 행적을 돋을새김으로 소개한 기념물이 있고 길 한편에는 그의 말을 새긴 조그마한 돌들이 줄지어 있다. 기념관에 다다르면 여유 있는 주차장이 눈에 들어오는데, 여유 있다는 것은 주차 공간이 생각보다 넓다는 뜻이기도 하고 찾는 사람이 많지 않아 한적하다는 뜻이기도 하다. 기념관과 생가는 비탈진 산허리를 그대로 활용해 지어, 조금 밑에서 보면 마치 기념

정치의 중심에서 주변을 배회한 근대인

경기도 양평군 양서면 신원리에 있는 몽양기념관.

관이 생가를 이고 있는 것 같다. 생가의 규모는 그리 크지 않고 소박하면서 여유로운 분위기가 느껴지는 정도다.

이미 몇 번 방문해 봤지만 여운형은 여전히 낯선 느낌이다. 위인기념관이 대개 그렇듯 인물에 대한 상세한 정보를 얻기에는 충분하지 않기 때문이다. 1차적으로 내 무지와 무관심 탓이겠지만, 여운형에 대한 몰이해는 한국 현대 정치사의 불행과도 연관되어 있다.

여운형은 지금의 경기도 양평군 양서면 신원리 묘골 명문 양반가에서 1886년 4월에 태어났다. 그의 어머니도 명문가 출신으로 백사(白沙) 이항복(李恒福)의 11대 손녀다. 어린 시절 여운형은 아버지보다 할아버지 여규신(呂圭信)의 영향을 많이 받은 것으로 알려졌다. 본래 소론의 야인이던 여규신은 갑오년(1894)에 동학농민운동이 일어나자 일가를 모두 이끌고 동학에 가담해 싸웠다고 한다. 어린 시절부터 신분에 구애 없이 벗을 사귄 여운형은 인간 평등을 핵심 가치 중 하나로 삼는 동학의 가르침을 자연스럽게 받아들였을 것이다. 그가 부친상을 치르고 나서 1908년에 집안의 종들을 모아 놓고 노비 문서를 불태워 해방한 일은 당시 아무나 할 수 있는 일이 아니었다. 더구나 그는 약관을 조금 넘은 나이였다.

여운형의 근대적인 인간관이 동학만의 영향이라고 할 수는 없다. 그는 1900년 배재학당에 들어가 서구식 근대 교육을 받았고, 1907년에는 정식으로 기독교인이 되었다. 그리고 같은 해에 생가 가까이에 근대적 신학문을 가르치는 광동학교를 설립하기도 했다. 비록 동학과 기독교의 뿌리가 다르지만, 여운형은 두 종교 모두에 내재한 보편적 가치를 수용하고 근대적 세계관을 가슴에 품은 것이다. 종교와 사상의 경계에 구속받지 않은 여운형의 삶은 그 뒤로도 평생 이어져 공산주의 또는 사회주의와 민족주의를 거리낌 없이 넘나든다. 그러면서 그는 한결같이 민주적이고 진보적인 삶을 살았으며 실질적인 목표를 이루려고 노력했다.

봉건 체제를 거부한 근대사상가

독립을 위해 상하이에서 활동하던 1918년 8월, 여운형이 김규식(金奎植)·한진교(韓鎭敎)·장덕수(張德秀)·김철(金澈)·선우혁(鮮于赫)·

여운형 생가. 명문 양반가에서 태어난 여운형은
동학에 가담해 싸운 할아버지의 영향을 많이 받았다.

조동호(趙東祜) 등과 힘을 모아 신한청년당을 만들었다. 신한청년당
은 우리나라에서 처음으로 근대식 정당 이름을 쓴 정치 결사체라는
의의가 있다. 일제에 국권을 빼앗겼으니 오늘날 우리가 보는 정당처
럼 정권을 잡기 위한 활동을 하지는 않았지만, 독립을 쟁취해 주권
을 찾고 정권을 잡겠다는 목표가 있었다. 당헌도 마련해 근대식 정
당의 면모를 갖추었다. 같은 해 12월에 미국의 윌슨(T. W. Wilson) 대
통령에게 독립 청원서를 보내고, 1919년 1월에는 독립을 요구하기
위해 파리강화회의에 김규식을 대표로 파견하기도 했다. 파리강화
회의는 1차세계대전이 끝난 뒤 세계정세 재편을 위해 승전국들이 개
최한 회의다. 비록 승전국의 일원이던 일본 대표단의 집요한 방해로
본회의에 직접 참여하지는 못했어도, 이 사건은 국내의 독립운동 열

여운형

기를 자극해 3·1운동을 불러일으켰다.

3·1운동을 계기로 나라 안팎의 독립운동 세력들이 임시정부라도 서둘러 세워 국권 회복 활동의 중심을 잡으려고 했다. 하지만 여운형은 정부 형태보다는 운영에 부담이 적은 당 조직을 중심으로 삼자고 주장했다. 이상보다는 실리를 추구하는 면모를 보여 주는 예라고 할 수 있다. 또한 국호에 '대한'을 붙이거나 황실을 우대하는 임시정부 수립과 연관된 원칙들에 의견을 달리한 그는 임시정부 외무부 차장과 임시의정원 의원 등을 역임했으나 주로 교포 사회인 거류민단을 중심으로 한 활동에 매진했다. 봉건 체제를 거부하는 근대 정치사상가로서 그는 임시정부의 황실 우대 원칙에 반대할 수밖에 없었을 것이다.

그런데 3·1운동의 실질적 배후가 여운형이라는 사실을 파악한 일제의 하라 다카시(原敬) 내각이 그를 회유하기 위해 일본으로 초청했다. 일제가 독립운동을 자치운동으로 유도하는 모양새를 취해 독립운동의 열기를 가라앉히려는 계획에 그를 이용하려고 한 것이다. 하지만 여운형은 일본 유학생들과 만나 자신은 자치를 구걸하러 온 것이 아니라 독립을 담판 짓기 위해 왔다고 말한다. 당시 서른네 살이던 여운형은 실제로 일본의 고관들과 만나 한국 독립의 정당성을 굽힘 없이 주장했으며, 도쿄 제국호텔에서는 전 세계 기자 500여 명을 모아 놓고 일본의 식민 지배를 규탄하며 마땅히 한국이 독립해야 한다고 강력하게 주장했다.

제국호텔 연설에서 여운형은 자신이 민족자결주의에 도취되어 한

정치의 중심에서 주변을 배회한 근대인

국의 독립을 주장하는 것이 아니라고 분명하게 말했다. 그런데 아직도 월슨이 제창한 민족자결주의에 고무되어 3·1운동 일어났다고 설명하는 자료가 많다. 사실 월슨은 1차세계대전 패전국의 식민지 문제를 염두에 뒀기 때문에 우리와는 무관했다. 다시 말해, 독일 같은 패전국이 다시 일어나지 못하게 하기 위해 패전국들의 식민지를 해방해야 한다는 뜻이었다. 앞에 말한 것처럼 당시 일본은 승전국에 속했으니 일본의 식민지는 해당하지 않았다. 월슨의 의도를 잘 아는 여운형도 국제사회의 분위기에 편승하거나 미국이라는 강대국 지도자의 말에 혹해서가 아니라 세계사의 흐름에 맞는 길이며 세계 평화를 위한 정의로운 당위이기 때문에 한국의 독립을 역설한 것이다.

1920년에 여운형은 공산당이 독립운동에 도움이 된다고 판단해 고려공산당에 가입하고 1922년 모스크바에서 열린 '극동피압박민족대회'에 한국 대표로 참가해 독립의 당위성을 다시 밝혔다. 그 뒤 주로 상하이에서 독립을 위한 활동을 이어 가다 1929년 영국 경찰에 체포되고 일본 경찰에게 넘겨져 국내로 송환된다. 일제의 손에 3년간 옥고를 치르고 나온 여운형은 1933년에 조선중앙일보사 사장에 취임하고 언론을 통해 독립운동의 길을 이어 간다. 조선중앙일보사 사옥은 지금도 종각에서 조계사로 가는 길 중간에 남아 있다. 이곳은 여운형의 계동 집에서 멀지 않고, 3·1운동 당시 민족대표 33인이 모여 있던 태화관이 코앞에 있었다.

여운형은 1936년 베를린올림픽 마라톤에서 우승한 손기정(孫基禎)의 사진 속 일장기를 지우고 신문을 발행했다. 그가 베를린으로

1933년에 여운형이 사장으로 취임한 조선중앙일보 사옥의 현재 모습.

떠나는 손기정 선수의 환송식에서 비록 가슴에는 일장기를 달고 가지만 등에는 한반도를 지고 가라고 당부했다니, 일장기를 지워 없애는 것은 이때 이미 예고된 저항이 아닐까 싶다. 어린 시절 여운형이 아픈 어머니를 위해 고향 묘골에서 40킬로미터나 떨어진 서울 광교까지 단숨에 달려가 약을 지어서 그날로 돌아왔다는 일화가 있다. 왕복 80킬로미터 거리를 하루에 오간 것이다. 그가 평생 강단 있게 활동하는 데는 갖가지 운동에 능할 만큼 단련한 체력이 한몫했을 것이다.

1940년대 초에는 도쿄를 몇 차례 방문한 경험을 통해 일본 패망을 확신하고, 1944년에 이미 광복 이후를 대비한 건국동맹을 조직했다.

정치의 중심에서 주변을 배회한 근대인

여운형을 비롯한 건국동맹의 주요 구성원은 사회주의와 민족주의 계열에 속했다. 당시 국내 사회주의자들은 일제의 탄압으로 침체된 활동을 힘겹게 이어 가고 있었고, 민족주의자들 중에는 일제에 대한 저항을 포기하거나 친일로 돌아서는 이가 적지 않았다. 하지만 건국동맹은 '각인 각파를 대동단결하여 거국일치로 일본 제국주의 제 세력을 구축하고 조선 민족의 자유와 독립을 회복할 일, 반추축(反樞軸) 제국과 협력하여 대일 연합 전선을 형성하고 조선의 완전한 독립을 저해하는 일체 반동 세력을 박멸할 일, 건설부면(建設部面, 국가 건설의 여러 방면)에서 일체 시위를 민주주의적 원칙에 의거하고 특히 노농 대중의 해방에 치중한다'는 강령에 따라 일본의 패망과 조선의 독립에 대비했다. 건국동맹 결성은 여운형이 국제 정세에 아주 밝았음을 보여 준다. 1937년 중일전쟁 이후 식민지 조선의 수많은 지식인이 친일파로 변절한다. 중국을 도발해 과감하게 내륙에 진출하는 일본의 힘을 보고 우리 민족의 독립에 대한 희망을 잃었는지, 지식인들의 친일 행태는 해방이 될 때까지 더 심해졌다. 이런 시기에 여운형은 오히려 해방을 위한 준비에 박차를 가했다는 점에서 정세 분석 능력이 탁월했다는 것이다.

좌파에게 외면당하고 우파에게 고립되다

건국동맹이 해방 이후 건국준비위원회로 이어졌으나 결실을 보지는

정신 계발 못지않게 신체 단련을 중시한 여운형.

못했다. 건국준비위원회를 구성한 여러 계파의 분열로 와해되어 버렸기 때문이다. 지금은 없어진 풍문여자중학교에 건국준비위원회 사무실이 있었는데, 안국역에서 정독도서관으로 가는 길에 자리했으니 여운형의 계동 집과 멀지 않았다.

해방 정국에서 여운형은 누구보다도 견실하게 독립국가 건설을 준비했다. 그러나 좌우의 극한 대립과 독립운동 세력들의 갈등 속에 쓰러질 수밖에 없었다. 청년기 행적이 보여 주듯 여운형은 조국의 독립을 위해서라면 종교나 세계관에 상관없이 연대하려는 태도를 유지했다. 독립이라는 대의에 비하면 사상이나 종교의 차이는 그다지 중요하지 않다고 여긴 모양이다. 달리 말하면, 균형 감각을 잘 유지한 정치사상가라고 할 수 있을 것이다. 개인적인 삶에서도 여운형은 정신 계발 못지않게 신체 단련도 중시했다는 점에서 일관성을 유지했다. 하지만 이런 균형 감각이 정적들에게는 공격의 빌미가 될 수 있었다.

　오랫동안 뜻을 함께한 김규식과 더불어 여운형은 해방 정국에서 좌우합작을 실현하기 위해 전력을 다한다. 1946년에는 북한의 김일성(金日成)과 총 여섯 차례 회담하면서 남북 합작의 길을 모색하기도 한다. 하지만 이런 노선 때문에 여운형은 좌우 양 진영으로부터 기회주의자라는 공격을 받는다. 일반적으로 정치적 위기 상황일수록 극단적인 목소리가 온건한 주장을 압도하는 경향이 있다. 극단적인 노선이 더 선명하고 원칙에 충실한 것처럼 보이기 십상이다. 스스로 진보적 민족주의자라고 여긴 여운형의 정치적 처신은 사회적 갈등이 심하지 않을 경우에는 원만한 조정자로서 더할 나위 없이 좋은 평가를 받을 것이다. 하지만 대립의 결과가 생사를 결정할 만큼 치열한 상황이라면 중도가 양극단의 정당성을 입증하는 데 희생양이 될 가능성이 크다. 고려공산당원 이력은 강경 사회주의자들에게 회색분자라는 공격을 받기 쉽고, 기독교인이자 민족자결주의를 주장한 민족주의자로서 면모는 그를 사회주의로 전향한 변절자라고 비난하는 우파의 먹잇감이었을 것이다. 또한 일제강점기 후반에 국내에서 벌인 활동은 그를 더욱 고립시키는 빌미가 되었다. 1942년에 여운형을 다시 체포한 일제가 그를 풀어 주면서 억지로 전향서를 쓰게 하고는 친일 성명서를 쓴 것처럼 거짓으로 꾸며, 그에게 오욕의 상처를 새기고 말았다. 이 사건은 독립운동가 여운형을 변절자로 몰아가는 단서가 되기도 한다.

여운형은 건국준비위원회를 기반으로 1945년 11월에 조선인민당을 창당해 위원장으로 취임하고 독자적인 정치 세력화를 모색한다. 1945년 9월에 출범한 조선인민공화국(인공)의 부주석에 취임하기도 한다. 그러나 인공 주석으로 추대된 이승만은 취임을 거부하고, 미군정은 인공을 인정하지 않는다. 이에 여운형은 1946년 2월에 우익 세력을 중심으로 한 '비상국민회의'에 맞서 사회주의 인사들과 중도 세력을 모아 '민주주의민족전선'을 결성한다. 그런데 박헌영(朴憲永)을 중심으로 한 민주주의민족전선 내 좌파가 신탁통치를 추진하는 미소공동위원회에 협조하기로 했다. 미소공동위원회는 1945년 12월에 열린 모스크바 3국 외상 회의의 결정에 따라 이듬해 1월 미국과 소련이 서울에 설치한 조직으로 한반도의 신탁통치 문제를 다루고 있었다. 여운형은 신탁통치를 도저히 받아들일 수 없었기 때문에 김규식과 손잡고 반탁을 고수하는 한편 좌우합작 운동을 적극적으로 추진한다. 하지만 좌파 세력은 이런 움직임의 목표가 친미 정권을 세우는 것이라고 보고 배격한다. 박헌영이 소련의 요구를 수용하고 이북 공산당의 지원을 받은 반면, 반탁을 고수한 여운형은 좌파에게 외면당한 데다 공산주의자들과 손잡았다는 이유로 우파로부터 고립될 수밖에 없었다.

그러나 여운형은 통일전선을 만들기 위해 김일성과 담판을 시도했다. 두 사람이 처음에는 통일 정부 구성에 힘을 모으자고 의견을 모았다. 그런데 박헌영의 남한 활동을 비판적으로 보고 좌파 중심의

몽양기념관에 전시된 피격 당시 여운형의 유류품.

민주주의민족전선 활동만으로는 한계가 있다는 여운형의 지적에 김일성이 적극적으로 동의하지 않았다. 대의는 비슷했지만 방법론의 차이가 드러나는 바람에 회담은 목표를 이루지 못했다. 결국 여운형은 노선 갈등 속에 박헌영에게 주도권을 빼앗기고, 좌우를 아우르는 통일전선을 만든다는 목표도 김일성의 미온적인 태도 때문에 이루지 못한다. 게다가 미소공동위원회의 결렬로 좌우합작 가능성은 더더욱 낮아지고 이승만은 남한 단독정부 수립을 위한 준비에 박차를 가하면서 여운형은 좌우 모두로부터 소외당한 채 극우파 한지근의 손에 1947년 7월 19일 혜화동 로터리에서 총탄 두 발로 암살당하고 만다.

여운형의 자취가 깃든 공간

해방 공간에서 주요한 정치적 사건들은 대개 종로를 중심으로 펼쳐진다. 수많은 암살이 그렇고, 정치적 모임도 마찬가지다. 종로는 사대문 안의 중심이고 대한민국 정치의 중심이었다. 여운형의 정치 활동도 종로를 중심으로 펼쳐졌다. 여운형이 태어나고 자란 양평 신원의 묘골에서는 신분을 뛰어넘어 벗들과 어울릴 수 있었으며 유학과 기독교, 동학 등의 사상을 골고루 접할 수 있었다. 하지만 종로에서는 사상과 노선이 다른 정치인들이 어우러지지 않았다. 종로는 격렬한 정치투쟁의 공간이었다. 그래서 지금까지 종로를 정치 1번지라고 부르는 것이 아닐까?

여운형은 달리는 차에서 피격당한 것으로 알려졌다. 암살범이 트럭으로 여운형의 차를 막고 암살을 시도한다. 그런데 로터리는 다른 곳보다 분주한 공간이다. 갑자기 속력을 낼 수 없는 조건이다. 그가 습격당한 로터리는 여러 곳과 연결되었다. 복잡한 정치 지형 한가운데서 분단을 막기 위해 여러 정치 세력을 통합하는 데 힘쓴 것을 생각하면, 로터리라는 현장이 그의 죽음에 담긴 의미를 묘하게 상징하는 듯하다. 여운형의 생가는 남한강과 북한강이 만나는 두물머리에서 조금 떨어진 남한강 기슭에 있다. 남한강과 북한강, 두 물이 만나는 곳이라 붙은 이름이 두물머리다. 여운형의 생가가 두물머리에 미치지 못하는 것 또한 좌우를 합치려다 끝내 목표를 이루지 못하고 세상을 떠난 그의 운명을 묘하게 연상시킨다.

정치의 중심에서 주변을 배회한 근대인

4·19민주묘지 인근의 솔밭공원에 조성된 여운형의 묘.

여운형을 마지막으로 만난 곳은 그가 잠들어 있는 묘소다. 여운형의 묘소는 현재 4·19민주묘지에서 도선사 쪽으로 조금 더 가면 나오는 솔밭공원에 있다. 우이신설선 전철을 타고 가다 솔밭공원역에서 내려 2번 출구로 나가면 바로 나오는 곳이다. 가까운 곳에 손병희를 비롯해 4·19혁명의 민주 열사와 독립운동가 들이 안치되어 있다.

흔히 역사에는 가정이 없다지만 분단 이후 우리가 겪은 고통과 유형무형의 손실을 고려하면 해방 정국에서 좌우 또는 남북 합작 노력이 무산된 것에 대한 아쉬움을 표현할 길이 없다. 한국 사회에서 낡은 이념 논쟁이 여전히 민주주의 발전의 걸림돌로 작용하는 것은 분명한 사실이다. 이미 벌어진 문제를 아무리 잘 해결한다고 해도, 문

여운형

제가 발생하지 않도록 하는 것보다 현명할 수는 없다. 독립운동의 길에서나 해방 조국 건설의 길에서나 여운형은 항상 정치적 소용돌이의 중심에 있었다. 그러나 극좌와 극우의 광풍 속에 그의 주장은 주변으로 밀려날 수밖에 없었다는 점이 오늘 더욱 아쉽다. 흉탄이 만든 핏자국이 뚜렷한 여운형의 윗옷은 우리 민족의 상흔을 상징하는 듯하고, 2008년에야 그에게 추서된 건국훈장은 이념의 덫에 발목 잡힌 근대사의 어두운 면을 증명한다는 생각을 지울 수 없다.

한용운

별이 잘 들지 않아 겨울이면 유난히 추운 집, 총독부가 보기 싫어서 북향으로 지은 집에 살았다. 일제가 강요한 창씨개명을 거부했기 때문에 민적이 없었다. 민적이 없으니 딸은 학교에 못 가고 식량을 배급받지 못했다. 한용운이 스스로 선택한 삶이지만, 날이 갈수록 꼿꼿한 정신과 달리 몸은 무너져 갔다. 기미년에 독립선언을 한 죄로 옥에 갇혔을 때 그는, 고통 속에서 쾌락을 얻고 지옥 속에서 천당을 구한다는 것을 깨달았다. 자유와 평등이 억압된 시대에 억압을 외면한 안락과 행복은 헛된 것이다. 그래서 제국주의가 만든 지옥에서 고통에 정면으로 맞섰다.

그는 고종 16년에 태어나고 자란 홍성에서 결혼할 때까지 지냈다. 그러나 어지러운 세상에 눈을 뜨자 뭐든 해 보기 위해 고향을 떠나 불가에 입문한다. 산사에서 불경과 함께 넓은 세상에 대한 책을 읽고 마음이 커졌다. 승려로서 조선 불교를 개혁하기 위해 동분서주하는 한편 『유심』이라는 잡지를 펴내며 계몽운동에 나섰다. 내로라하는 집안 출신이 아니고 대단한 학벌이 있지도 않지만 독립을 향한 의지는 누구보다 굳은 그에게 일제의 폭정은 갈수록 엄혹해졌다. 하지만 그는 뜻을 굽히지 않았다. 일제가 영원하지는 않으며 몰락할 날이 올 것을 믿었기 때문이다.

구도와 구세의 일체화
그리고 운명적 불화

■

송인재

총독부가 싫어 북향으로 지은 집

인사동 거리를 뒤로하고 안국역에서 헌법재판소와 감사원을 지나
북쪽으로 갈수록 점점 가팔라지는 북악산 남쪽 기슭에 난 도로를 따
라가면, 고지대에 한양도성을 배경으로 두른 마을이 보인다. 오르막
길 꼭대기에 올라서 보니 앞쪽과 좌우 반대편 산자락에 빼곡히 자리
한 집들이 한눈에 들어온다. 동소문 쪽에서도 한참을 올라와야 하는
높은 지대다. 그래도 찾아오는 사람들이 많은지, 마을에서 친절하게
안내도를 그려 뒀다.

둥그런 북정마을 한쪽에 아래로 통하는 좁은 계단 길이 나 있는
데, 그 어귀에 풍경화와 그림 같은 서체로 한껏 멋을 부린 이정표가
보인다. '심우장 가는 길'이다. 이 길을 따라가면 만해(卍海) 한용운
(韓龍雲, 1879~1944)이 총독부가 보기 싫어 북향으로 짓고 만년을 보

한용운이 만년을 보낸
서울 성북동 북정마을의 심우장 가는 길.

낸 집, 심우장이 있다. 길을 따라가는 동안 내내 불편한 생각들이 떠
오른다. 여름에 땀이 많이 날 텐데 어쩌나, 겨울에는 눈 때문에 길이
미끄러울 텐데 어쩌나, 냉장고니 세탁기니 덩치 큰 세간을 옮기려면
힘들 텐데 어쩌나…. 코앞에 닥친 내 일도 아닌데 절로 걱정에 빠져
좁은 길을 내려가면 왼쪽에 흰색으로 '심우장'이 새겨진 검은 현판
이 드러난다. 지하 주차장과 20~30층 집 사이를 승강기로 간편하게
오르내리는 데 익숙한 사람, 전철역에서 나와 5분 남짓 걸으면 집에
도착하는 데 익숙한 사람은 선뜻 선택하기 어려운 집터다. 한양도
성 북쪽 산비탈에 좁은 길, 요즘 도시인은 불편하기 짝이 없다고 느

낄 법한 이곳에서 만해는 삶의 마지막 시기를 보냈다. 이곳에 서니 총독부가 보기 싫어서 북쪽으로 문을 낸 그의 기개 못지않게 고단한 삶이 짐작된다.

열린 문으로 마당에 들어서면 아담한 기와집 독채가 맞아 준다. 집 앞에 펼쳐진 마당에서 만해는 화초를 기르고 때때로 손님을 맞거나 불청객을 내쫓기도 했을 것이다. 긴 세월 견딘 것을 말해 주는 향나무도 대문 앞을 지키고 있다. 이 작은 집 곳곳에 만해를 떠올리게 하는 유묵·출판물·일대기·조형물 등이 자리한 것은, 마치 대가족이 무릎을 맞대고 사는 단칸방처럼 버거워 보인다. 시련기에 자신의 의지를 발산하고 민족의 돌파구를 찾으려고 서울과 남도, 강원도, 일본, 블라디보스토크, 만주를 넘나들던 만해의 삶을 다 담기에는 역부족인 듯하다.

이 터는 성북동이라는 이름이 말해 주듯 성곽의 북쪽 산기슭에 자리 잡아 어차피 남향으로 집을 지어도 햇빛이 들지 않는다. 남쪽은 산이 가로막고 있기 때문이다. 총독부가 보일 리도 없다. 북향집은 실제로 눈에 보이지 않도록 하겠다는 뜻이 아니라 총독부를 등지고 살겠다는 강력한 의지의 표현이다.

문을 나서 반대편으로 난, 역시 좁은 길을 내려가면서 보면 심우장으로 올라오는 길이 제법 세련되게 연출되어 있다. 산속 펜션을 떠올리게 하는 나무 계단이 깔려 있고 난간에 만해가 남긴 명언과 만해에 대한 세간의 찬사가 있어 심우장을 찾는 사람들이 그를 만날 마음의 준비를 하게 한다. 계단을 다 내려와 찻길에서 보니 '만해 한

구도와 구세의 일체화 그리고 운명적 불화

심우장 전경.

용운 옛집 심우장'이라는 간판이 마치 교외 찻집처럼 먼 길을 걷거
나 작은 버스를 타고 이곳을 찾은 이들을 안내한다. 그 아래는 잔디,
꽃나무, 돌 등으로 꾸며져 있다. 소박한 본채보다 화려한 어귀다. 그
리고 만해의 이름을 대신한다고도 할 수 있는 시 「님의 침묵」을 새긴
비석과 그 옆에 앉아 있는 만해 동상이 있다. 고단해 보이는 표정이
다. 누군가가 겨울에 만해가 추울까 봐 모자를 씌워 놓았는데도 따
뜻하기보다는 고단해 보인다. 지나가는 사람을 구경할까, 삶의 무게
를 내려놓고 한숨 돌릴까, 누구를 기다릴까, 사색에 잠겼을까? 곳곳
에 걸린 안내판에 '한용운'과 '심우장'이라는 글자가 없었다면 영락

없이 민중미술에 등장하는 민초의 모습이다. 그는 오늘날 가족관계 등록부에 해당하는 민적이 없었다. 일제가 관리하는 민적에 이름을 올리는 것이 의미 없다고 판단한 것이다. 민적이 없으니 최소한의 인권을 보장받지 못한 채 제대로 먹지도 못하고 살다 영양실조로 죽은 것을 생각하니 가슴이 먹먹해진다.

만해는 기미년 3월 독립선언 이후 투옥되었을 때 쓴 「조선 독립의 서」를 봉투에 넣어 20년이 넘도록 간직했다. 그가 죽을 때까지 간직한 조선 독립에 대한 신념이 형성되고 독립을 위해 온갖 방법을 써가며 노력한 발자취를 찾으려면 다시 사대문 안으로 들어가야 한다. 경복궁, 정확히 말하면 총독부가 훼손한 경복궁과 창덕궁 사이에 자리 잡은 주거 지역과 예나 지금이나 밤낮으로 사람들이 북적이는 종로 일대 말이다.

구도와 구세의 일체화

홍성 사람 한용운은 왜 서울에 올라와 독립운동을 하게 되었을까? 게다가 온몸으로 세상일에 뛰어들겠다고 각오하며 가정을 버리고 길을 나선 그가 왜 산사로 들어가서 불자(佛者)가 되었을까? 그의 삶에서 종교적 깨달음에 이르는 것〔求道〕과 세상 사람들을 괴로움에서 벗어나게 하는 것〔救世〕은 한 몸이었다. 그는 나라 형편이 어지러운 가운데 '산속에 파묻힐 때가 아니라는 생각으로' 세상일에 나서겠다고 마음먹고 서울을 선택했다. 그런데 남루한 차림으로 돈도 없이 서울로 향하던 그가 마음을 바꿔 '실력을 양성하겠다', '인생에 대한 그 무엇을 해결해 보겠다'는 결심으로 설악산 오세암에 들어간다. 산속에 파묻힐 수 없다던 이가 도시가 아닌 산속으로 간 역설이다. 이 역설에는 그 나름대로 이유가 있다.

당시 불교는 조선 시대의 억압에서 벗어나 근대화에 동참했다. 새로운 지식을 적극적으로 받아들였다. 따라서 만해는 산사에서 불교 교리를 배우며 새로운 세계를 상상할 수 있었고 외부에서 들어온 새로운 지식을 습득할 수 있었다. 출가하고 얼마 지나지 않았을 때 그는 중국에서 들어온 『영환지략(瀛環志略)』, 『해국도지(海國圖志)』 같은 지리서와 계몽 서적 『음빙실문집(飮氷室文集)』을 접하고 세계를 겪어 보겠다는 꿈을 품었다. 종단의 지원으로 일본에서 유학도 했다. 서울은 이제 별다른 자극을 주는 곳이 아니었다. 그래서 미국으로 가겠다는 계획을 세우고 일본을 떠나 조선을 거쳐 러시아로 향하는 배에 몸을 실었다. 결과는 실패였다. 경유지 블라디보스토크에서 친일파로 오해받는 뜻밖의 사고를 만나 겨우겨우 목숨만 건져 조선으로 돌아왔다. 미국으로 가려던 계획은 실패했지만, 산사에서 쌓은 지식이 세계에 대한 동경이 되었다. 죽을 고비를 넘기고 조선으로 돌아온 만해는 일본 불교가 한국 불교를 장악하지 못하게 저항하는 임제종(臨濟宗) 운동에 뛰어들었다. 하지만 이 또한 총독부 탓에 좌절되었다. 더욱이 이번에는 만주로 갔다가 일제의 첩자로 오해받아 총상을 입고 1912년 겨울에 귀국했다. 치명적인 총상 탓에 이때부터

한용운

그는 고개가 한쪽으로 기울었고, 머리가 저절로 흔들리는 체머리까지 않았다.

시련과 실패를 거듭 겪은 만해는 백담사를 비롯해 여러 사찰을 돌면서 경전을 탐독하고 정리해 사유를 단련했다. 그 결과, 『조선불교유신론』을 써서 불교가 완전히 새로워지고 대중에게 다가가야 한다고 힘주어 말했으며 『팔만대장경』의 핵심을 가려 뽑아 『불교대전』을 펴냈다. 『조선불교유신론』과 『불교대전』으로 승려로서 명망을 얻은 그는 『채근담(菜根譚)』을 우리말로 옮기고 알기 쉽게 설명한 『정선 강의 채근담(精選講義菜根譚)』을 당시 최고 출판사인 신문관에서 펴내기도 했다. 이는 모두 1918년 서울로 가기 전에 이룬 일이다.

만해가 저술에만 매달린 듯하지만 이런 활동을 통해 세상일에 끼어들려는 생각을 드러냈다. 『불교대전』을 펴내면서 세상의 정의와 평화를 기원한 그는, 불경에 현실의 사악함을 없애고 선(善)과 정의를 만들어 내는 뜻이 담겨 있다고 보았다. 그리고 불교는 근본 목적이 '평등'이며 사업은 '박애(博愛)요, 호제(互濟)'라고 파악했다. 모두가 평등하게 사랑하고 서로 돕는 데 불교의 의미가 있으니, 이와 어긋나는 불평등은 악이다. 당연히 제국주의는 받아들일 수 없는 것이다. 한편 『정선 강의 채근담』에서는 탁한 세상을 핑계로 스스로 타락하는 세태를 비판하고, 더러운 세상에서도 오염되지 않는 삶을 연꽃에 비유한다. "연꽃은 진흙 속에서 나지마는 진흙에 더럽혀지지 아니하고 도리어 선명한 꽃이 피고 미묘한 향내를 내니 이것은 진흙 속에 있지마는 진흙에서 벗어나는 것." 이 또한 불교의 진리로 세상

구도와 구세의 일체화 그리고 운명적 불화

일에 나서야 한다는 생각을 드러낸 것이다. 그는 이렇게 구도와 구세를 적극적으로 이어 간다.

자유를 향한 외침과 충돌

불교에서 평등과 호혜를 발견하고 구세와 구도를 적극적으로 결합시킨 만해가 1918년에는 서울로 가 잡지 『유심』을 펴낸다. 유심사였던 계동 한옥이 안국역에서 성북동 가는 쪽 좁은 골목에 남아 있다. 북촌을 찾는 이들이 이용하는 숙박 시설들이 모인 동네인 만큼 만해와 관련된 집의 역사를 작은 안내문에 담아 알려 주며 손님을 맞고 있다. 만해는 이 집에서 거의 혼자 힘으로 만든 『유심』에 승려, 천도교 인사, 민족주의 지식인의 글을 폭넓게 실으면서 계몽 활동에 힘을 쏟았다. 인권, 사회적 평등, 자유의 가치를 제시하고 청년들의 동의를 호소한 『유심』은 통권 3호가 마지막이 되었다. 하지만 독립을 향한 만해의 활동도 끝난 것은 아니다.

　같은 해 1월에 민족자결주의가 발표되었다. 이에 고무된 만해는 독립에 대한 의지를 더욱 키운다. 이듬해 1월에는 보성고등보통학교장 최린(崔麟)의 집에 찾아가 '우리 조선도 민족자결에 의하여 독립하는 것이 좋을 것이니 우리도 운동을 하여 독립을 하는 것이 어떤가'를 물었다. 최린은 이미 송진우(宋鎭禹)·최남선·현상윤(玄相允) 등과 큰일을 계획하고 있었기 때문에, 독립을 위한 궐기에 불교계

한용운이 발행한 월간지 『유심』.

대표로 만해를 받아들인다.

만해는 열정을 다해 큰일을 준비했고, 3월 1일에 「독립선언서」를 낭독했다. 그러고는 현장에서 바로 연행되어 서대문형무소에 갇혔다. 연행되던 만해는 일본 경찰의 탄압을 받으면서도 중단 없이 만세를 부르는 학생들을 창문 너머로 보면서 눈물을 흘렸다.

만해를 비롯해 민족대표 33인이 독립을 선언한 태화관은 계동에서 종로 쪽으로 1킬로미터쯤 떨어져 있다. 현재 인사동 거리를 지나 종각역으로 가는 길목에 있는 태화관 터에서는 태화빌딩과 주차장이 보인다. 역시나 맞은편에는 한참을 그 자리에 자리 잡고 있던 낡고 낮은 건물들이 헐리고 고층 건물들이 들어서고 있다. 만해가 눈

민족대표 33인이 3·1독립선언을 한 태화관 터에 세워진 태화빌딩.

물을 흘리던 장소는 바로 이 거리였을 것이다. 태화빌딩 입구에 놓인 '삼일독립선언 유적지'라는 표석만이 이곳이 역사의 현장임을 알려 준다. 2018년 4월에 서울시가 이 부근 대지 1500제곱미터에 독립선언 기념 광장을 만들기로 했다. 3·1운동 100주년을 앞두고 탑골공원, 천도교중앙대교당 등을 포함해 이 일대에 독립운동을 기리는 공간이 생기는 것이다. 3·1운동이 무미건조한 지식보다는 입체적이고 생생한 역사 체험으로 기억될 수 있기를 바란다.

한용운

육신과 달리 가두지 못한 자유의지

만해가 갇힌 서대문형무소는 태화관 터에서 가까운 안국역의 다음 다음 역인 독립문역에서 5분만 걸으면 도착한다. 옛 형무소 옆에 공원이 만들어져, 광화문 쪽으로는 독립문과 서재필(徐載弼) 동상이 있으며 형무소 자리 쪽에는 독립선언 기념탑이 있다.

서대문형무소는 1908년에 일제가 의병을 체포, 구금하기 위해 급히 만들었다. 처음 만들 때는 경성감옥이었는데 1912년부터 서대문감옥으로 불리다가 1923년에 서대문형무소가 되었다. 애초부터 일제가 조선을 지배하는 데 이용하려고 만들었으니, 독립운동가가 대거 투옥되었다. 서대문형무소 건물은 현재 역사관으로 조성되어 있다. 이제 형무소가 아니라 역사 교육의 현장으로서, 사람을 가두는 시설이 고스란히 남은 내부에는 건물의 구조와 용도에 대한 설명과 감옥에서 쓰는 갖가지 기구를 비롯한 물건들이 전시되어 있다. 이곳에 갇혔던 사람들에 대한 정보도 있는데, 해방 이후에도 오랫동안 감옥으로 썼기 때문에 리영희(李泳禧)·김근태(金槿泰) 등 민주화 운동에 헌신한 현대 인물의 흔적이 보인다. 만해가 바라던 독립은 해방 이후에도 꽤 오랫동안 이루어지지 않았다는 생각에 씁쓸해진다.

만해는 조선 독립의 타당성을 따져 묻는 일제 검사에게 「조선 독립의 서」를 답변서로 내놓았다. 재판에서 그가 이 글을 쓴 배경을 밝힌다. "그 말(조선 독립에 대한 감상)을 다하자면 심히 장황하므로 이곳

에서 다 말할 수 없으니 그것을 자세히 알려면 내가 지방법원 검사
장의 부탁으로「조선 독립에 대한 감상」이라는 것을 감옥에서 지은
것이 있으니 그것을 갖다가 보면 다 알 듯하오." 만약 그 '장황'한 감
상을 법정에서 진술했다면 독립운동사에 길이 남을 명연설이 되었
을 것이다. 하지만 일제 법원이 그의 말을 그대로 기록해 두었을 가
능성은 희박하다.

　그런데 만해가 옥에 갇혔을 때「조선 독립의 서」가 세상에 나왔다.
어떻게 된 일일까? 그는 답변서를 내놓기 전에 글을 미리 휴지 조각
에 베껴 놓았다. 그리고 휴지에 적힌「조선 독립의 서」가 가느다란
노끈 가닥들이 되어 옥바라지 하던 사람의 옷에 숨겨진 채 몇 차례
에 걸쳐 형무소 밖으로 나올 수 있었다. 검사에게 제출하는 것으로
끝냈다면 세상에 지금까지 전해지리라는 보장이 없었다. 자유를 상
실한 자의 자유의지가「조선 독립의 서」를 '노끈'으로 변신시켜 세상
으로 내보낸 것이다. '노끈'을 옥 밖으로 몰래 가지고 나온, 만해의
제자 이춘성(李春城)은 이것을 다시 만해를 따르던 승려 김상호(金
尙昊)에게 전달했다. 그리고 이것이 상하이임시정부에 전해져, 3·1
운동이 일어난 해 11월 4일『독립신문』에「조선 독립에 대한 감상의
개요」라는 제목으로 실렸다. 사람은 갇혔지만 그 사람의 정신은 자
유를 가두고 인간을 옥죄며 고문하는 철창 밖으로 나와 세상에 널리
퍼졌다. 조선 독립의 정당성을 알리려는 만해의 의지가 만들어 낸,
극적인 역사의 명장면이다.

한용운

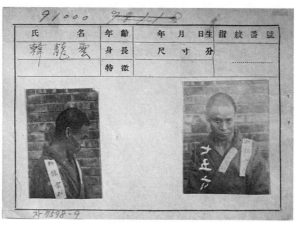

한용운의 수감 기록표.©독립기념관
그는 「3·1독립선언서」를 낭독한 후 바로 연행되어 서대문형무소에 수감된다.

자유는 만물의 생명이요 평화는 인생의 행복이다. 그러므로 자유가 없는 사람은 죽은 시체와 같고 평화를 잃은 자는 가장 큰 고통을 겪는 사람이다. 압박을 당하는 사람의 주위는 무덤으로 바뀌는 것이며 쟁탈을 일삼는 자의 주위는 지옥이 되는 것이니, 세상의 가장 이상적인 행복의 바탕은 자유와 평화에 있는 것이다.

이렇게 시작하는 「조선 독립의 서」는 역사적 의미를 차치하고 봐도 긴장감이 넘치는 명문이다. 세상도 이 글의 가치를 알아본 덕에 만해는 유명 인사가 되었다. 이 운명의 글을 그가 찢어진 봉투에 넣은 채 죽는 날까지 간직한 것이다. 만해의 가족과 제자 김관호(金觀

鎬)가 유품을 정리하다 발견했을 때 이 글의 제목은 '조선 독립 감상의 개요'였다. 김관호가 1947년에 「한용운 선생의 옥중기, 조선 독립의 서」를 발표한 뒤 「조선 독립의 서」라는 이름으로 널리 알려졌다. 하지만 감옥에서 쓰인 원본은, 역시 만해의 제자이며 다도(茶道)로 널리 알려진 효당(曉堂) 최범술(崔凡述)이 다솔사에서 보관했는데 지금은 행방을 알 수 없다.

고통 속에서 쾌락을 얻고, 지옥 속에서 천당을 구하라

「조선 독립의 서」가 옥에서 일본 검사의 요청 때문에 쓰였어도, 그 논리는 하루아침에 만들어진 것이 아니다. 젊은 시절의 구도, 체험, 사색과 3·1운동에 참여하면서 깊어진 독립에 대한 사상이 바탕이기 때문이다. 극적으로 감옥을 빠져나와 자유를 찾은 '노끈'은 '자유는 만유의 생명이요 평화는 인생의 행복'이라며 자유의 가치를 부르짖는다. 자유가 생명이니, 자유가 없는 사람은 죽은 것과 같다. 그래서 자유를 억압당하면 그곳은 무덤이고 지옥이다. 그래서 자유를 상실한 채 형무소에 갇힌 만해는 죽은 시체나 다름없으며 그곳은 무덤이고 지옥이다. 자유를 상실한 조선인도 시체나 다름없고 조선은 무덤이고 지옥이다. 조선을 지옥으로 만든 것은 세계를 뒤덮은 군국주의, 제국주의다. 1차세계대전에서 연합국의 승리는 곧 정의와 인도(人道)의 승리, 군국주의의 패배다. 군국주의를 딛고 선 민족자결주의는 압박에 신음하는 민족에게 봄바람이었다. 세계의 대세는 전쟁이 아니라 평화와 행복을 향하는 것이었다. 조선의 독립은 모든 민족에게 있는 자존성과 조국사상의 발현이요, 생명이나 다름없는 자유의 실현인 동시에 평화라는 세계의 대세에 대한 의무다. 조선이 독립해야 동양의 평화도 올 수 있다. 한용운은 조선도 이 봄바람에 따라 독립해서 자유를 찾고 생명을 회복하도록 하기 위해 분연히 나섰다.

그러나 현실이 지옥이요 무덤이었기에 그의 외침은 곧바로 진압되고 자유는 극단적으로 박탈당했다. 그가 회상하듯 '수년 옥중 생활을 하는 사이에 정서적으로 충동을 밧어 본 적이 한두 번이 아니'었다. 감옥 생활은 '이 정서조차 쪼각쪼각 바서 버리는 때'가 수도 없이 많은 극한의 고통이었다. 그가 감옥에서 쓴 시 「눈 오는 밤〔雪夜〕」이 서대문형무소역사관에 전시되어 있는데, 정치범으로서 느낀 절망이 엿보인다.

> 감옥 주위 사방 산에 눈이 잔뜩 쌓였는데
> 쇠처럼 찬 이불 속에서 꾸는 꿈은 싸늘하네
> 쇠창살도 꽉 닫히지 않은 틈이 있는 탓에
> 한밤중에 어디선가 찬 소리가 들려오네

꿈에서도 철창 쇳소리를 들을 정도로 영어의 삶은 고통스럽다. 게다가 제국을 위협하는 정치범 신분이었으니 고통의 정도는 더욱 컸

구도와 구세의 일체화 그리고 운명적 불화

한용운 「눈오는 밤」

감옥 주위 사방 산에 눈이 잔뜩 쌓였는데
쇠처럼 찬 이불 속에서 꾸는 꿈은 싸늘하네
쇠창살도 꽉 닫히지 않은 틈이 있는 탓에
한 밤중에 어디선가 찬 소리가 들려오네

四山圍獄雪如海
衾寒如鐵夢如灰
鐵窓猶有鎖不得
夜聞鐵聲何處來

한용운   한용운 출옥 보도기사

서대문형무소역사관에 전시된 만해가 감옥에서 쓴 시 「눈 오는 밤」.

을 것이다.

이렇게 자유를 박탈당하고 극한의 고통을 겪으면서도 그는 억압에 굴복하지 않았다. 그가 독립선언 전에 '변호사, 사식, 보석'을 삼가겠다고 다짐한 옥중 투쟁 원칙을 고집스레 지킨 것이다. 어떤 민족대표가 극형에 처한다는 소식에 두려워서 큰 소리로 운다거나 회유에 넘어간 것과 대조적이다. 게다가 벌벌 떠는 민족대표에게 그가 화장실의 똥을 갖다 뿌리며 꾸짖었다니, 보통 기개가 아니다.

만해에게 고통은 오히려 적극적으로 대면할 대상이었다. 그는 고통과 대결하면서 자유, 독립에 대한 자신의 의지를 벼렸다. "고통 속에서 쾌락을 얻고, 지옥 속에서 천당을 구하라." 감옥에서 나온 만해가 남긴 이 한마디는 자유를 억압당하고 박탈당하는 현실에 맞선 끝에 얻은 깨달음을 담고 있다. 물론 독립과 자유의 길은 고통스럽다. 그러나 오히려 '고통을 무서워하야 구차로이 피하고자 하기 때문에 비루한 데 떨어지고 불미한 이름'을 들으니 '고통의 칼날을 밟는 곳'에서 쾌락을 발견하고 '지옥'에 들어서서 '천당'을 볼 수 있다는 것이 그의 신념이다. 그는 이런 신념을 온몸으로 드러냈다. 고통과 쾌락, 지옥과 천당이 일체화하는 대조와 역설이 극한의 순간에 다시 그의 삶을 구성한다.

만해가 다시 서울을 떠나 오세암으로 들어갔다. 그곳에서 선(禪) 수행의 지침이 담긴 당대(唐代)의 불교 시『십현담(十玄談)』을 읽고 해설을 붙여『십현담주해(十玄談註解)』를 쓰고『님의 침묵』을 탈고했다. 이 과정에서 자유를 추구하며 세계와 만나던 자신의 내면을 다듬었다. 그가 만년을 보낸 집의 이름 '심우(尋牛)'도 깨달음에 관한 의미를 새긴 것이다. 소를 찾아 나서 길들이고 타고 다니다 소를 잊은 뒤 세상의 이치를 깨닫고 다시 속세로 나아간다는 선종의 깨달음 과정을 상징하기 때문이다. 이는 불자의 길에 들어서서 입세(入世)와 출세, 구세와 구도를 일체화한 만해의 삶을 설명하는 듯하다.

1927년에 민족주의자와 사회주의자가 연합해 신간회를 만들었는데, 만해가 경성지회장을 맡았다. 다시 서울에서 활동하게 된 것이다. 이때 주변 사람들의 도움으로 마련한 거처에 붙인 이름이 '심우장'이다. 그리고 이곳은 지금까지 사람들이 만해를 기억하는 장소가 되었다. 그가 사대문 밖 산등성이에 있는 이 집에서 총독부 건물을 등진 채로 살았지만 세상과 이어진 연은 끊이지 않았다. 그가 사대문 안으로 들어가려 하면 어렵지 않게 갈 수 있었고, 그를 찾는 사람도 어렵지 않게 그를 찾을 수 있었다. 국가의 자유 상실이 고스란

구도와 구세의 일체화 그리고 운명적 불화

히 개인의 자유 상실로 이어진 고통스러운 현실에 맞서는 삶도 그대로였다. 일본식 이름 쓰기를 거부하고 학도병 출정에 반대하며 식량 배급을 못 받는 처지였지만, 한때 일제에 같이 맞서다가 결국 변절한 육당 최남선이 찾아왔을 때 '내가 알던 육당은 죽었으니 돌아가라'며 외면했을 정도로 올곧게 자신의 의지를 지켰다.

운명적 불화, 고단한 항전

일제만 만해에게 고난을 준 것은 아니다. 세계를 품겠다는 계획하에 찾은 블라디보스토크에서 그리고 임제종 운동이 끝난 뒤에 고국의 현실을 알리려고 간 만주에서 그는 동포의 배타심과 경계심에 목숨을 잃을 뻔하지 않았는가? 불교 종난을 총독부가 통제하지 못하도록 동분서주하던 시기에 그가 넘어야 할 큰 산은 총독부를 배경 삼아 종단에서 자기 권력을 굳히려고 하는 친일 승려였다. 3·1운동을 준비할 때도 식민지 권력이 준 주지라는 자리에 취한 승려들이 협조하지 않아서 불교계의 참여를 이끌어 내는 데 어려움을 겪었다.

독립에 대한 뜻을 같이했던 이들과 불화하고 불일치한 경우도 만해의 역정에서 심심찮게 보인다. 벗으로서 3·1독립선언을 함께 주도한 최린을 비롯해 여러 인사들이 변절하는 것을 봐야 했으며 독립선언을 준비할 때는 이방인처럼 대해졌다. 독립선언을 함께한 현상윤은 '껌정 두루마기에 껌정 고무신에 얼굴은 가무잡잡 불그레하고

한용운

심우장 가는 길에 만나는 한용운 동상.

키는 나지막한 청년' 한용운의 첫인상에 그가 첩자일지도 모른다고
생각했다. 그리고 '처음 우리 판에 와서부터 어떻게나 열심히 한몫
끼워 달라고 조르던' 사람으로 기억한다. 그때 만해가 이미 『유심』
편집자로서 계몽적 논설 「먼저 이상을 세우라」를 썼으며 현상윤보다
열네 살이나 많았다는 사실을 떠올리면 씁쓸한 상황이 아닐 수 없
다. 일본 유학으로 인맥을 형성하고 독립선언을 '우리 판'이라고 생
각한 현상윤에게 한용운은 이방인이었다. 불교계에서는 권력과 거
리가 멀고 지식인 사회에서는 쉽게 받아들여질 수 없던 비주류. 신
간회가 출범한 뒤에 한 기자가 만해를 민족주의자로 끼워 맞춰 취재

하려다 크게 혼쭐이 빠져 돌아갔다는 일화가 있다. 그러나 만해 자신은 훼방이든 칭찬이든 담대하게 무시해야 '만인의 이상을 초월하는 쾌사'를 창조할 수 있다면서 어떤 어려움이든 높은 차원의 성취를 향한 발판으로 삼으려 했다.

2017년에 만해를 기리는 뮤지컬이 상연되기도 한 심우장은 현재 서울특별시 기념물이다. 이렇게 그에 대한 기억이 이어지고 있지만, 이곳에서 고달프게 살던 그는 해방을 한 해 앞두고 병으로 세상을 떠났다. 만해의 삶에는 갖가지 모순이 펼쳐지는데, 그 모두가 식민지 현실에서 비롯했다고 할 수는 없다. 그의 역사적 행보는 산속에만 묻혀 살 수 없다는 생각으로 고향을 떠나 산사로 들어가는 역설로 시작한다. 그는 심산유곡에서 넓은 세상을 향한 포부를 키웠다. 일제의 탄압에도 결연한 자유를 위한 항전이 사찰을 배경으로 치열한 진리 탐구, 내면 사색과 이어져 구도와 구세는 하나가 되었다.

기념사업을 하고 공연도 열면서 만해를 기리는 오늘 만약 그가 살아 있다면, 권력의 자장 안에서 위선적인 정치인과 나약하고 허위적인 지식인과 '기레기'라는 비웃음 섞인 별명이 붙은 언론인 들이 과연 그를 따돌리지 않았을까? 타협을 모르고 꼿꼿한 만해가 그들과 불화하지 않을 수 있었을까?

3부

역사와 교육에서 희망을 보다

박은식

만민공동회를 경험하면서 삶에 가장 큰 변화가 일어났다. 황해도의 바닷가 마을에서 서당 훈장의 아들로 태어나 주자학을 공부하고 벼슬길에 올라서는 위정척사파였던 그가 개화의 필요성을 절실히 느껴 신학문을 받아들이자고 주장하게 된 것이 바로 40세에 목도한 이 민중의 자발적인 운동에서 자극을 받았기 때문이다. 이때 이후 『황성신문』과 『대한매일신보』의 주필로 활동한 그는 사회진화론과 계몽사상 및 과학기술 등을 받아들였다. 그런데 시대의 요청에 부응하려면 서구의 신학문뿐만 아니라 공맹의 정신도 필요했기 때문에, 전통 유학을 개혁하는 새로운 유학을 추구하며 주자학 대신 양명학을 받아들였다.

1905년에 국권을 잃고는 대한자강회와 신민회 등을 통해 애국계몽운동에 적극 가담하고, 1908년에는 서북학회에 기반을 두고 교육운동을 추진하며 교사 양성에 힘썼다. 박은식은 양명학적 사고를 지향함으로써 전통사상을 개혁하고 민족이 처한 위기를 극복하는 동시에 새로운 사회의 건립을 추구할 수 있는 의식의 고양을 꾀하였다. 그러나 1910년, 일제의 식민 통치가 시작되자 망명 후 독립운동가의 길을 걸었다.

정통 성리학자에서
개혁 사상가로 거듭나다

■

이지

광장에서 일어난 사상의 변화

2016년 광화문광장에 촛불을 든 시민들이 모여들었다. 헌법과 법률에 따라 부여된 공적 권한을 사적으로 함부로 써서 개인의 이익을 도모하고 헌정 질서를 유린한 집권 세력을 성토하기 위해서였다. 공정하고 정의로운 민주 사회를 열망하는 시민들은 남녀노소를 막론하고 자발적으로 촛불을 들었다.

광화문에서 종로로 접어들어 내려가다 보면 보신각이 보인다. 그 건너편 영풍빌딩 동쪽 인도부터 보신각에 이르는 거리에서 1898년에 만민공동회가 열렸다. 처음에는 독립협회가 주축이 되어 열린 이 집회에 시민 1만여 명이 참석했다. 열강이 한반도를 둘러싸고 이권을 침탈하기 위해 각축하던 19세기 후반, 러시아는 한반도를 침략지배하려는 정책을 강화했으며 대한제국 내부에서는 친러 내각을

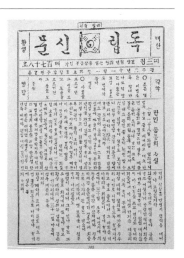

「독립신문」에 실린 만민공동회 관련 사설.

수립해 러시아와 야합했다. 한반도가 러시아의 식민지로 전락할 위기에 놓이자 민중은 사주독립을 염원하며 열강의 간섭과 침탈을 규탄했다. 독립협회가 주도한 1차 집회 이후 민중은 사안에 따라 자발적으로 모여 만민공동회를 이어 갔다. 이해 말에 고종이 해산하고 말았지만, 이 운동으로 제정러시아의 한반도 확장을 막을 수 있었으며 자유·민권·민주 의식이 일반에 확산되어 갔다. 우리나라 최초의 근대적 민중 집회로 불리는 만민공동회는 촛불집회의 효시라고도 할 수 있다.

민중이 자발적으로 만민공동회를 조직하고 밤샘 시위를 할 때 간부로 활동한 사람 중에 박은식(朴殷植, 1859~1925)이 있다. 만민공동회는 그의 사상이 개혁 사상으로 전환되는 계기가 되었다.

황해도의 농부 집안에서 태어난 박은식은 일찍이 농사를 잘 지어 재산을 모은 할아버지 덕에 어려서부터 성리학 공부에 몰두할 수 있었다. 성리학의 체계를 완성한 주희(朱熹)에 대한 신봉이 어찌나 두터웠던지 그의 초상화를 방에 걸어 놓고 매일 절을 했다고 한다. 당대의 대학자 박문일(朴文一) 문하에서 성리학을 체계적으로 공부한 그는 황해도 일대에서 정통 성리학자로 명망이 높았다. 학문적 기개가 높았지만 과거를 치르는 데는 다소 회의적이었다. 그러나 어머니의 간곡한 권유로 과거에 응시하고 관직에 나서기도 했다. 36세가 되던 갑오년(1894)까지 6년간 관료로 지냈는데, 이때 그가 보인 사상적·정치적 정체성은 보수적인 위정척사파의 면모가 있는 성리학자였다. 관직에서 물러나고는 시골에서 몇 년간 두문불출했는데, 그러다 1898년에 서울로 와 독립협회의 활동을 목도한 것이다. 광장에서 울리는 자주독립에 대한 민중의 열망이 그에게 당시 대한제국이 처한 현실과 이에 대응하는 태도를 전면적으로 새롭게 성찰할 기회를 주었다. 결국 독립협회의 만민공동회가 박은식에게 사상적 변화의 계기가 되었고, 그는 만민공동회를 주도하기까지 한다.

　　조선 사회에서는 주희의 해석에 기반을 두는 성리학이 아닌 모든 학문과 사상이 사문난적(斯文亂賊), 즉 유교의 질서를 어지럽히는 것으로 여겨져 배척당했다. 박은식도 이런 풍토를 따랐으나 만민공동회를 접한 뒤로 더는 성리학에만 골몰하지 않았다. 그의 말에 따르면, 당시는 '세계 학설이 수입되고 언론 자유의 시기'였다. 그래서 그는 그동안 학문의 변방에 밀려나 있거나 이단시되었던 도가, 묵가,

만민공동회 집회 터(종로구 종로1가 사거리).

법가의 학설과 불교, 기독교의 교리까지 유연하게 받아들여 개방적
으로 검토했다. 그리고 열강이 한반도의 이권을 침탈하고 조정은 외
세에 기대는 상황에서 국가가 자주독립을 하려면 스스로 힘을 키워
야 한다는 자강(自强) 사상을 취하고, 그 방편으로서 변화하는 세계
현실에 부응하는 새로운 학문을 받아들여야 한다는 쪽으로 태도를
바꿨다.

박은식

구체제와 변혁 사이에 놓인 19세기 조선

19세기에서 20세기로 넘어가는 시기에 한반도는 두 가지 문제를 안고 있었다. 하나는 외세의 위협과 침략으로부터 자주독립하는 것이고, 다른 하나는 그 전과 전혀 다른 정치사회 체제를 세워 새 시대를 준비하는 일이었다. 군주를 정점으로 하는 중앙집권적 왕조 체제와 신분 질서는 구시대의 유물이 되고 있었다. 신분제의 모순에 저항하고 이를 뒤집어엎으려고 한 동학농민혁명이 있었지만, 모든 백성이 자주 의식을 고취할 만큼 확장된 경험을 갖지는 못한 채 서구 열강의 침략 위협 속에 놓이고 말았다. 열강의 손아귀에서 벗어나 주체적으로 사회를 변혁하려면 새로운 이념과 체제가 시급했다. 그러나 백성들은 여전히 신분제를 운명으로 받아들였고, 정치형태도 군주제를 벗어나지 못했다.

사회체제와 지배 구조를 바꾸는 것은 간단치 않다. 한 사회 내부에서 그 사회가 지속하는 데 필요한 다양한 조건 사이에 모순이 발생하고 더는 지탱하기가 어려운 지경에 다다랐을 때 동요가 일어나고 혼란이 심해진다. 사회 구성원들은 안정을 요구하지만 기존 체제로는 안정을 보장할 수 없는 변질이 일어났다면, 그 사회는 변혁을 시도해야 한다. 그러나 구성원들의 전반적인 의식이 여전히 기존 사회구조를 반영하고 있다면 변혁의 지향은 갈피를 잡기가 어려워진다. 19세기 조선 사회가 그랬다.

조선은 성리학 이념에 기반을 둔 사회였다. 그 이념은 성인 군주

(聖人君主)의 이상을 가지고 민본 정치를 구현하는 것이었다. 백성들이 안정적이고 풍요로운 삶을 누릴 수 있도록 통치하는 것이 군주의 권리이자 의무였다. 그러나 조선 사회는 후대로 갈수록 민본 정치의 이상을 실현하기 어려운 구조가 되었다. 통치와 교화의 대상인 백성들은 대부분 농사를 지었고, 이들의 생산 활동이 국가재정의 원천이었다. 그런데 점차 그 수가 줄어들었는데도 세금과 부역 의무는 줄지 않았다. 반면, 돈으로 벼슬을 사고파는 매관매직처럼 비정상적인 방법으로 지배층의 수가 폭증했으며 이들은 세금과 부역 의무에서 자유로웠다. 농민에게는 도저히 감당할 수 없을 만큼 세금과 부역이 부과됐지만 지배층은 배타적인 특권을 누렸고, 기득권을 견제하는 장치가 느슨했기에 부정과 부패가 만연했다. 백성들은 사회 모순 때문에 생기는 갖가지 폐단의 피해자가 되었다. 결국 곤핍한 생활에 나아질 가능성이 없고 의무만 늘어나는 부당함을 견디다 못해 백성들이 국가에 불만을 드러내고 저항하며 변혁을 요구했다. 그러나 기존 체제가 유지되는 한 그것은 받아들여질 수 없는 요구였다. 군주의 통치에 더는 기댈 수 없는 사회가 된 것이다. 민본의 가치를 실현하는 주체가 군주와 지배층이 아니라 백성 자신이 되어야 하는, 즉 민주(民主)로 바뀌어야 하는 시대가 왔다. 이때 백성들은 지배받는 계층이 아니라 지배의 주체가 되는 인민, 시민으로 거듭나야 한다.

신분을 운명으로 받아들인 시대에 살던 사람들의 의식은 하루아침에 변하지 않는다. 지배 계층은 기득권을 내려놓고 싶지 않고, 피지배 계층은 어떤 권리를 주장하고 행사해야 하는지를 모른다. 사회

박은식

전반에서 민주의 개념과 의식이 성장하지 못한 상태라면, 의식이 개화된 선구자들이 새로운 체제를 강구하고 정부 형태를 바꿔도 그 수장은 이름만 다른 왕으로 여겨진다. 신분 제약에서 벗어나 만민 평등을 추구하는 세상을 겪어 보지 못한 이들에게 자유와 민권, 민주는 여전히 남의 것이다. 이런 시기에 새 세상을 준비하는 이에게는, 백성들이 스스로 주인 의식을 가질 수 있도록 계몽하는 것이 가장 급한 일이다.

성리학적 사유를 넘어 개혁론자 대열에

박은식이 성리학적 사유 체계 안에 있을 때는 성군(聖君) 정치의 이상과 가치를 신뢰했다. 백성을 근본으로 하는 정치를 행하려는 의식도 있었다. 위정척사 편에 선 것도 성리학이 전통적인 유학 정신을 구현할 올바른 학문이라는 확신이 있었기 때문이다. 그 정신에는 여전히 주목할 만한 보편적 의미가 있다. 그러나 성리학을 기반으로 한 사회의 조건과 형편이 크게 변했다. 서구 열강은 이미 산업혁명을 통해 발달한 과학기술 문명을 앞세워 새로운 생산양식에 기반을 둔 정치사회 체제를 확장하고 있었다. 이 확장은 위협적이었고, 이런 시대 변화를 인식한 박은식은 위기감을 느꼈다.

박은식은 성리학적 사유를 넘어서고 개혁론자들의 계몽운동에 합류했다. 당시 개혁을 주창하는 이들 사이에는 유럽과 미국 및 일본

박은식이 조직한 신민회의 기관지 구실을 한
『대한매일신보』가 있던 자리(서울시 종로구 수송동 85).

의 여러 제도를 검토하는 논의가 있었다. 그런데 박은식은 근대적 제도가 도입되기 전에 국민 개개인이 남녀노소 신분 고하를 막론하고 새로운 사회에서 책임 있게 주권을 행사하려면 일단 배워야 한다고 믿었고, 그래서 일종의 의식 개혁을 주장했다. 그는 아무리 근대적 제도를 갖춰도 구체제의 신분 질서가 반영된 의식이 남아 있으면 새로운 사회가 와도 여전히 전근대적 양식에 따라 위장된 근대를 살아가게 될 것을 염려했다. 어쩌면 지금 우리 사회 곳곳에서 일어나는 '갑질'이 그가 염려한 행태가 아닐까 싶다. 평등한 개인 간 계약으로 관계를 맺고 있지만 의식이 전근대적인 상하 관계에서 벗어나지 못해서 갑이 을에게 부당한 행위를 저지르는 것이 아니겠는가? 이런 문제를 미리 걱정하고 경계한 박은식은 개인이 스스로 주권을 주장할 수 있도록 역량을 키워야 한다고 논설을 통해 호소했다.

국권을 빼앗긴 뒤 만주로 망명할 때까지 박은식은 『황성신문』과 『대한매일신보』의 주필로 활동하면서 많은 논설을 발표했다. 『독립신문』과 더불어 독립협회 기관지 구실을 한 『황성신문』은 『독립신문』이 해외 유학파를 중심으로 서구 시민 사상을 적극적으로 수용해 개화를 추진한 것과 달리 국내의 유학 전통을 배경으로 개화를 추진하는 회원을 중심에 두고 있었다. 장지연(張志淵)과 함께 주필을 맡았던 그가 일제의 탄압 때문에 활동이 자유롭지 않았을 때에는 영국인이 사장이라 일제의 검열을 피할 수 있는 『대한매일신보』에서 주필로 활동했다. 박은식은 비밀결사 단체인 신민회를 조직해 항일 의병을 지원하기도 했는데, 『대한매일신보』가 신민회의 기관지 구실을 했다. 신문은 그의 사상을 개진하는 장이자 대중을 계몽하는 창이었다.

예나 지금이나 언론사는 정치 1번지에 자리 잡기 마련이다. 종로는 당시 사대문 안에서 사통팔달하는 요충지로, 나라 안팎 모든 정보에 가장 빨리 접근할 수 있는 지역이었다. 또한 왕이 사는 경복궁과 가깝기도 했다. 1898년 9월에 창간한 『황성신문』은 종로 일대에서 사옥을 몇 차례 이전하다가 1904년에 현재 영풍빌딩의 북쪽 자리로 옮기고 일제에 폐간되는 1910년까지 있었다. 서울 지하철 1호선 종각역 5번 출구 방향에 황성신문사 터 표석이 있다. 지금은 높은

정통 성리학자에서 개혁 사상가로 거듭나다

건물들에 둘러싸여 키 작은 표석이 눈에 잘 띄지 않는데, 얼마 전 이 표석 앞에 녹두장군 전봉준(全琫準)의 동상이 들어섰다. 이 일대는 조선 시대에 감옥에 갇힌 죄인에 관한 일을 맡은 전옥서가 있던 자리다. 여기서 한말 항일 의병들이 옥고를 치렀고, 전봉준은 처형당했다. 동상에서 보신각을 향해 눈높이를 낮추고 둘러보면 가까이에 이 표석이 보인다. 여기에 새겨진 것처럼 『황성신문』은 국한문을 함께 쓴 애국 계몽 일간지로서 국권을 수호하고 국민을 계몽했다. 을사조약이 강제 체결되자 장지연이 쓴 「시일야방성대곡(是日也放聲大哭)」이라는 논설을 실었다가 정간당하기도 했다.

한편 『대한매일신보』는 1904년에 영국인 베델(E. T. Bethell)과 양기탁(梁起鐸)이 창간한 신문으로, 지금 수성동의 연합통신사 건물이 들어선 곳에 있었다. 건물 뒤쪽으로 돌아가면 조계사가 보이는 풀숲 사이에 이곳이 『대한매일신보』 창간 사옥 자리임을 알려 주는 표석이 있다. 이곳에서 박은식은 급박하게 돌아가는 나라 안팎 정세 속에서 새 시대를 준비했다.

교육 운동과 유학 개혁

박은식은 저술을 통한 계몽운동뿐만 아니라 교육 운동에도 힘을 쏟았다. 국민 개개인의 의식 개화가 가장 시급하다고 여긴 그에게 교육은 아주 중요했을 것이다. 그는 지배 계층이 독차지한 교육을 모든 이에게 확대하고 한문이 아닌 국문을 쓰면서 얼마 안 가 전국으로 퍼질 만큼 속도감 있는 교육 운동을 일으켰다.

박은식이 참여한 교육 운동의 주요 터전은 서북학회다. 서북학회는 평안도와 황해도 출신 인사들이 조직한 서우학회와 함경도 인사들이 조직한 한북흥학회가 통합해서 1908년에 세운 단체인데, 박은식을 비롯해 이동휘(李東輝)·안창호(安昌浩) 등이 임원을 맡았으며 회원은 새로운 지식인과 상공인 들이 주축이었다고 한다. 교육을 통해 국권을 회복하고 민권을 키우면서 입헌 공화국을 수립하는 데 목적을 두었다. 군주제가 아니라 공화정을 추구한 것이다. 이들의 주요 사업은 계몽적인 기관지를 펴내고 교사를 양성하는 것이었으며, 그 결과 전국 예순아홉 곳에 학교를 세웠다.

서울 종로구 낙원동 282번지는 서북학회가 출범할 때 회관이 있던 자리다. 지금은 4층짜리 기계식 주차장이 들어섰지만, 주변에 천도교중앙대교당·운현궁·박영효(朴泳孝)의 옛집(현 경인미술관) 등이 있는 이곳에 서북학회가 창립과 함께 근대적 건축 양식의 회관을 세운 것이다. 청나라 건축가를 초빙해 르네상스 양식으로 지은 것은 새로운 문예 및 학예의 진원지 구실을 하겠다는 의지 때문이었다고 한다. 서북학회에서 운영하던 서북협성학교는 일제가 1910년에 서북학회를 강제해산한 뒤에도 오성학교로 이름을 바꿔 가며 유지되다가 1918년에는 일제에게 폐교당했다. 그러나 1921년에 그 뜻을 이어받은 오성강습소가 회관을 학교 건물로 쓰면서 다시 문을 열었고, 해방 뒤에는 건국대학교가 이곳에서 처음 문을 열었다. 1977년

서울 종로구 낙원동에 있던 서북회관(1908년 11월 2일 준공).

에 도시계획으로 건물을 철거했으나 1985년에 건국대학교 교정으로 이전 복원해 현재 박물관으로 쓰고 있다.

　서북학회를 설립한 배경에는 사회진화론에 대한 인식이 있었다. 일제의 침략 위협이 큰 데다 1905년에 을사조약으로 국권을 빼앗긴 상황에서 사회진화론은 개혁적 지식인들에게 현실을 진단하고 문제를 타개할 기본적 틀을 제시해 주었다. 사회진화론은 인간 사회도 다른 생물권처럼 생존경쟁과 적자생존 과정을 거치면서 저급한 단계에서 고급 단계로 진화한다고 본다. 사회를 구성하는 원자화된 개인들이 주어진 생존 조건에 자신을 적응시키고 결국 살아남는 과정에 단련되면서 고도로 진화되어 간다는 것이다. 여기서 발생하는 낙

박은식

건국대학교 교내로 이전 복원한 서북학회 회관.

오자와 그들의 고통은 어쩔 수 없으며 제거되어야 한다. 이런 논리가 개인을 넘어 민족과 국가, 인종 등 집단으로 확대 적용되면서 제국주의적 침략을 정당화하는 근거로 작용한다. 이 세계에는 약자에게 온정을 베푸는 손길이 없기 때문에, 약자가 도태되지 않고 살아남으려면 스스로 힘을 키워 강해지는 길밖에 없다. 그래서 역설적이게도 사회진화론은 약자 스스로 강자가 되는 것, 즉 자강을 돕는 이론으로도 기능한다. 박은식을 포함해 서북학회 회원들은 자주권을 지키기 위해 민족적 역량을 키워야 한다고 주창했고, 이는 교육을 통해 이룰 수 있다고 생각했다. 이런 맥락에서 그들은 서구의 자연과학 기술을 비롯한 신학문을 적극적으로 받아들였다.

정통 성리학자에서 개혁 사상가로 거듭나다

그렇지만 박은식은 사회진화론적인 발전과 서구 과학기술의 의의를 인정하면서도 그 속에 있는 부도덕성을 감지하고 제국주의의 야만성을 폭로하기도 했다. 과학기술과 서구 근대 문물의 도입이 새로운 문명사회로 들어가는 길이 될 수 있지만, 도덕성을 담보하지 못하는 과학기술의 발전은 심각한 폐해를 일으킬 수 있다고 지적한 것이다. 따라서 그는 교육에서 과학기술 지식인 '지육(智育)'뿐만 아니라 '덕육(德育)'이 필요하다고 강조한다. 그가 말한 '덕육'은 서구의 근대과학 문명에서 발견할 수 있는 폐단을 극복할 정신을 제공하며 자기 정체성을 확립하는 기반이 된다. 이런 태도는 유학(儒學)의 전통을 환기했다.

박은식에게 전통은 자주적 개혁에 꼭 필요한 기반이다. 전통을 단절한 상태에서 너무 생경한 것을 밖으로부터 들인다면, 그것은 자기 개혁일 수 없으며 내용과 형식의 불일치와 정체성의 혼란을 일으켜 밖에서 들어온 힘에 의존하게 된다. 그는 전통적인 유학을 개혁해서 새로운 사회를 향한 이행을 준비하려고 했고, 그 바탕은 우리 역사에 대한 이해였다. 1909년 『서북학회 월보』에 실은 「유교구신론(儒敎求新論)」에서 그는 유가의 전통적 지식인들이 스스로 개혁에 나설 것을 촉구한다. 본래 유학의 정신은 군주의 권력을 존중하는[尊君權] 데 있지 않고 백성을 중요시하는[民爲重] 데 있다고 지적하면서 전통 성리학자들의 제왕주의적 사고를 비판하고 '공자의 진정한 정신을 계승하고 이 학문의 공덕을 발휘하여 백성에게 행복을 주고자 한다면, 이것을 개량해 맹자의 학문을 넓혀서 인민 사회에 널리 미치는

서울대학교 사범대학 역사관 앞에 있는
박은식 흉상(2015년 10월 제막).

노력을 해야' 한다고 제안한다.

또한 박은식은 새로운 시대에 부합할 수 있는 유학의 모범을 양명학에서 찾았다. 조선 성리학자들이 사문난적으로 배척했지만 지행합일(知行合一)이라는 실천적 성격이 강한 유학의 분파가 양명학이다. 이치에 부합하는 지식을 추구해 온전하게 획득하면 이를 바탕으로 실천하는 성리학의 선지후행(先知後行)은 지극히 어려운 지적 작업을 전제로 한다. 이와 달리 양명학은 앎이 곧 실천, 그러니까 실천하지 않는 앎은 온전하게 아는 것이 아니라고 한다. 이 때문에 박은식은 양명학이 실천적 개혁의 기반이 되는 신학문이라고 보았다.

서울대학교 사범대학의 전신인 한성사범학교의 교관이던 그가 가르친 내용은 우리 역사를 근간으로 한 전통 사상의 개혁을 통해 새로운 시대와 사회의 건립을 추구하는 것이었다.

역사서 집필에 힘쓴 이유

1910년에 한반도가 일제의 식민 지배하에 들어가면서 박은식은 활동에 극심한 제약을 받아 망명을 택할 수밖에 없었다. 결국 만주로 가 독립운동의 길을 찾으면서 저술 작업을 시작했는데, 특히 역사서를 쓰는 데 힘을 쏟았다. 그는 일제의 침략으로 나라가 망해도 그 정신을 유지하고 강화한다면 잃어버렸던 나라를 찾을 수 있으며 우리 민족 성원 하나하나가 모두 독립이 필요하다는 주체적인 의식을 갖도록 북돋으려면 역사적 사실을 알리는 것만큼 중요한 일이 없다고 판단했다. 처음에는 『동명성왕실기(東明聖王實記)』, 『발해태조건국지(渤海太祖建國誌)』 등 고대사 관련서를 쓰다가 『안중근전(安重根傳)』, 『한국통사(韓國痛史)』, 『한국독립운동지혈사(韓國獨立運動之血史)』 같은 근대사책을 쓴다.

이 중 『한국통사』는 박은식이 쉰일곱 살이던 1915년에 완성해 상하이의 중국인이 운영하는 출판사에서 펴냈다. 이 책에서 그는 1864년부터 1911년까지 한국의 애통한 역사, 그러니까 일제 침략사를 중심으로 서술한다. 바로 그 시대의 역사다. 그는 일제의 만행과 부당한 침략 과정을 폭로하면서 우리 민족의 주체적인 독립 의지가 거세게 일어나기를 바랐다. 그리고 이런 바람대로, 책이 세상에 나오자

나라 안팎에서 큰 반향이 일어났다. 중국과 만주, 러시아에 흩어진 한국 동포들 사이에서 널리 읽히며 독립운동을 북돋운 것이다. 미주에서는 국문으로 옮겨져 교민들의 교과서가 되었고, 국내에도 비밀리에 대량 보급되었다. 또 1920년에 저술한 『한국독립운동지혈사』는, 1884년 갑신정변부터 1920년 독립군 전투까지 일제 침략에 맞선 한국인의 독립 투쟁사에 대해 3·1운동을 중심으로 서술하면서 동학농민혁명을 '우리나라 평민의 혁명'으로 평가하고 의병을 자세히 다루면서 민중의 구실과 민권의 중요성을 두드러지게 강조한다. 이렇게 혁명의 의미를 적극적으로 글에 담아 3·1운동의 의미를 밝히는 데 주력한 것이다.

일제는 박은식의 역사서가 미치는 심대한 영향에 당황해 1916년에 한국사 연구 기관을 만들었다. 처음에는 조선총독부 자문기관인 중추원 밑에 둔 이 기관이 1922년에 조선총독부 부설 조선사편찬위원회로 있다가 1925년에 조선사편수회로 이름을 바꾸고 일황칙령에 따라 독립기관이 되었다. 바로 이곳에서 1937년에 일제가 의도적으로 만든 역사관인 '식민사관'에 기초해 한국사를 재구성한 『조선사(朝鮮史)』 37책을 펴낸다. 일제는 한국사를 왜곡하고 조작해서 식민지배를 정당화하고 통치를 쉽게 하려고 했다. 왜가 한반도의 가야 지역을 정벌해 다스렸다는 임나일본부설(任那日本府說), 한민족의 고유한 역사를 인정하지 않고 한반도와 만주를 같은 역사적 단위로 묶어 버리는 만선사론(滿鮮史論), 한국사가 세계사의 보편적인 발전 단계를 따르지 못하고 중세에 머물러 있다는 정체성론(停滯性論), 한

철거되기 전 조선총독부 건물.

국사는 주체적인 힘과 의시 내신 외세의 힘에 따라 진개되었다는 타율성론(他律性論) 등 여기서 조작해 탄생시킨 거짓 역사의 영향이 지금까지도 미치고 있다. 그야말로 역사의 장난이 아닐 수 없다. 박은식이 역사를 제대로 알려서 우리 민족의 독립 의지를 북돋우려고 했는데, 그것이 오히려 일제의 한국사 왜곡을 주도한 조선사편수회 설립에 결정적인 계기가 되었으니 말이다.

19세기 말 그리고 20세기 초, 새로운 시대를 준비하던 이들이 가장 바삐 오가던 광화문과 종로 일대에 일제는 조선총독부를 세우고 우리 민족의 정신까지 지배하려고 했다. 이제 조선총독부 건물은 철거되고 없지만 식민 통치의 잔재는 청산되지 않고 있다. 참으로 애통한 일이다.

'민주'와 '공화'에 대한 끝나지 않은 열망

한 강연에서 이렇게 물었다. "우리나라 초대 대통령은?" 답이 바로 나왔다. "이승만." 다시 물었다. "대한민국임시정부 초대 대통령은?" 그러자 몇몇이 머뭇거리다가 자신 없는 듯 '이승만'이라고 답했다. 한국사에서 '초대 대통령'이라는 직함이 붙은 이는 이승만뿐이다. 그래서 다른 인물이 떠오르지 않았을 것이다. 다만 그가 임시정부의 대통령이었다는 사실이 불확실한 모양이다. 그러나 맞다. 임시정부 초대 대통령이 이승만이라는 것을 확인한 뒤에 다시 물었다. "임시정부 2대 대통령은 누구?" 답이 없다. 아무도 대답하지 못했다. 박은식이 임시정부의 2대 대통령이다. 강연의 청중은 그의 이름도, 그가 임시정부의 대통령이었다는 사실도 익숙하지 않은 듯했다. 마지막 질문을 했다. "임시정부 3대 대통령은?" 누군가가 작은 소리로 "김구(金九)."라고 답했다. 틀렸다. 임시정부에서 박은식에 이어 대통령이 된 사람은 없다. 대통령제를 폐기했기 때문이다. 김구는 대통령이 아니라 주석이었다.

　망명한 박은식은 1920년에 상하이에 있었다. 그가 처음부터 임시정부에 참여하지는 않았으며 신한청년단의 기관지를 책임지고, 여운형이 중심에 선 상해거류민단의 활동을 지도하는 등 후원을 맡았다. 당시 임시정부는 이승만이 미국의 한국 위임통치를 국제연맹에 청원했다는 사실을 비롯한 여러 문제를 놓고 분열이 심해지고 있었다. 이런 혼란을 수습하기 위해 여러 분파의 젊은 독립운동가들이 박은식을 공동 추대했고, 이에 박은식이 임시정부를 책임지고서 이승만 탄핵 문제를 일단락한 뒤 2대 대통령으로 뽑혔다. 하지만 그는 곧 개헌을 통해 대통령제를 폐지하고 국무령제를 신설해 내각책임제로 바꾸고는 5개월 동안 맡고 있던 대통령 자리에서 물러난다. 은퇴했을 때 병색이 뚜렷하던 그는 얼마 지나지 않은 1925년 11월에 67세로 삶을 마쳤다.

박은식의 아들이 나중에 한 인터뷰에서 '아버지는 대통령이 되고 싶어 하지 않았다'고 밝혔다. 박은식은 근대적 정치체제의 도입에 앞서 의식 개혁을 강조한 인물이다. 아마 민주와 공화의 이념이 널리 퍼지고 충분히 성숙하지 않은 상태에서 뽑힌 대통령이 군주의 다른 이름으로 기능할 것을 염려했을지도 모른다. 대통령은 왕처럼 군림하는 자가 아니다. 대통령은 국가 운영의 가장 무거운 책임을 지는 자다. 군주의 통치에 의존하던 구체제 의식에 머물러 있으면 어떤 근대적 정치체제를 도입해도 군주제적으로 통치될 것이다.

2017년에 대한민국은 대통령이 탄핵되는 것을 다시 보았다. 탄핵된 대통령들은 스스로 대통령을 왕의 다른 이름으로 여겼는지도 모른다. 그렇다면 광장의 촛불은 대통령이 아니라 대통령의 이름으로 군림하던 군주를 끌어내린 것이다. 이 땅에서 신분제를 바탕으로 군주가 통치하는 왕조 체제는 이미 없어졌는데 유사 왕조 체제가 운영된 셈이다. 박은식이 체제와 형식보다 의식의 변혁을 중시하고 그 의식이 구현되는 체제를 끈질기게 고민한 것도 이 때문이리라. 우리가 드디어 왕조의 종식을 기대할 수 있는 것은 '민주'와 '공화'를 중심으로 자주적 민주주의를 실현하기 위해 국민들이 끈질기게 분투한 덕이 아니겠는가?

정통 성리학자에서 개혁 사상가로 거듭나다

안창호

태평양을 가로지르는 배에서 바다를 바라보면서도 가슴속 답답함은 쉬 가시지 않았다. 일본을 비롯한 이웃 나라들과 열강의 간섭 탓에 조국이 앓고 있기 때문이다. 마치 망망대해에서 나아갈 방향을 잃고 헤매는 조각배와 같은 처지다. 힘을 길러야 한다. 그들과 동등하게 힘을 가져야 그들의 간섭에서 벗어날 수 있다. 그래야만 더는 눈치 보지 않고 그들과 더불어 나아갈 수 있다.

그런데 힘은 그냥 주어지지 않는다. 나라를 구성한 사람들이 모두 자신을 개조하기 위해 진정으로 노력해야만 힘을 기르고 그 힘을 발휘할 수 있다. 그 힘이 하루아침에 만들어지지 않지만, 조급함을 버리고 목적지를 향해 한 걸음씩 나아가다 보면 분명 큰 힘을 이루는 날이 올 것이다. 어느새 저 멀리 하와이 섬이 보인다.

안창호는 부강한 미국의 앞선 문명을 배우는 것이 힘을 기르는 지름길이라는 생각에 무작정 배에 올랐다. 이를 두고 어떤 이는 현실 회피라고 비아냥댈 수도 있겠다. 그러나 그는 결코 몽상가가 아니었다. 오늘날 어느 누구도 그가 나라의 독립을 향한 길을 걸었다는 사실을 부정하지 않는다.

큰 이룸을 위해
한 걸음씩 나아간 삶의 철학자

■

배기호

도산공원 가는 길

춘분, 낮과 밤의 길이가 같은 날에 이른 점심을 먹고 도산(島山) 안창호(安昌浩, 1878~1938)의 자취를 찾아 집을 나섰다. 바깥은 그가 살던 시대만큼이나 우울했다. 곧 비가 쏟아져도 이상하지 않을 날씨. 걸음을 돌려 우산을 챙기고 지하철역으로 향했다. 평일 한낮인데도 지하철 안은 붐볐다. 앉아 가는 것까지 바라지는 않았지만, 한가로운 지하철 여행을 할 수 없다는 분명한 사실이 조금 아쉬웠다. 그러나 한가로움이 어찌 환경만의 문제겠는가? 마음만이라도 여유를 찾으려고 해 봤다. 이내 창밖을 보면서 머릿속에는 흑백사진들을 떠올리고 이런저런 생각에 잠겼다. 그 속에는 나도 있고, 우리도 있고, 세상도 있었다.

그렇게 50분쯤 지나고 지하철은 3호선 압구정역에 도착했다. 역

도산공원 입구.

에서 나가는 무리 속에 외국인, 특히 아시아 여성들이 많았다. 압구
정역 양옆으로 로데오거리와 가로수길이 있으니 그럴 만하다고 생
각하며 3번 출구로 나섰다. 어느새 진눈깨비가 내리고 있었다. 우산
을 챙겨 안심한 건 잠시, 바람이 세차게 불어 우산이 이리저리 춤추
는 탓에 온전히 앞을 보며 걷기가 힘들었다. 빌딩 숲 협곡이 만든 순
간적인 강풍에 우산이 뒤집혀서 살 하나가 부러지기까지 했다. 내
허약한 3단 우산은 강한 바람을 버텨 낼 힘이 없었던 게다. 겨우겨
우 10여 분을 걷다 보니 도산대로가 나왔다. 왕복 10차선 도로가 온
갖 자동차로 가득 차 있었다. 가뜩이나 도심이라 시끄러운 데다 자
동차 바퀴가 빗물을 밟고 지나가는 소리가 더욱 정신을 혼미하게 했

안창호

다. 이곳은 도산 안창호를 떠올릴 수 있는 장소가 아니다. 하긴 율곡
로나 을지로, 퇴계로를 지나면서 이이, 을지문덕, 이황을 자연스럽
게 떠올리는 이가 몇이나 될까? 교통 체증에 짜증이 나서 얼른 벗어
나고 싶다는 생각만 들지 않을까? 안창호를 기리는 뜻에서 이 길 이
름을 도산대로라고 했겠지만, 실질적으로 그와 연결되는 것을 찾아
보기 힘들 뿐만 아니라 현기증이 날 만큼 세련돼 이질감이 강하게
든다. 얼른 발길을 도산공원 네거리로 돌렸다.

드디어 도산공원 입구가 보였다. 공원 입구 주변은 유료 주차장인
데, 이미 차로 가득 차 있었다. 입구 오른쪽의 알림판을 보고 공원에
딸린 주차장도 있는 것을 알았다. 거기에도 차들이 가득 들어서 쉬
고 있었다. 그러나 공원에 들어서니 사람이 한 명도 보이지 않았다.
밖에 빼곡히 늘어선 차들은 공원을 찾은 사람들의 것이 아니었다.
도산공원을 찾을 때는 대중교통을 이용하는 편이 낫겠다.

흔적을 찾아볼 수 없는 아쉬움

도산공원(서울 강남구 도산대로45길 20)은 망우역사문화공원에 있던 안
창호의 유해와 미국 로스앤젤레스에 있던 부인 이혜련(李惠鍊)의 유
해를 옮겨다 1973년 11월 10일에 합장하면서 도산이 '우리나라의
자주와 독립을 위해 바친 위대한 애국정신과 민중 교화를 위한 교
육 정신을 국민의 귀감으로 삼게 하고자 조성'되었다. 공원 안은 분

도산과 이혜련 여사의 합장묘.

수한 도산대로와 대조될 만큼 한산했다. 공원 입구에서 곧장 가면 합장묘가 나오는데, 내가 갔을 때는 안창호의 서거일(3월 10일)을 맞아 추모 행사를 한 흔적이 여기저기 보였다. 잠시 고개를 숙이고 묵념한 뒤 주변을 둘러보다가 그의 동상이 있는 곳으로 향했다. 공원을 만들 때 동상도 세웠지만, 세월의 풍파로 안전상 문제가 있을 만큼 부식되어 2003년에 다시 세웠다고 한다. 말끔한 정장을 차려입은 동상은 근대적 개화사상가의 모습을 드러내려고 한 것 같다. 곳곳에 안창호의 말이나 글귀를 새긴 비석을 두었으며 전반적으로 아담한 크기의 도산공원은, 근린공원답게 가까이 있는 사람들의 복지를 위해 산책로와 체육 시설, 휴게 시설 등도 갖추었다. 매일 24시간 문을 열고 입장료는 없다.

그런데 문득 도산대로에서 든 궁금증이 다시 떠올랐다. 도산공원이 도대체 안창호와 어떤 연관성이 있다는 말인가? 엄밀히 말해, 도산공원은 안창호의 자취와는 전혀 관련이 없다. 사실 우리 곁에서 그의 자취를 찾기는 쉽지 않다. 그는 지금 우리가 갈 수 없는 평안남도에서 태어나 유년 시절을 보냈고, 반평생 동안 미국과 중국을 비롯한 각지에서 떠돌았기 때문이다. 그가 수학하던 구세학당은 혜화로의 경신중·고등학교가 맥을 잇고 있지만 몇 차례 이전한 탓에 옛자취는 찾을 수 없고, 그가 세운 점진학교와 대성학교는 휴전선 너머에 있으며, 그가 조직한 민족운동 단체인 흥사단은 미국 샌프란시스코에서 처음 문을 열었다. 그럼 도산공원은 무엇인가?

도산공원은 이 땅의 진정한 독립을 위해 평생을 바친 안창호의 뜻과 업적을 기리려고 조성한 곳이다. 다시 말해, 안창호를 우리의 마음에 새겨야 하지만 우리 주변에 그의 행적을 생생하게 느낄 만한 공간이 거의 없다 보니, 특별히 그를 기리는 장소를 만든 것이다. 넓게는 도산공원이, 좁게는 도산공원 안에 자리한 도산 안창호 기념관이 바로 그런 공간이다.

도산 안창호 기념관은 안창호가 태어난 지 120년이 되던 1998년 11월 9일에 문을 연 지상 1층, 지하 2층 규모 건물이다. 지상 1층은 도산홀로 전시관과 영상실·사무국이 자리하고, 지하 1~2층은 각각 그가 세운 학교의 이름을 딴 대성홀과 점진홀이다. 도산홀의 전시관은 말 그대로 안창호의 자취와 업적 등을 한데 모아 보여 주는 곳으

큰 이룸을 위해 한 걸음씩 나아간 삶의 철학자

도산 안창호 기념관 내부.

로 입장료는 없으며 1월 1일과 설날, 추석 연휴에만 휴관한다. 다만 관람 시간은 누리집과 안내 책자 및 현장 안내문에 담긴 정보가 조금씩 달라 주의해야 한다. 대체로 오전 10시부터 오후 5시까지 문을 여는 듯하지만, 방문하기 전에 미리 개관 시간을 확인하는 것이 좋겠다.

기념관에 들어서니 다소 쌀쌀한 날씨 탓에 움츠러들었던 몸과 마음이 스르르 풀렸다. 안내나 관리를 하는 사람은 보이지 않고 안내 책자들이 마련되어 있는데, 그중 만화로 안창호의 삶을 요약 정리한 것이 먼저 눈에 띄었다. 그가 지금 사람들에게 좀 더 편하고 친숙하게 다가와서 말을 거는 것 같아 푸근했다. 도산의 흉상을 지나면 관련 서적을 전시 판매하는 자리가 보이고, 방명록과 후원금 모금함도

안창호

있다. 목을 빼 전시관 안을 살펴보니 전체적으로 깔끔한 분위기다. 게다가 관람하는 사람은 한 명. 기념관 처지에서는 아쉽겠지만, 온전히 도산에게 몰입할 수 있겠다는 생각에 설레기까지 한다. 보이지 않는 곳에서 고생하는 관계자들의 노고에 감사하며 본격적으로 도산의 삶으로 들어가 본다.

세상을 보는 눈을 뜨다

안창호는 1879년 11월 9일 평안남도 강서군 초리면 칠리 봉상도(일명 도롱섬)에서 아버지 안흥국과 어머니 황씨의 셋째 아들로 태어났다. 가난한 선비의 농가에서 태어난 만큼 유년 시절에는 집과 서당에서 한문을 공부하며 목동으로 지내는 등 사뭇 평범했다. 그러다 1894년에 서울에서 미국 북장로교 선교사 언더우드(H. G. Underwood)가 설립한 구세학당(밀러학당)에 들어가 신학문을 배우면서 기독교인이 된다. 많은 것을 보고 배운 구세학당을 졸업하고 독립협회에 가입하면서부터는 민족운동가·개화사상가·교육자·독립운동가로서 모습을 드러낸다. 자신과 조국이 처한 현실을 냉철하게 보고 판단하는 눈이 비로소 생긴 것이다. 1898년 고종황제의 생일에는 평양 쾌재정에서 열린 만민공동회에서 정부와 탐관오리의 부정부패를 비판하면서 개혁을 주장하고, 이를 위한 민중의 각성을 촉구한다. 이것이 안창호 생애의 첫 연설이었는데, 그 핵심 내용은 결과

큰 이룸을 위해 한 걸음씩 나아간 삶의 철학자

적으로 그의 삶 전체를 꿰뚫는다.

일제강점기라는 시대적 배경을 빼고는 안창호의 삶을 말할 수 없다. 일제는 1910년에 우리 국권을 빼앗기 전에도 내정간섭과 만행을 저질렀고, 그는 이를 심각하게 인지하고 있었다. 그가 생각하기에 당시 우리 민족에게 가장 급한 일은 진정한 독립이고, 독립을 위해서는 힘을 길러야 하며, 힘을 기르려면 미국의 문명과 부강함을 배우고 본받아야 했다. 그래서 그는 1902년에 결혼한 뒤 일본을 거쳐 미국 샌프란시스코로 유학을 떠난다.

도산이라는 호는 이때 배를 타고 가다가 태평양 한가운데 우뚝 솟아 있는 하와이를 보고 스스로 지었다고 한다. 도산은 우리말로 섬 뫼다. 섬은 고립과 고독을 의미하고 뫼는 우직함을 상징한다고 보면, 그가 온갖 어려움 속에서도 결심한 바를 끝까지 지켜 나가겠다는 의지를 담은 셈이다.

그런데 미국에 도착한 도산은 해외 동포들이 처한 현실에 절망한다. 현지인에게 부당한 대우를 받는 것도 모자라 동포끼리 헐뜯고 다투느라 바빴기 때문이다. 이에 도산은 자신의 학업보다는 동포들을 단합시키고 그에 따라 안정된 삶의 터전을 마련하는 것이 먼저라고 생각했다. 그래서 주도적으로 한인 친목회를 조직하고 발전시켜 공립협회를 창립해 초대 회장을 맡는다. 공립협회는 동포들에게 직업을 알선하고, 동포 간 연락망이 되기도 하며,『공립신보』라는 기관지를 내는 등 타지에서 우리 민족의 가려운 곳을 시원하게 긁어 주는 구실을 톡톡히 했다.

그러나 이 시기에는 일제의 시커먼 야욕이 우리 민족의 목을 빠르게 치명적으로 조여 오고 있었다. 국운이 그야말로 바람 앞의 등불, 거센 비바람 속의 허술한 우산 같았다. 도산은 대성학교 학생들에게 '나라가 없고서 한 집과 한 몸이 있을 수 없고, 민족이 천대받을 때 혼자만이 영광을 누릴 수 없다'고 한 자신의 말을 몸소 보여 주듯 국내에서 국권 회복 운동을 펼치기로 결심하고 1907년 2월에 귀국한다. 그리고 이때부터 국내외 각지를 오가는 힘겹고도 숭고한 여정이 시작된다.

힘을 길러야 한다

도산은 우리 민족에게 옳은 목적이 있다면 반드시 성공할 것이라면서 역사가 이를 증명한다고 했다. 당시 목적은 두말할 것 없이 진정한 '독립'이다.

독립이 옳은 것은 전 인류의 최종적 목적이 '전 인류의 완전한 행복'이기 때문이라고 1919년 상하이 연설에서 밝힌 그는 다소 엉뚱하게 행복의 실마리를 '문명'에서 찾았다. 개개인이 긍정적인 '개조'를 통해 서구 열강의 발달된 '문명'을 배우고 익히는 '노력'을 지속한다면 우리도 '행복'에 이를 수 있다는 말이다. 다분히 개화·계몽적이다 못해 사대주의적 발상이라는 지적을 받을 만하다. 그러나 곰곰이 생각하면 그의 현실적인 판단력을 엿볼 수 있다. 왜냐하면 전 인류의

근 이룸을 위해 한 걸음씩 나아간 삶의 철학자

행복은 모든 사람이 실제로 동등한 선상에 있거나 감성적으로 그렇다고 느낄 때에야 가능하기 때문이다.

도산이 보기에 우리 민족은 이미 불행의 늪에 빠져 허우적대는 형국이었다. 또 그 불행의 시작은 뒤떨어진 문명에 있었다. 그래서 우리보다 일찍 문명을 받아들인 일제에게 더 짓밟히지 않으려면 그들과 동등한 문명을 갖춰야 한다는 것이다. 동등한 문명, 곧 동등한 힘을 갖기 위한 개개인의 개조와 그에 대한 끊임없는 노력이 있어야 결국 동등해질 수 있고, 진정한 독립을 이룰 수 있으며, 이 땅의 올곧은 주인으로서 우뚝 설 수 있다고 본 것이다. 그가 상하이에서 미주 흥사단원들에게 보낸 편지(1921년 7월 18일)를 보면, 힘을 기르지 않고 '한갓 요행과 우연을 바라보고 한번 떠들기나 하면 독립이 될까, 혹은 육혈포질이나 작탄질이나 하면 독립이 될까, 혹은 어떤 나라에 호소나 잘 하면 독립이 될까 하고 어련한 가운데서 호도하게 시간을 보내며 방황하는 것을 보면 참으로 가석하기가 한이 없'다고 말한다.

우리 민족이 힘을 기르는 데 필요하다고 도산이 제시한 것들이 있다. 첫째는 교육이다. 그는 선진 문명을 가르치고 배울 수 있는 공간이 턱없이 부족함을 절감했다. 그래서 자신의 고향 근처에는 최초의 남녀공학인 점진학교를 세우고, 평양에는 대성학교를 세웠다. 그러나 그는 교육이 백년대계라는 옛말을 잘 알고 있었기 때문에 조급함을 버리고 큰 그림을 그린 듯하다. 점진(漸進)과 대성(大成)이라는 학교 이름의 뜻처럼 목적을 향해 한 걸음 한 걸음 나아가며 끊임없이

안창호

신민회 교육 사업의 일환으로
평양에서 설립된 대성학교의 모표.
안창호는 교장 대리였으나
실질적인 학교 운영자였다.
©도산안창호선생기념사업회

노력하면 결국 크게 이룰 수 있다고 본 것이다.

둘째는 자금 확보다. 현실적으로 학교를 유지하고 독립운동을 하려면 돈이 필요했다. 도산은 평양, 서울, 대구에 태극서관을 열어 책을 펴내고 팔았다. 평양에는 도자기 회사도 차렸지만, 아쉽게도 갖가지 사업을 통한 자금 확보가 원활히 되지는 않았다. 그래도 자칫 이상적이다 못해 공허할 수 있는 독립이라는 목표를 현실적인 시각에서 착실히 준비하려고 한 그의 노력은 엿볼 수 있다.

셋째는 개인의 솔선수범 자세다. 도산은 사람들이 저마다 책임감 있는 주인이 되어야 한다고 말했다. 찰나의 책임감이 아니라 영원한 책임감을 가져야 진정한 주인이다. 손님도 남의 집에 일어난 참변을 보고 눈물을 흘리거나 분한 말을 하거나 그 집의 위급한 것을 구제하기 위해 투신하는 경우가 있지만, 어디까지나 주인이 아닌 손님이기에 한때만 그럴 뿐이며 주인같이 영원한 책임감을 갖지는 않는다고 단언한다. 그리고 우리 민족의 근본 문제가 주인 의식이 없다는 것이라면서 자신이 먼저 주인 자격을 찾기 위해 노력할 테니 모두가 주인 의식을 갖자고 당부한다. 또한 책임감이 있는 주인 의식은 지덕체를 겸비한 건전한 인격에서 나온다고 여겨, 누가 먼저라고 할 것 없이 모두가 자신의 개조를 위해 노력해야만 개인의 힘을 기를 수 있으며 이런 개개인이 모여야 진정한 우리의 힘을 발휘할 수 있다고 보았다.

넷째는 서로 믿음에 기반을 둔 합동과 단결이다. "서로 신용이 없으면 방침이 서로 같더라도 합동될 수가 없고, 서로 신용이 없으면 공통한 목적과 방법을 세우기부터 불가능할 것입니다. 그러므로 공통한 방침을 세워 가지고 공통한 진행을 하려면, 즉 합동의 사실을 이루려면 먼저 사회의 신용을 세워야 하겠고, 사회의 신용을 세우려면 먼저 각 개인이 신용을 세워야 하겠습니다."(『동광』, 1926년 6월.) 도산의 이 말은 앞서 말한 개인의 솔선수범과 맞닿은 것으로, 그가 1913년에 미국 샌프란시스코에서 창립했고 지금 서울 종로구 대학로에 본부가 있는 흥사단(興士團)의 기본 정신에 집약되었다. 흥사단은 '재능 있는 사람(士)을 일으키는(興) 모임(團)'으로 '건전한 인격과 신성한 단결을 육성하는 데 목표'가 있다. 평범한 수양 단체라기보다는 구국 광복을 위한 혁명을 중심으로 투사의 자격을 양성하는 혁명 훈련 단체다. 도산은 '오늘날 우리가 요구하는 합동은 민족적 감정으로 하는 합동이 아니요, 민족적 사업에 대한 합동'(『동광』, 1926년 6월.)이라고 했다. 곧 민족주의를 앞세우기보다는 '우리가 요구하고

안창호

흥사단 단기. 흥사단 기장은 단결을 상징하는 기러기 모양으로
'선비 사(士)' 자를 나타낸 것이다.

힘쓸 것을 민족의 공통한 생활과 사업을 위하여 하는 합동'(『동광』,
1926년 6월.)에 중점을 두고 말한 것이다.

　도산의 이런 생각은 독립운동 단체에까지 영향을 미친다. 우리가
알다시피 수험생들이 머리가 아플 정도로 수많은 독립운동 단체들
이 생기고 없어지기를 반복했다. 물론 이념과 노선과 관점이 달라
어쩔 수 없는 부분이 있을 테고 일제가 강제로 해산한 경우도 있으
니, 이를 탓할 수는 없다. 그러나 독립운동을 진두지휘해야 할 임시
정부라면 문제가 달라진다. 1919년 초반에는 상하이, 서울(한성), 연
해주 등 세 곳에서 임시정부가 각각 활동하고 있었다. 이에 도산은
대한민국임시정부가 국권 회복과 민족국가 건설이라는 과제를 해결
하기 위해 실질적으로 국민의 총집결체가 되어야 한다는 생각에서
독립운동 세력을 통합하는 데 전념했다. 그 결과, 1919년 9월 11일

상하이에 통합 임시정부가 출범한 것이다. 이 과정에서 도산은 내무 총장 겸 국무총리 대리였다가 노동국 총판으로 강등되는 것을 감수했다. 자리에 연연하지 않고 임시정부의 통합과 조국의 독립만 생각한 그의 희생정신을 확인할 수 있는 대목이다.

다섯째는 정의(情誼) 깊은 사회 건설이다. 도산은 당시 사회가 무정하다고 보았다. 물론 일제의 분열 전략 탓이기도 하지만, 남의 결점을 밝히고 서로 헐뜯는 일이 때때로 있었던 것 같다. 그렇다면 단결은커녕 독립이라는 민족의 목표를 이루는 길이 아득히 멀어지는 게 불 보듯 뻔하다. 그래서 정의를 말한 것이다. "정의는 친애와 동정의 결합이외다. 친애라 함은 어머니가 아들을 보고 귀여워서 정으로써 사랑함이요, 동정이라 함은 어머니가 아들이 당하는 고(苦)와 낙(樂)을 자기가 당하는 것같이 여김이외다."(『동광』, 1926년 6월.) 그의 비유적인 말에는 다정한 사회, 서로 사랑하면서 남의 환난을 볼 때 참으로 동정하는 사회를 만들자는 뜻이 담겼다. 그는 돈수(敦修)를 더불어 할 것도 주장했다. 돈수는 정의를 더 크고 많고 두텁게 하는 것, 친애와 동정을 공부하고 연습해 잘 되도록 노력하는 것이다. 그가 언제 어디서든 '정의돈수' 네 글자에 의지하며 사는 사회를 만들자고 당부한 것은, 기독교 신자로서 직접 체험하며 깨달은 박애정신을 현실 생활에 적극적·긍정적으로 접목하려고 했다고 이해할 수 있겠다.

마지막으로, 도산은 올바른 지도자 선발을 말했다. 그는 독립이라는 공동 목적을 두고 서로 믿고 모여 합동적으로 나아가려면 반드

안창호

대한민국임시정부 내무총장 겸 국무총리 대리로
활약하던 시기(1919)의 안창호.
©도산안창호선생기념사업회

시 지도자가 필요하다고 생각했다. 그렇다면 어떤 사람을 지도자로
내세워야 하는가? 이에 대해 도산은 '어떠한 협동이든지 그 협동 중
에 앞선 사람은 곧 지도자의 자격을 가진 자'(『동광』, 1926년 8월.)라
면서 '지도자의 자격은 비교 문제'(『동광』, 1926년 8월.)로 생긴다고 했
다. 저마다 남을 시기하는 태도를 버리고 우리 민족을 위해 지도자
를 찾아 세울 참된 뜻에서 냉정한 머리로 살피고 따지면 지도자 자
격 갖춘 사람을 찾을 수 있다는 말이다. 예컨대 지도자 후보들이 다
협잡하고 싸움만 일삼는 것으로 보인다면, 그중 협잡과 싸움을 적게
하는 사람을 지도자로 내세우면 된다는 것이다. 이런 생각에는, '위
인이란 별 물건이 아니요 위인의 맘으로 위인의 일을 하는 자가 위
인'(『동광』, 1926년 8월.)이라는 그의 말로 짐작할 수 있듯이, 신이나

큰 이룸을 위해 한 걸음씩 나아간 삶의 철학자

성인(聖人)같이 완전한 사람은 없다는 전제가 깔린 듯하다. 결국 그는 '무조건 허영만 표준하여 지도자라고 인정하지 말고 먼저 그 사람의 주의와 본령과 방침과 능력을 조사한 후에 그 주의와 본령이 내 개성에 적합하고 그 주의에 대한 방법과 능력이 나와 다른 사람보다 앞선 것을 본 후에 지도자로 인정할 것'(『동광』, 1926년 8월.)을 주문한다. 그리고 '사회에 떠돌아다니는 요언비어(妖言誹語)에 의하지 말고 그 사람의 실지적 역사와 행위를 밝게 살필 것'(『동광』, 1926년 8월.)을 지도자를 살피는 방법으로 제시한다. 또 지도자를 택할 때는 '친소 원근과 차당피당(此黨彼黨)의 관념을 떠나서 전 군중의 이해를 표준하고 공평 정직한 맘으로 할 것'(『동광』, 1926년 8월.)을 당부한다. 이렇게 강력한 지도자에 대한 견해는 지금 우리에게도 요구된다. 그러나 그때도 요구되었고 지금도 요구되는 것을 뒤집어 보면 그때도 가능하지 않았고 지금도 실현되지 않고 있다는 뜻이기에 씁쓸한 기분을 지울 수 없다.

독립을 확신하고 눈을 감다

1909년 안중근(安重根) 의사가 이토 히로부미(伊藤博文)를 사살한 하얼빈 의거와 1932년 윤봉길(尹奉吉) 의사가 일본군을 향해 폭탄을 던진 상하이 의거의 배후로 일제에게 지목된 도산은, 체포된 뒤 2년 넘게 감옥에 갇히기도 했지만 나라를 구해 독립시키려는 뜻을 절대

안창호

동우회 사건으로
서대문형무소에 갇혀 찍은 사진(1937).
©도산안창호선생기념사업회

굽히지 않았다. 또한 독립운동의 결실이 바로 나타나지 않아도 절대 비관하지 않았다. 동지들에게 주는 글에 밝혔듯이 '진리는 반드시 따르는 자가 있고, 정의는 반드시 이루어지는 날이 있다'고 믿었기 때문이다.

1937년, 도산은 6월 28일에 이른바 동우회 사건으로 일본 경찰에게 다시 체포되고 11월 10일에 서대문형무소에 갇힌다. 동우회는 1922년에 도산의 지시로 만들어진 서울의 수양동맹회와 평양의 동우구락부가 합쳐진 수양동우회가 1929년에 다시 흥사단과 통합한 단체다. 원래 흥사단에 뿌리를 둔 동우회는 겉으로 인격 수양과 민족 능력 양성을 내세웠기 때문에 그나마 일제의 감시를 피할 수 있었다. 그러나 일제가 민족말살정책을 펼치면서 웬만한 단체는 사라

큰 이룸을 위해 한 걸음씩 나아간 삶의 철학자

져 버리는 바람에, 가장 유력한 민족운동 단체로 주목받게 되었다. 그래서 동우회 회원들이 갈수록 심해지는 일제의 간섭과 탄압에 대책을 논의하던 중에 검거된 것이다. 다행이라고 해야 할지 모르겠지만, 도산은 오랫동안 앓던 병이 심해져 12월 24일에 보석으로 감옥을 나와 경성제국대학 부속병원(지금의 서울대학교병원)에 입원하게 된다. 그러나 3개월쯤 지난 1938년 3월 10일 0시 5분에 결핵을 비롯한 여러 병에 따른 합병증으로 서거한다.

동우회 사건으로 구속된 도산은 자신을 심문하는 일본 검사에게 '대한민족 전체가 대한의 독립을 믿으니 대한이 독립될 것이요, 세계의 공의가 대한의 독립을 원하니 대한이 독립될 것이요, 하늘이 대한의 독립을 명하니 대한은 반드시 독립할 것'이라는 말을 남겼다고 한다. 마치 1945년 8월 15일의 광복을 예언하듯 말이다. 그러나 그는 끝내 그날을 함께하지 못했다. 다만 그가 병을 앓으며 죽음을 눈앞에 두고도 사그라트리지 않은 독립에 대한 희망과 동지들에 대한 믿음은 아직도 우리에게 전해지는 듯하다.

도산의 길과 우리의 길

도산이 살아간 길을 따라 걷다 보니 어느새 기념관의 출입문으로 돌아왔다. 이제 나가야 할 시간. 기념관을 나와 공원 입구에 다다르니 별안간 이런 생각이 들었다. '이곳은 크고 작은 철근콘크리트 파도

도산 안창호 기념관 외부.

에 겹겹이 둘러싸인 외딴섬이 아닌가?' 문득 한가로움을 넘어 외롭고 쓸쓸한 기분이었다. '게다가 이 자리는 도산과 지리적 연관성이 전혀 없지 않은가?'

그러나 이내 부정적으로만 볼 필요는 없다는 생각이 따랐다. 망망대해를 표류하는 사람에게는 외딴섬이라도 삶의 이유이자 목표일 수가 있기 때문이다. 이런 의미에서 도산공원과 기념관은 안창호와 그의 삶을 떠올리게끔 하는 힘이 충분하다. 이것이 이곳을 조성한 사람들의 의도고, 사람들이 무언가에 가치와 의미를 부여하는 까닭일 것이다. 도산공원과 기념관은 무정한 도심에서 자신의 무심함이나 무기력과 맞닥뜨려 방황하고 주저할 때 한 번쯤 찾을 만한 쉼터

큰 이룸을 위해 한 걸음씩 나아간 삶의 철학자

다. 자기 삶을 돌아보며 설계할 수 있도록 도와주는 공간, 이곳의 입장료는 돈이 아닌 시간과 의지다.

무거운 마음을 간직한 채 깊은 숨을 한 번 몰아쉬고는 바깥으로 나왔다. 다행히 진눈깨비는 그쳤다. 돌아오는 길은 동네를 구경할 겸 도산대로가 아닌 샛길을 택했는데, 그 길에서 익숙한 이름의 대형 교회를 마주했다. 평소 종교에 관심이 없는 나로선 예상치 못한 만남이었다. 순간적으로 여러 단상이 떠올랐지만, 잠시나마 도산을 만나고 돌아가는 뜻깊은 길인 만큼 다른 생각은 하지 않으려고 애썼다. 다만 정의로운 사회를 만들려고 한 도산의 정신과 소망을 도산공원 가까이 있는 이 대형 교회가 앞서 실천해 주기를 바랐다.

지하철역이 있는 큰길에 다다르니 공원 가는 길에는 진눈깨비와 세찬 바람 때문에 미처 못 본 광경이 눈에 들어왔다. 건물마다 빼곡하게 붙어 있는 성형외과 간판. 아, 지하철역에서 같이 내린 외국인들이 가는 곳이 어쩌면 성형외과였을 수도 있겠다는 생각이 머릿속을 스쳤다.

도산은 민족주의와 개화사상에 기반을 둔 교육자이자 독립운동가다. 그가 살아간 길을 더듬어 보면, 그 어떤 철학자가 제시한 것보다 심오한 철학을 만날 수 있다. 그는 자신과 민족뿐만 아니라 인류에 대한 진지한 사색과 성찰을 바탕으로 당대의 문제를 인식하고, 원인을 분석하며, 해결 방안을 찾고 적절하게 판단한 다음, 최선을 택해 집중적으로 실천하고, 이에 대한 책임도 기꺼이 졌다. 이것이 철학이 있는 삶이 아니라면 무엇이 철학이 있는 삶이겠는가? 도산이 걸던 길에 이제 우리가 서 있다. 지금 우리는 스스로에게 과연 진정한 독립을 이루었는지 물어야 한다. 그럼 도산은 길 저편에서 우리에게 물을 것이다. 나아갈 것인가, 머물 것인가, 아니면 되돌아갈 것인가?

큰 이룸을 위해 한 걸음씩 나아간 삶의 철학자

신채호

신의주를 떠나 중국 칭다오를 향한 망명길, 나라 잃고 집 떠난 백성이 스스로 떠난 길이기에 거칠 것이 없었다. 국경인 강을 넘는 배 위에서 짧은 시간 동안 지난날의 기억은 뚜렷해지고 앞날에 대한 각오는 더욱 단단해졌다.

1880년 대전에서 태어나 유난히 병치레가 잦던 신채호는 어린 시절을 청주에서 보내며 엄한 할아버지에게 배운 한학 공부 덕에 성균관에 들어가 시대 의식에 눈을 뜬다. 스물여섯 살이 되던 해에 성균관 박사가 되었지만, 관심은 오로지 민중의 삶과 현실의 모순을 해결할 방법을 찾는 데 있었다. 계몽운동가이자 언론인으로서 민족에 대해 깊이 생각하며 그 역사와 주체성의 의미를 바로 세우기 위해 때론 이순신 같은 영웅을 바랐으며 새로운 국민상을 내놓기도 했다.

민족이 독립하는 길, 모든 압제에 대항하는 길에서 그는 무력 투쟁도 마다하지 않았으며 새 시대 새 도덕을 만들기 위해 필요한 것은 무엇이든 받아들이고 실행할 마음을 먹었다. 아는 만큼 실천한 그는 결국 뤼순 감옥에서 순국했지만, 그가 시 「한나라 생각」에 담은 뜨거운 마음은 여전히 우리에게 온기를 전한다. "나는 네 사랑 / 너는 내 사랑 / 두 사랑 사이 / 칼로써 베면 / 고우나 고운 / 핏 덩어리가 / 줄줄줄 흘러 / 내려 오리니 / 한 주먹 덤썩 / 그 피를 쥐어 / 한 나라 땅에 / 고루 뿌리자 / 떨어지는 곳마다 / 꽃이 피어서 / 봄맞이 하리."(박정규 엮음, 『단재 신채호 시전집』, 281~283쪽 참고)

결별과 새로운 만남의 여정

．

진보성

낡은 것과 결별하다

여기 한 사람이 살아간 길이 있다. 단재(丹齋) 신채호(申采浩, 1880~
1936). 그가 살아간 길은 독립운동가의 길, 민족주의자의 길, 아나키
스트(무정부주의자)의 길이 어우러져 펼쳐진 양탄자와 같다. 스스로
그 길을 걸으면서 다른 것들은 돌아보지 않았기에 놀라울 만큼 하나
로 관통된 삶의 궤적이 되었다. 한낱 지면으로 그의 방대한 삶과 사
상이 담긴 시공을 돌아보기란 쉽지 않다. 하지만 그를 추억할 장소
가 희미하게나마 곳곳에 남았기에 다행히도 우리가 그 발걸음을 따
라 신채호를 만나 볼 수 있다.

　1910년, 망국의 처지에서 독립운동을 위해 고국을 떠나 중국으로
갈 때까지 신채호의 삶은 낡고 오래된 것과 결별하며 새로운 것과
만남을 반복하고 있었다. 다가오는 망국의 기운을 하루빨리 벗어나

청주에 있는 신채호 사당(상당구 낭성면 귀래길 249).

고자 자못 조급해 보이기까지 했던 그 결별과 만남의 대상들은 그가 유년기와 청소년기를 보낸 고향 땅에 자취를 남겼다.

첫 결별의 역사를 찾아보기 위해 충북 청주로 갔다. 청주에는 신채호의 사당과 묘소를 포함한 기념관(상당구 낭성면 귀래길 249)이 있다. 바로 가는 대중교통은 없고 청주시외버스터미널에서 차로 45분 정도 달려야 하니 기념관은 꽤 외진 곳이다. 비교적 정비가 잘 되어 있는 이곳은 예부터 '대쪽같이 곧다'는 뜻에서 고드미(고두미) 마을로 불렸다는데, 지금은 마을 사람들이 주로 친환경 농업을 하면서 전통 문화 체험장을 운영하고 있다. 낡은 전통을 버리고 모두의 새로운 삶을 위해 자신을 바친 신채호 유적지와 같은 지역에 현대인들이 치유와 전통을 체험하는 장소가 있다는 것이 인상적이다. 지금의 묏자리가 2008년 즈음 정해졌고 신채호의 국적도 2009년에야 회복되었다는 점을 두고 보면, 고국의 모든 것과 결별하고 26년 뒤에 뤼순 감옥의 차가운 바닥에서 삶을 마감한 그가 독립한 고국과 다시 만나기까지 참 오래도 걸렸다는 생각에 묘한 여운이 있다.

　신채호는 1880년 대전에서 태어났지만 세 살에서 여섯 살 사이로 추정되는 시기에 고드미로 이주해 유년기와 청소년기를 보냈다고 한다. 이곳은 신숙주(申叔舟)의 후손으로 청주 상당산(上黨山) 동쪽에 모여 살아 산동대가(山東大家)라 불린 고령 신씨 집성촌이었다. 어린 시절부터 씨족사회의 정서를 바탕으로 전통적 지식 문화의 세례를 듬뿍 받고 자란 신채호는 주로 할아버지 신성우(申星雨)에게 한학의 기본을 배웠다. 일가이면서 같이 공부하는 벗이자 독립운동 동지이기도 했던 신규식(申圭植), 신백우(申伯雨) 등과 산동의 삼재(三才)라 불린 신채호는 열여섯 살에 이웃 마을 신백우의 집에서 지내며 그의 아버지 신병휴(申秉休)와 지역 출신 수재로 알려진 신승구(申昇求)에게도 배웠다. 이런 공부를 바탕으로 신기선(申箕善)같이 이름난 관료 출신 학자에게 수학하기도 했다. 지금 신채호 사당 뒤편, 묘소 아래쪽은 그의 할아버지 신성우가 서당을 연 곳으로 서당골이라고도 불린다. 신채호도 형과 여기서 글공부를 했다. 신채호 묘소 곁에는 신채호가 아홉 살 되던 해에 첫 책거리를 기념해 할아버지가 심어 줬다는 모과나무가 옮겨 심어져 담담히 묘역을 지키고 있다.

신채호의 첫 책거리를 기념해
할아버지가 심어 준 모과나무가
묘역을 지키고 있다.

신채호는 신승구의 소개로 열여덟 살 때부터 천안으로 가서 신기
선에게 배우게 되는데, 신기선은 당시 보수적 유교를 대표하던 서인
노론 계열 학자로서 시무개화파로 불리며 신구학문의 절충을 통한
문명국가 건설을 주장했다. 따라서 그의 집에는 역대 한문 전적을
비롯해 실학과 국내외의 각종 신학문 관련 서적이 많았다고 한다.
신채호가 본격적으로 사회 활동에 나서기 전에 일찌감치 신기선과
만나면서 실학과 근대적인 신학문을 접할 기회를 얻은 것이다. 성균
관 입교도 그가 추천했으니 여러모로 큰 신세를 진 셈이다.

그런데 신채호는 신기선과 결별을 고한다. 성균관에서 신학문, 신
사조와 사회운동에 대한 관심이 지대했던 신채호는 1905년에 성균

신채호

관 박사가 되었으나 그 자리에서 물러나 언론인의 길을 걸었다. 그는 평생 사사로운 정으로 공적인 의리를 덮을 수 없다고 생각했는데, 이 시기에도 이런 신념이 강했던 듯하다. 이것이 신기선과 결별하는 이유가 된다. 그의 친일 행적 때문이다. 1907년에 신기선은 친일 반민족 행위자인 이완용(李完用)·조중응(趙重應)이 유림계를 친일화하려고 만든 대동학회의 초대 회장이 되고, 일제가 우리나라 주권을 빼앗으려고 앞세운 통감 이토 히로부미로부터 큰돈을 지원받아 유교를 진흥한다는 명분으로 학회를 확장하려고 한다. 이에 신채호는 1908년 『대한매일신보』에 「일본의 충직한 노예 3인〔日本의 三大忠奴〕」이라는 논설을 실어 '국내의 유림을 위협해 일본의 힘에 종속케 하고자 하니, (…) 입이 100개라도 변명키 어렵다'고 신기선을 비판한다. 인정머리 없을 만큼 가열한 비판이었다. 같은 시기에 매국집단인 일진회에 들어간 친구에게 절교를 선언한 글 「친구와 절교하는 편지〔與友人絶交書〕」(『대한매일신보』, 1908년 4월 12·13일.)에서도 사사로운 정에 얽매이지 않는 신채호의 의기를 볼 수 있다.

신기선은 1880년대 초반 개화 정책 추진 과정에 참여하지만 갑신정변에 연루되면서 유배된 이후 갑오개혁과 을미개혁을 목도하고 당시 사회 개혁에 비판적 태도를 보였다. 또한 학문적으로도 '동도서기(東道西器)', 즉 동양의 정신문화에 서양의 기술을 받아들인다는 사상 중 '동도'를 치우치게 주장하며 보수적 색채를 강하게 띠었다. 신채호가 앞의 논설에서 신기선의 학문이 '천박하다'고 표현했는데, 이는 보수적으로 전향한 신기선이라는 인물에 대한 비판에만 그치지 않았다. 오랫동안 조선을 지배하고도 대한제국 말기에 망국의 현실을 외면한 채 점차 보수화되며 문약하고 비굴해진 유교와 학문적·사상적으로 절연한다는 뜻이었다.

신채호는 낡아 빠진 전통과는 과감히 결별했으며 전통을 대체할 것을 찾아 적극적으로 방황했다. 그리고 이런 방황이 그에게는 새로운 학문과 세계관으로 나가는 계기가 되었다. 사전은 보통 방황을 부정적인 뜻으로 풀지만, 장자(莊子)가 말하는 방황은 자유인 동시에 궁극의 가치를 담고 있다. 이런 점에서 신채호의 삶은 방황의 역사라고 해도 좋다. 독립운동 투신과 국권 회복 주체로 민족과 국가를 연결한 것, 국민국가 건설 추구, 민중 직접 혁명을 위한 아나키즘 수용으로 이어지는 모습이 장자가 추구한 방황과 잘 들어맞는다. 그래서 그의 방황은 큰 의미가 있다.

성균관을 떠나 언론 지식인의 길을 가다

신채호는 열아홉 살이 되던 해(1898) 가을, 성균관에 입교한다. 이때까지 그가 살아간 배경은 조선 사람들이 바람직하다고 여긴 방향에서 크게 벗어나지 않았다. 그가 남들처럼 그동안 공부한 전통 학문을 유지하고 고양해 입신양명을 추구했다면 어느 정도 안락한 삶을 누릴 수 있었을 것이다. 비록 가난했지만 신채호의 학창 시절은 엘리트 코스와 겹쳐진다. 그러나 열 길 물속은 알아도 한 길 사람 속은 모르는 법이다. 그는 서울에 올라가서 가문의 영광과 자신의 출세가 보장된 길을 두고 다른 길을 걸었다. 기존 삶의 배경이 바라고 요구하던 것을 그대로 따르거나 내면화하지 않고 일종의 새로운 모험을 시작했다. 제도권 전통 교육의 최고 산실이던 성균관에 입교한 것이 오히려 이 모험의 원인이었는지도 모른다. 그래서일까? 역설적으로 성균관과 맺은 인연도 길지는 않았다.

성균관은 지금 서울시 종로구 명륜3가 성균관대학교 안에 있다. 이제 옛 기능을 잃어 그저 전통의 상징이자 행사의 장소가 되었지만, 성균관은 조선 최고의 인재를 길러 내는 교육기관이었다. 이곳에서 신채호는 의병 활동 지도자로 이름 높던 이남규(李南珪) 같은 스승에게 배웠으며 뒷날 자신의 전기 『단재전』을 짓는 변영만(卞榮晩)을 비롯해 김연성(金演性), 류인식(柳寅植), 조소앙(趙素昂) 등 새로운 학문과 사조에 열중한 학우들과 어울렸다. 당시 성균관은 입학 자격 조항에 '시대 의식이 있는 자'라는 단서를 붙였고, 이런 학풍 속에서 신채호와 동학들은 신학문에 대해 밤새 토론하는 일도 마다하지 않았다고 한다. 우리의 선입견과 달리 당시 성균관에서 오로지 전통 학문만 배우지는 않았음을 짐작케 한다.

신채호는 일본을 포함한 제국주의 외세가 침탈하는 현실을 자각하면서 역사를 보는 눈을 떴다. 우승열패 신화로 점철되던 구한말, 사회진화론에 대한 관심은 구습과 적폐를 버리고 신사조를 바라던 지식인층의 처지에서 이해할 만한 면이 있다. 물론 상대적으로 진화한 인류가 그렇지 못한 인류의 진화를 인도한다는 식의 사회진화론은 강대한 제국이 약소한 식민지 지배를 정당화하고 공고히 하기 위한 짜 맞추기식 이론일 뿐이다. 강한 개체가 약한 개체를 잡아먹는 동물 세계 약육강식의 방식을 인류에게도 적용되는 근본원리라고 강변해 전 우주적 차원의 원칙으로 강요한다. 그래서 강한 자가 약한 자를, 강한 사회가 약한 사회를, 강한 국가가 약한 국가를 지배하는 것도 당연하게 여기는 논리다. 신채호가 젊은 시절에 스스로 힘을 키워 강해진다는 자강론을 취한 것은 당시 사회진화론이 거세게 일어나 다른 나라의 지배를 당하는 처지에서, 지배하는 자들의 논리에 대한 관심이 컸기 때문이다. 강자에게 얻어맞는 약자의 심정으로 '나도 너 같은 강자가 되어 언젠가 네 놈을 두들겨 주겠다'는 오기와 위기의식이 신채호가 실력 양성과 개화사상에 관심을 두게 한 투박한 계기였다면, 신기선에게 수학하면서 실학과 근대 신학문 관련 서적을 널리 읽은 것은 학문적 근거가 된다. 성균관에서 수학하며 전통적인 학문 체계에 발이 묶이지 않은 것도 이런 경험 때문이다. 결국 그는 근대 의식을 자기 학문의 중심으로 가져왔다.

개화 자강론에 관심을 보이고 독립협회 활동에 참여한 신채호는 성균관에서 외출할 때면 어김없이 서대문에 있던 독립회관을 찾았다고 한다. 독립회관은 원래 조선 시대에 명이나 청에서 온 사신들을 맞아 대접하던 모화관이 있던 곳인데, 청일전쟁 이후 사용하지 않자 독립협회에서 사무실 겸 집회 장소로 독립관이라는 이름을 붙여 쓴 데서 유래한다. 독립문도 '은혜로운 대국의 사신을 맞이한다'는 뜻을 담은 '영은문(迎恩門)'을 헐고 세웠다. 사대, 즉 중국에 대한

독립관 터 표석
(독립문어린이공원 안).

섬김의 상징이던 곳이 독립을 위한 장소로 바뀐 것이다. 지금 독립
회관이 있던 자리에는 표석만 남았고, 건물을 서대문독립공원 안에
복원해 순국선열 현충사로 쓰고 있다.

　자기 의지로 새로운 것을 찾아 나서던 그의 심정이 어땠을까? 독
립회관의 자취를 찾아가는 길, 지하철 3호선 독립문역 5번 출구를
나서면서 봄 내음을 맡고 나니 대학 때 짧은 시간에 쫓기듯 기숙사
밖으로 나서던 내 심정과 같지 않았을까 하는 들뜬 생각에 사로잡혔
다. 하지만 서대문형무소가 코앞이라는 것을 곧 깨닫고는 나 자신에
게 정색하게 되었다. 가장 급진적인 자유·민권운동이던 만민공동회
의 간부로서 만민공동회의 밤샘 시위에 참여했다가 연행되어 잠시
옥에 갇히기도 한 신채호의 각오는 결코 유쾌하지 않지만 음울하지

　결별과 새로운 만남의 여정

도 않았으리라. 이때는 성균관에 갓 들어간 1898년 가을과 겨울 사이다. 이 시기 경험은 그가 삶의 향방을 결정하는 데 큰 영향을 준 것으로 보인다.

신채호는 성균관에서 수학하는 3년 동안 유학의 상당한 경지에 올랐다. 당시 성균관장 이종원(李鍾元)이 그에게 '나를 이해하는 사람은 오직 자네 한 사람뿐'이라고 했다니, 학문 수준이 어땠는지를 가늠할 수 있다. 그는 1905년에 26세라는 나이로 성균관 박사에 임명된다. 당시 박사는 지금의 교수와 같다. 그러나 박사가 된 다음 날 사직한다. 전통적 학자의 전형이 되기를 거부한 것이다. 성리학적 도덕주의와 세계관에 대한 믿음은 일본 제국주의 탓에 이미 배신당했고, 잔인하면서 역동적으로 전개되는 거대한 변화의 흐름을 무시하고 성균관 박사 자리에 앉아 있기에는 눈앞에 닥친 망국의 현실이 가시덤불과 같았을 것이다. 그는 유학자의 길 대신 언론인의 길을 택한다. 성균관 박사를 사임한 해에 장지연의 초빙으로 『황성신문』에 입사한 그가 보기에 가장 중요한 일은 현실을 똑바로 인식해 시대정신의 정화를 구현하는 것이었다.

성균관 수학 시절부터 꾸준히 사회 개혁 운동에 관심을 기울인 신채호가 언론인이 된 것이 어찌 보면 당연하다. 1901년 2월에 성균관 유생 30여 명과 함께 대한제국이라는 나라 이름에 맞는 법률 체제 개정을 건의했고, 교육 운동에 관심을 갖고 근대적 학교를 통해 새로운 문물과 사상을 전파하기도 했다. 1901년 말 청주에 문동학교를 세워 신규식, 신백우 등과 애국 계몽·신교육 운동을 벌인 신채호가

1901년 신채호가 청주에 세운 문동학교 터(청주시 상당구 가덕면 인차3길 9-14).

1904년에는 산동학당을 세워 후학을 양성하는 데 힘을 쏟았다. 이 시기 일본은 대한제국과 한일의정서를 맺고 이 땅을 마음대로 써먹기 위해 황무지 개간권을 요구했는데, 이를 안 신채호가 서울로 올라가 조소앙을 비롯한 성균관 동학들과 뜻을 모아 일제의 부당 행위와 조정 대신들의 매국 행위를 함께 꾸짖는 글을 발표했다. 그는 주자학의 풍토를 벗어나려면 영남을 중심으로 한 학술 기조를 개혁해야 하고, 신학문에 대한 관심을 높여야 한다고 강조했다. 특히 성균관에서 함께 수학한 류인식이 의병 운동에 실패하고 1903년 서울에 올라오자 앞서 말한 신학문에 대해 진지한 토론을 나누기도 했다. 외국과 교류하는 것을 반대하며 유교 전통을 지키려고 하는 위정척

결별과 새로운 만남의 여정

사론자였던 류인식은 이때부터 계몽운동가의 길을 걷는다.

민족을 탐구하며 사회진화론을 버리다

낡은 것을 버리고 새로운 것과 만나려고 한 신채호는 자강론을 중심에 둔 애국 계몽 운동을 벌이면서 의문을 하나 품었다. "왜 조선은 밖의 것을 받아들여 안의 것으로 만들지 못하고 안마저 밖의 것이 되는가?" 그에게 만남은 새로운 창조의 발판이었다. 이는 '민족'에 대한 생각으로 확인할 수 있다.

일찍이 우리에게 오랜 역사를 바탕으로 피를 나눈 공동체를 뜻하는 족류나 동포라는 말은 전해도 근대적 민족(nation)이라는 개념은 없었다. 민족은 서구라는 밖에서 들어온 개념인데, 신채호는 밖의 눈으로 안의 우리를 보려 하지 않았다. 당시 대다수 지식인들이 세계 문명의 중심에 중국을 두는 중화적 인종주의로 민족을 해석하는 량치차오(梁啓超)가 대변한 중국의 견해나 일본의 제국주의적 대동아시아론에 경도되는데, 신채호는 이를 거부하고 근대적 국가 개념을 비롯해 민족을 강조하면서 한국의 현실을 감안한 민족론을 펼친다. 바로 '보종보국(保種保國)', 민족이 살아야 나라가 산다는 것이다. 신채호가 말한 민족은 근대 민족국가의 주체가 되는 근대 민족이다. 일본을 거치거나 중국을 통해 들어온 민족론에 근거하지 않는 것이다. 오히려 서구의 날것을 그대로 받아보고 우리 처지에 맞게 그런 민족이다. 그래서 그의 민족은 민족주의같이 이념적으로 굳어진 '주의'에 사로잡힐 리 없다. 그에게 민족은 '아(我)와 비아(非我)의 투쟁', 즉 나와 내가 아닌 것 사이의 관계를 나타내는 그 자신의 말처럼 현재 진행 중인 역사 속에 살아 숨 쉬는 개념이었기 때문이다. 어떠어떠한 '주의'는 그가 가장 경계한 말이기도 하다.

신채호가 민족에 대해 본격적으로 구상한 것은 「독사신론(讀史新論)」(1908)에서 민족에 역사의 주체라는 이름을 붙이면서부터다. 이때 그는 성균관 박사 자리에서 물러나 언론계에 투신했다. 그의 자취를 따라 다시 서울의 종각으로 나서 본다.

종각에서 삼청동에 이르는 길은 신채호가 언론계에 몸담은 1905년부터 1910년까지 자주 왕래했다. 이 길에 항일운동의 한 축을 담당한 언론사들이 많았으며 지금도 종각에서 시청으로 이어지는 길에 조선일보사와 동아일보사를 비롯한 신문사들이 있다. 이 중 『조선일보』와 『동아일보』의 역사는 눈여겨볼 만하다. 3·1운동 직후인 1920년에 일제의 회유책에 따라 민족지를 내세우며 창간한 이 두 신문이 일제에 대항하는 논설과 기사 때문에 탄압받은 적이 있다. 하지만 일제를 찬양하고 무장 항일 투쟁을 비판하는 사설도 많이 실었고, 창업주는 친일 반민족 행위의 중심에 있었다. 특히 1936년 베를린올림픽 마라톤 우승자 손기정 선수 가슴의 일장기 삭제 사진 기사를 민족지의 증거처럼 자랑하는 『동아일보』가, 이 사진 때문에 신문을 못 내게 되자 사진을 실은 기자를 해고하고 총독부에 다시 간행하도록 해 달라고 애걸한 사실은 감추고 있었다. 역사와 전통 뒤에

감춰진 사실 왜곡은 신채호가 언론을 중시한 이유를 역설적으로 설명해 준다.

지하철 종각역 5번 출구 앞에 황성신문사 터 표석이 보인다. 한국 근현대사에서 가장 치열한 사상 투쟁의 장소로 꼽을 수 있는 이곳에서 당시 지식인들이 느낀 시대의 모순과 불확실한 공동체의 미래에 대한 고민을 헤아려 본다.

우리 귀와 마음에 울리는 큰 종이 달린 누각, '종각'이 있는 '종길' '종로'에서 언론인 신채호는 최신 정보와 다양한 국내외 사조에 접근할 수 있었다. 1904년 청주에 산동학당을 만들어 잠시 활동하던 그는 마침 며느리를 보기 위해 청주를 찾은 『황성신문』 사장 장지연과 만난 인연으로 이듬해 『황성신문』 논설위원 자리에 초빙되었다. 신채호는 성장기를 보낸 곳에서 소박하게 뜻을 펼치려 했지만, 성균관 시절 서울에서 그의 활동을 기억하는 이들은 그를 서울로 불렀다. 을사늑약이 맺어진 1905년은 사람들이 '을씨년(을사년)스럽다'는 말을 만들어 낼 만큼 침통하고 음울한 때였다. 한 국가 공동체가 당한 치욕의 시간을 민중은 그렇게 부르며 기억했고 신채호는 펜으로 기록하기 시작했다.

신채호의 『황성신문』 시절은 그리 길지 않았다. 장지연이 「시일야방성대곡」이라는 논설로 을사늑약의 부당한 강제 체결을 고발해 『황성신문』 발행을 정지당하면서 신채호도 한동안 공백기에 있다가 당시 최대 항일 신문으로 꼽힌 『대한매일신보』의 논설 기자를 맡았기 때문이다. 그는 1907년 말부터 본격적으로 논설을 발표하며 의기

신채호가 논설위원으로 활동한
『황성신문』이 있던 자리
(서울시 종로구 서린동 33.
1호선 종각역 5번 출구 앞).

(義氣) 넘치는 논설로 절정을 이룬다. 신채호는 자신처럼 유학자이
자 역사학자이자 언론인으로서 『황성신문』 주필도 지낸 박은식을 대
신해 『대한매일신보』의 주필을 맡아 교육과 종교 및 도덕에 대한 계
몽적 논설을 많이 발표했다. 영국 특파원을 지낸 베델이 독립운동가
양기탁과 손잡고 1904년에 창간한 『대한매일신보』가 초기에는 의
병의 활동을 그대로 알리는 등 민족의 대변인 구실을 하며 발전하다
일제의 끈질긴 탄압에 발행인이 바뀌고, 일제가 우리 국권을 빼앗은
1910년 8월 29일 이튿날에는 '대한'이 빠진 『매일신보』라는 이름으
로 총독부 기관지가 되고 만다. 대한의 운명과 함께한 셈이다.

종각을 지나 북쪽으로 올라가면 조계사 뒤 목은(牧隱) 이색(李穡)

의 영정을 모신 사당 옆에 『대한매일신보』 창간 사옥 터가 있다. 멸망기 고려와 운명을 같이한 대학자 이색을 기리는 사당이 조선의 마지막 운명을 감지하고 시대정신을 구현하려고 한 『대한매일신보』와 같은 자리에 있는 것이다. 이 장소는 전통의 영역인 경복궁 옆 삼청동을 눈앞에 둔 경계 지점이다. 여기 일본대사관도 자리 잡고 있는데, 바로 그 앞에 평화의 소녀상이 설치되었다. 치욕적 피탈과 망국의 역사를 고발하는 이 소녀상은, 과거 사람들이 지키려고 한 것의 길목이자 침탈에 대응하던 마지막 보루의 교차점에서 아직도 우리가 풀어야 할 시대의 문제가 남아 있음을 심각하게 보여 준다.

언론인 신채호의 사상은 민족 개념 확립을 중심에 두고 전개되었다. 그가 『대한매일신보』에 1908년 8월 27일부터 12월 13일까지 50회에 걸쳐 연재한 「독사신론」의 서론 첫머리에서 민족을 역사의 주체로 강조한다. "국가의 역사는 민족의 소멸, 부흥과 성쇠의 상태를 살펴서 서술한 것이다. 그러므로 민족을 버리면 역사가 없을 것이며 역사를 버리면 민족이 그 국가에 대한 생각이 크지 못할 것이니, 오호라! 역사가의 책임이 진실로 무겁도다." 이 말은 2013년 서울 잠실에서 열린 동아시안컵 축구 한일전 때 붉은 악마들이 펼쳐 보인 현수막 문구 "역사를 잊은 민족에게 미래는 없다."와 닮았다. 당시 언론에서 이 문구를 신채호가 남겼다고 소개했고, 국가보훈처 같은 공공기관에서 이를 여러 지면에 썼다. 그러나 신채호는 이런 말을 한 적이 없다. 이를 2차세계대전 중 영국 수상 처칠(W. Churchill)이 한 말로 아는 사람도 많지만 문헌에 나온 확실한 근거는 없다. 결국 출처가 불분명한 말을 사람들이 사실관계를 따질 겨를도 없이 신채호와 연결한 것이다. 우리가 정확히 알아 두어야 할 것이 있다. 「독사신론」에서 말하는 민족은 국가보다 앞서며 훌륭한 국가를 만들기 위해 주체적으로 역사를 쓰는 주인공이다.

　신채호는 망국의 위기에 우뚝 서기 위해 무엇보다 우리 역사에서 사대의 대상인 중국에 대한 콤플렉스로부터 벗어나야 한다는 생각으로 민족을 강조했다. 중화주의를 벗어나 중국과 대등한 위치에서 역사를 관조하는 것이 현실의 제국주의에 대항하는 가장 중요한 작업이었다. 제국주의의 속박에서 벗어나 근대 국민국가의 주인이 되는 것은 면면히 이어 온 역사의 중심에 서 있는 한 민족으로서 국민이다. 신채호가 민족을 강조한 것은 세계 질서가 된 사회진화론과 결별하는 절차였다.

민중의 가능성으로 아나키즘을 만나다

1990년대에 나온 영화 〈장군의 아들〉 시리즈에 등장하는 종로는 건달패 영역 다툼의 장이자 근대사에서 일본에 대한 콤플렉스가 주먹 몇 방에 날아가는 카타르시스를 경험하게 하는 곳이다. 그래서 건달이 영웅처럼 보이기도 한다. 그러나 신채호가 바란 영웅의 면모는 화려함이나 의협심 따위와는 거리가 멀다. 역사 속 영웅상을 제시한 그의 소설 집필은 한반도 전체를 아울러 한 동포이자 민족으로서 운명 공동체의 일원임을 자각시키는 진중한 각성제였다. 당시 한반도 공동체 구성원들에게 집단의식 차원에서, 글을 읽는 개개인이 영웅과 일치감을 느끼게 하는 효과를 꾀한 것이다.

신채호는 전근대적인 사대주의와 중화주의를 극복하기 위해 조선 상고사를 주체적으로 재해석했다. 그는 1910년에 중국으로 건너간 뒤 상고사에 몰두한다. 1908~1909년에는 을지문덕, 강감찬, 최영, 이순신 등 우리 역사의 상무적 영웅들을 현실로 불러내는 데 소설을 이용했다. 시대의 한계를 돌파하는 강력한 힘을 민족의식으로서 불러일으키려는 뜻이었다. 신채호는 유교적 형식주의에 사로잡혀 있던 조선의 나약함을 비판했다. 무능한 현실을 타개할 어떠한 희망도 찾을 수 없었기 때문이다. 「이순신전」에서 신채호는 이렇게 말했다. "어질도다. 나라를 사랑하는 자는 반드시 백성을 사랑하는도다." 과거 조선에서 나라와 백성의 안위를 걱정하는 덕목은 전제 군주의 몫이었지만 국민국가를 지향하는 시대에 그 덕목을 실현하는 새 주역은 군주가 아니라 민족의 상무적 영웅들이다. 현대의 개개인이, 자아가 거대한 영웅 멘토의 이야기를 읽으면서 감동하고 자신이 곧 국민국가의 주인임을 깨닫기를 바라는 뜻이 담긴 것이다.

그러나 신채호는 「을지문덕전」·「이순신전」(1908), 「최도통전」(1909)으로 이어지는 영웅 이야기에서 점차 강한 비애를 드러내며 '슬프다'거나 '아깝다'는 탄식을 자주 내뱉는다. 나라가 망할 위기에 을지문덕이나 이순신 같은 영웅의 출현을 고대했지만 나라 안팎의 사정은 그럴 가망성이 거의 없었으니 말이다. 망국의 순간이 가까워

질수록 역사적 사실이 배경인 소설 속 영웅의 안타까운 죽음은 한 사람이 아닌 전 국민의 죽음이 된다. 신채호가 소설 속에서 이순신의 죽음을 "곧 전국 인민의 죽음"과 동일시한 것이다.

이순신 장군의 동상을 보기 위해 찾은 광화문은 종로에서 그리 멀지 않다. 광화문 광장에는 정부의 무능에 자식을 잃은 세월호 유가족들의 천막이 있는데, 장군상이 마치 그들을 보호하듯 당당하게 보였다. 자기 목숨보다 나라와 백성의 안위를 중하게 여긴 충무공의 모습이다. 그러나 이 동상을 세운 목적을 충무공이 알았다면 얼마나 참담했을까? 5·16쿠데타로 들어선 박정희 정권이 정당성을 내세우는 데 시대의 영웅을 전유하려고 한 것은 신채호도 바랐을 리 없다. 물론 신채호가 바라마지 않은 구국의 영웅 이순신의 위상이 추락할 리는 없지만 현대사에서 훼손되었다는 불편한 사실은 부인할 수 없을 것이다.

망국의 기운이 커지면서 신채호는 영웅에 대한 바람과 결별한다. 그들에 대한 안타까운 탄식은 신채호가 영웅들을 보내는 노래였다. 그는 새 영웅을 부른다.『대한매일신보』논설에서 '20세기 신동국의 영웅'이 '국민적 영웅'을 뜻한다고 설명하며 사회 전반에서 활약하는 수많은 소영웅을 가리켰다. 그리고 이들을 '20세기 신국민'이라고 불렀다. 국민국가 출현에 대한 바람과 세상을 이끄는 주체로서 신국민이 초기 신채호 사상에서 민족과 함께 중요한 자리를 차지한다.

신채호는 민족 개념과 연계되는 국민을 독립운동의 주체로 생각하다가 1910년에 중국으로 망명하면서 민중을 더 확실한 사회변혁

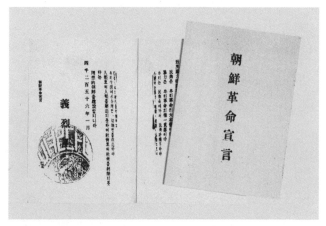

신채호가 비밀 항일결사 단체인 의열단의 선언문으로 작성한 「조선혁명선언」(1923).

의 주체로 본다. 이런 변화의 역사적 계기는 1919년에 일어난 3·1운동이다. 3·1운동 이후 평민 출신 독립군과 의열단원 들의 활약을 접하면서 '무력 저항'을 통한 '직접 혁명'의 주인공이 바로 민중이라고 깨달은 것이다. 신채호가 의열단장 김원봉(金元鳳)의 초청으로 상하이에 가서 집필한 「조선혁명선언」(1923)에 담은 '민중 직접 혁명론'의 요지는 먼저 깨달은 민중이 다른 민중을 깨우쳐 폭력혁명과 무력투쟁에 매진하자는 데 있다. 독립운동의 주체로서 민중은 신채호가 이어 간 결별과 만남의 최종 단계에서 새로운 창조를 향한 비상의 날개였다.

일찍이 신채호는 「이해(利害)」라는 글에서 물정에 어두운 지식인을 두고 '천하의 일이 이해만 있고 시비는 없는 법'이니 유교적 전통에 얽매여 '구태의연한 시비(是非)를 논란하는 자는 고루하고 지각없는 선비일 것'이라고 비판했다. 격변한 현실을 눈앞에 두고도 여전히 왕조 체제에 살면서 성리학이 추구한 옳고〔是〕 그름〔非〕의 도덕을 맹종하면 우리 민족의 생존도 위험해진다고 경계한 것이다. 근대의 맥락에서 도덕 문제도 거론한다. 「도덕(道德)」이라는 글의 한 대목이다. "도덕은 하나뿐이지만 그 조건은 경우를 따라 변천되는 까닭에, 전제 시대 충군(忠君)의 윤리가 공화(共和) 시대에 맞지 않으며 승평(昇平) 시대 안민(安民)의 주의가 파괴 시대에 맞지 않으니 우리는 누구인가? 곧 지리(地理)에 빠진 조선 옛 땅〔舊疆〕의 '나'이며 역사가 그친 대한(大韓)의 마지막 날〔末日〕에 온 '망국민'이다. 나라 잃은 국민의 도덕은 하릴없이 나라 있는 국민〔有國民〕의 도덕과 달라야만 되겠도다. (…) 우리가 나아갈 길〔前途〕에 구도덕이 옳고 신도덕이 그르면 구도덕을 주장할지며, 신도덕이 옳고 구도덕이 그르면 신도덕을 주장할지며, 신구의 도덕이 다 그르면 제3도덕을 건설할지라."

읽기 편하게 현대국어로 다듬은 앞의 두 글은 발표되지 않은 신채호의 유고(遺稿)다. 언제 썼는지 정확히 알 수는 없지만 나라를 잃고 매우 절실한 심정으로 쓴 것은 분명하다. 아무것도 잡히지 않으며 기존에 의지하던 동아시아의 전통 학술이 무너진 현실에서, 신채호는 제3의 도덕을 주장했다. 파괴의 시대에 그는 '정신상 기존의 것을 파괴'해 '새로운 건설'에 나서자고 주장했다. 그가 민족주의자의 관점에서 신도덕인 공화의 도덕을 추구했지만, 나라의 주권을 빼앗긴

1910년 이후 추구할 것은 '제3의 도덕'임이 분명해졌다. '제3'의 것은 대안으로 채워야 할 빈자리인 경우가 많은데, 이때 신채호에게는 아나키즘이 그 자리를 채우기에 가장 유력한 '새 도덕'이며 새 시대의 이정표였다.

1910년, 서울을 떠나며

일상의 분주함이 가득한 종각을 지나 일본대사관 앞에 이르면 이 땅위 지난 삶의 아픔을 증언하는 소녀상을 보며 비장해진다. 계속 걸어 청와대와 경복궁 옆 삼청동 길에 들어서면 아쉬움과 허전함이 느껴진다. 왜일까? 안국동 네거리에서 삼청동에 이르는 북촌은 개항 이후 박규수(朴珪壽) 같은 개화파 인사와 갑신정변의 주역 그리고 독립운동가와 지식인 들이 살던 지역이라 파란만장한 근현대사의 현장이지만, 안타깝게도 지금은 그 자취를 찾아볼 수 없고 표석들만 남았다. 신채호의 길을 거슬러 오르다 아쉬움을 맞닥뜨리는 이유다.

신채호는 1910년에 중국 칭다오로 떠나기 직전까지 삼청동에 살았다. 이 시기에 『대한매일신보』 주필로 활동했는데, 1907~1909년 글에 많이 보인 '민족'이 나라를 빼앗긴 해인 1910년에는 뚜렷하게 줄어든다. 국민국가 실현의 희망이 사라졌기 때문일까? 희망이 사라졌다는 것은 그가 남긴 자취에서도 확인할 수 있다.

신채호가 서울을 떠나기 전까지 살던 집 터는 삼청터널 가는 길

시멘트 바닥만 휑하게 남은 신채호의 삼청동 옛집 터(서울시 종로구 삼청동 산2-1).

끝자락에 있다. 변영만이 『단재전』 첫머리에 이 집을 방문한 이야기를 담았다. 신채호의 아내 풍양 조씨가 출산 후 모유가 부족해서 신채호가 독수리표 연유를 사다 주었는데, 아내가 아들 관일에게 이를 잘못 먹여 체병을 일으켰다. 이에 화가 난 신채호가 집 앞 개울에서 연유 통을 모두 도끼로 찍어 삼청동 개울물이 우윳빛으로 변해 버렸다는 것이다. 처참한 광경이 아닐 수 없다. 변영만이 다시 그 집에 방문했을 때 관일은 이미 죽은 뒤였다. 이때 신채호가 한 말이 의미심장하다.

　"관일이 마침내 백홍이 되었어."

'백홍관일(白虹貫日)', 즉 '흰 무지개가 해를 뚫고 지나간다'는 말은 현실에서 쉽게 볼 수 없는 기이한 사건을 가리키며 『사기(史記)』 「노중련추양열전(魯仲連鄒陽列傳)」 중 진시황을 암살하려던 형가(荊軻)의 이야기에 나온다. 흔히 군주 암살이나 국가 변란을 상징한 이 말을 통해 신채호는 물론 자식 잃은 슬픔을 표현했겠지만, 이 말이 비상한 사건의 복선처럼 보이는 것도 사실이다. '관일'은 일본을 상징하는 '해'를 '관통'한다는 뜻으로 읽을 수 있다. 신채호가 이런 뜻을 자식의 이름에 담았는지 확인할 길은 없고, 아들과 죽음으로 헤어진 뒤 그는 주변의 모든 것과 결별한다. 즉 이 일로 1909년에 조강지처와 이혼하고 1910년 4월에는 중국으로 떠난다.

그런데 신채호가 삼청동 집을 파는 데 필요한 집문서를 잃어버려 1910년 4월 19일 자 『대한매일신보』에 분실 광고를 낸다. 이렇게 안타깝게 끝난 그의 서울살이가 어찌 보면 대한제국의 운명과 같았다. 당시 많은 인사들처럼 신채호가 시대정신을 찾는 새로운 여정은 소중한 것을 잃은 상태에서 시작되었다. 지금 삼청동 집 터에는 휑한 시멘트 바닥만 보인다. 신채호가 이 땅에 마지막으로 남긴 자취를 보려고 찾아간 옛집 터의 황망함은 모든 것과 결별해야만 했던 사람의 뼈저린 정서를 몸소 느끼게 한다.

영웅의 출현과 국민국가 실현이라는 신채호의 바람은 결코 이룰 수 없는 비상한 일이었을까? 신채호의 바람은 현실에 정반대로 표현되었다. '백홍관일'이라는 마지막 한탄에 나라 잃은 좌절감이 담겼는지도 모른다. 신채호의 중국행은 뜨거운 시절 수많은 희망과 절망

상하이 시절에 찍은 사진.
©(사)단재신채호선생기념사업회

의 사연을 낳은 고국을 뒤로한 채, 당장 보이지 않고 잡히지 않아도 새로운 것들과 만나기 위해 가야만 했던 '제3의 길'이다.

꼿꼿하고 당당하게

망명길에 오른 서른한 살의 신채호는 독립운동 인재를 양성하기 위해 평안북도 정주에 세운 오산학교에서 이광수(李光洙)를 만나 보고 열흘 넘게 머물며 조국에서 마지막 시간을 보냈다. 그리고 압록강을 건너 기선을 타고 칭다오로 가서 안창호를 비롯한 애국지사들과 회합한다. 이제 블라디보스토크(1910~1913), 베이징(1915~1928), 상하이(1913. 1919)에서 동지들과 서럽고 고통스러운 망명가로서 살게 된 것이다. 그는 블라디보스토크에서 지낼 때부터 꾸준히 자주독립과 항일 정신을 독려할 언론지 발간에 힘썼고, 삶을 마칠 때까지 저술을 멈추지 않았다. 특히 환런과 지안에서 고구려 유적을 답사한 경험은 나중에 『조선상고사』를 집필하는 데 큰 힘이 되었다.

1922년 상하이에서 김원봉을 만나고 1924년 베이징에서 이회영(李會榮), 유자명(柳子明), 김창숙(金昌淑)과 항일 무장투쟁에 대해 깊이 논의하던 중에 의열단 투쟁의 노선과 기조를 담은 「조선혁명선언」을 쓴다. 한편 베이징에서 조선 상고사 연구와 무정부주의 활동을 이어 가다 무정부주의동방연맹 기관지 발간비와 폭탄 제조소 설치 자금을 확보할 계획을 세운다. 이에 따라 일본 모지항을 들러 1928년 5월 8일 타이완 지룽 우체국에 도착, 외국환 위체(환어음) 2000원을 손에 쥐려는 순간 지룽 경찰에 체포된다. 일본 경찰이 이미 뒤를 따르고 있었기 때문이다. 다롄으로 압송된 그는 1930년 5월 9일에 뤼순 감옥으로 옮겨져 10년 형을 선고받는다. 감옥에서도 집필 구상과 신문 연재를 계속했으나 건강이 악화돼 1936년 2월 21일, 쉰일곱 나이로 세상을 떠난다. 그는 1917년에 조카의 결혼과 관련해 국내에 한 번 밀입국한 것 외에는 고향 땅을 밟지 않다가 뤼순 감옥에서 한 줌 재가 되어 돌아왔다. 고국과 결별한 지 26년 만이었다.

신채호가 걸어간 제3의 길은 어렵고 힘든 길이었다. 하지만 세수할 때 허리와 고개를 숙이지 않았다는 일화가 말해 주듯 꼿꼿하고

뤼순 감옥 '죄수 번호 411번 신채호'의
49세 때 모습.
©(사)단재신채호선생기념사업회

당당하게 그 길을 걸었다. 자신만이 아닌 모두를 위한 길이었기에
그럴 수 있었다. 또한 고단한 여정이었지만 수많은 결별과 만남의
정수를 기록해 고국의 민중에게 남겼다. 그가 갈망하던 미래를 사는
지금 우리는 그가 남긴 열매를 되도록 많이 새롭게 찾아봐야 한다.
그가 감행한 결별이 결별을 위한 결별로 끝나지 않도록 하기 위해
서도 그래야 한다. 그의 자취를 따라 걸어 보는 것에서 시작하면 좋
겠다. 꿈에 그리던 중국 지안을 직접 답사한 신채호는 『조선상고사』
「총론」에서 이렇게 말했다.

"그곳, 중국 지안을 한 번 본 것이 김부식(金富軾)의 고구려사를
만 번 읽은 것보다 낫다."

4부
펜과 칼을 함께 들다

나철

전라도 벌교의 작은 집에서 태어났다. 과거에 급제해 벼슬길에 나섰지만, 나라가 위태로운 때였다. 벼슬을 포기하고 동료들과 일본으로 건너가 침략에 반대하는 농성을 해봤지만 아무 소용이 없었다. 오히려 을사늑약이 체결되었다는 소식이 들렸고, 조약 체결을 주도한 사람들을 처단하기 위해 모의하던 도중 발각되어 옥에 갇혔다.

결국 아무것도 할 수 없는 절망적인 상황에서 단군교를 통해 새로운 희망을 발견했다. 단군, 곧 한얼은 단순히 나라를 처음 세운 조상이 아니라 우리 민족의 근본정신을 상징한다는 깨달음이 있었다. 나라가 망해도 근본정신만 잘 보존한다면 언제든 기회가 올 거라고 믿었기 때문에 우리말과 역사 교육에 힘썼다. 1909년에는 동료들과 취운정 근처에서 하늘에 제사를 드리고 단군교의 중광을 선포했다. 한얼을 강조하기 위해 단군교의 이름을 대종교로 바꿨는데, 일제가 철저한 탄압에 나섰다. 만주로 가 활동하다가 1916년에 스스로 죽음을 택한 것은 탄압의 고통 때문이 아니라, 우리의 고유한 정신을 인정하지 않는 일제에 저항한다는 뜻이 있었다.

민족 주체성을 다시 보다

■

김정철

사직공원에서 발견한 일제강점기의 흔적

서울시 종로구 사직공원에는 조선 시대 왕이 토지신과 곡식 신에게 제사를 지내던 사직단이 있다. 왕은 풍년을 바라는 마음에 제사를 지내야 했다. 지금과 달리 당시 농사는 세상살이의 큰 근본〔農者天下之大本〕으로 여겨졌다. 해마다 농사의 성공 여부로 왕이 정치를 제대로 했는지를 판단했고, 농사의 실패를 뜻하는 가뭄은 곧 불길함의 상징이었다. 따라서 가뭄에 왕은 비가 내릴 때까지 주로 사직단에서 기우제를 계속 지냈다.

  조선의 태조 이성계는 사직단을 설치해 제사를 맡아보게 했고, 세종은 이를 '사직서'라는 정식 관청으로 만들어 관리했다. 서울 이외의 지역에서도 수령들이 왕을 대신해 사직 제사를 주관했기 때문에 전국 각지에 '사직'이라는 지명이 있다. 기후 변화를 사람 탓으로 돌

서울 종로구 사직공원에 있는 사직단.

리는 것이 미신 같지만, 사직 제사는 하늘과 교감하며 나랏일을 봐
야 했던 왕의 막중한 책임을 의미했다.

　그런데 일제강점기에 사직단이 공원으로 바뀌었다. 일제가 국권
을 빼앗은 뒤 관청으로 운영되던 사직단을 '사직공원'으로 만들어
버린 것이다. 의도는 명확했다. 조선왕조를 떠올리게 하거나 상징하
는 모든 것을 없애거나 용도를 바꿔 버린다는 것이다. 궁궐이던 창
경궁을 창경원이라는 유원지로 바꾸고, 나라에서 지내는 제사의 음
악을 연주하던 궁중 악사들을 외부 귀빈을 접대하는 자리에서 연주
하게 한 것이 그 예다. 일제가 반발을 우려해서 공간 자체를 없애지

는 못했지만, 이런 식으로 본래 기능을 바꾸면서 천천히 조선의 흔적을 지워 갔다.

개천절, 어천철과 대종교

사직단 가까이에 단군성전이라는 독특한 장소가 있는데, 말 그대로 단군(檀君)을 모시는 사당이다. 사직단 정문에서 나와 오른쪽으로 담을 끼고 얕은 오르막을 오르면 군부대와 마주한 곳에 단군성전이 나타난다. 기둥에 '백악전'이라고 쓰인 정문으로 들어가 단군성전으로 향하면 건물 안에서 온화한 미소를 머금은 단군상이 눈에 들어온다. 어째서 사직단 근처에 단군을 모시는 사당이 있을까?

단군은 이 땅에 처음으로 터를 잡고 다스리다가 하늘로 올라갔다는 인물이다. 민족의 단합이 필요한 때마다 단군이 민족의 시조로 등장했는데, 고려가 몽고에 저항하던 시기가 대표적이다. 일연(一然)이 『삼국유사(三國遺事)』에서 단군을 등장시켜 민족의 유구한 역사를 일깨운 것이 이 무렵이다. 조선도 처음에는 평양에 숭령전이라는 사당을 세우고 고구려 동명왕과 함께 단군을 나라의 시조로 높였다. 하지만 유교 국가인 조선에서 단군은 민간신앙으로 명맥을 이어 나갈 수밖에 없었다. 단군성전 자리에도 본래 민간신앙으로 단군을 모시던 암자가 있었다고 한다.

단군성전은 1968년에 현정회라는 단체의 주도로 세워졌으며 지금

인왕산 단군성전의 단군상.

도 개천절과 어천절 의식을 이곳에서 치른다. 개천절은 단군이 처음으로 나라를 세운 날이다. 본래 음력 10월 3일이라, 이날 행사를 열다가 정부의 공식 기념일이 되면서 양력 날짜로 기리고 있다. 또 어천절은 음력 3월 15일로, 단군이 지상에서 오랫동안 은덕을 베풀고 하늘로 올라간 날을 뜻한다. 즉 단군성전에서는 단군이 이 땅에 내려와 나라를 세운 날과 다시 하늘로 올라간 날을 기린다. 그러나 개천절과 어천절 의식을 이곳에서 처음 치르지는 않았다. 개천절과 어천절은 일제강점기에 대종교가 조선 시대에 거의 자취를 감추었던 단군을 나라의 시조가 아닌 최고신으로 되살리면서 이를 기념해 치

나철

른 행사다.

그리고 대종교와 늘 함께 언급되는 인물이 바로 나철(羅喆, 1863~1916)이다. 대종교는 본래 단군교로 불렸다. 나철이 단군교를 되살리고 대종교로 이름을 바꾸는 데 앞장섰다. 나철과 대종교는 교과서에도 등장하지만, 대종교가 단군을 모시는 민족종교로 독립운동에서 중요한 구실을 했다고만 할 뿐 자세한 설명이 없다.

국사당에서 만난 대종교 이전의 단군

단군이 주로 민간신앙으로 명맥을 잇고 있던 조선에서 단군은 어떤 모습이었을까? 흥미롭게도 민간신앙 속 단군의 흔적을 사직단 뒤로 뻗어 있는 인왕산에서 찾을 수 있다. 조선왕조와 관련이 깊은 인왕산은 경복궁을 중심으로 한 사신, 즉 네 방위의 신 중 서쪽 백호(白虎)의 구실을 맡았다. 사대부들이 살던 가회동이나 북촌과 달리, 인왕산 근처는 지대가 높고 외진 곳이 많아 하급 아전과 중인 들이 살았다. 크기는 북악보다 작지만 산세가 훌륭하고 계곡도 있어서, 조선 후기에는 중인들이 인왕산을 중심으로 계곡에서 시를 짓고 낭독하는 모임을 만들어 활동하기도 했다. 정선(鄭敾)이 〈인왕제색도(仁王霽色圖)〉를 그린 것도 계절마다 나타나는 빼어난 풍광 때문이었을 것이다.

이런 인왕산 중턱에 자리한 국사당은 나라의 인정하에 무속 의식

인왕산 국사당의 무신도들.
©국가문화유산포털

을 행하던 굿당으로 원래 남산 꼭대기에 있었다. 이성계가 남산을
목멱대왕으로 봉하고 호국의 신으로 삼아 아무나 제사를 지내지 못
하게 했고, 조선 초기에는 여기서 주로 국가 차원의 기우제를 지냈
다. 지금처럼 다양한 신을 모시고 굿을 한 것은 조선 후기에 나온 백
과사전 형식의 책 『오주연문장전산고(五洲衍文長箋散稿)』에 나타난
다. 이 무렵 국사당은 국가 제사는 지내지 않고 주로 별궁의 나인들
이 치성을 드리는 장소였다.

인왕산 굿당에 모여 신에게 기도를 드린 사람들은 대개 사대부가
아닌 일반 백성이다. 국사당에 무신도 17종이 전하는데, 그중 하나
의 주인공이 단군이다. 이 밖에 이성계·민중전(명성황후)·최영 같은

실존 인물이 있으며 산신령과 칠성신처럼 자연과 관련된 신, 장군의 모습을 한 신장, 천연두를 옮기는 호구아씨, 점술가 곽곽선생, 춤을 추며 액을 막아 주는 창부신도 있다. 모두가 오랫동안 민중을 괴롭힌 전쟁, 전염병 등을 이겨 내고 즐거움을 불러들이기 위해 섬겨온 신이다. 다시 말해, 국사당은 불안한 미래에 대한 두려움에 떨며 의지할 곳 없던 이들이 건강과 안녕을 빌던 장소다. 무신도 속 단군의 모습을 자세히 살펴보면 단군성전에 모셔진 단군과 다르다. 무신도 속 단군은 잎사귀를 둘러서 산신령을 떠올리게 한다. 처음 나라를 세운 시조 구실을 한 단군이, 유교 국가인 조선에서는 무신도 속으로 들어가 민중의 간절한 기도를 들어주면서 자기 존재를 지켰는지도 모른다.

그런데 남산 꼭대기에 있던 국사당이 어쩌다 인왕산 중턱에 자리 잡게 됐을까? 일제의 강압에 따른 결과다. 일제가 남산에 일본식 사당인 신사, 즉 조선신궁을 지으면서 국사당이 그보다 높은 곳에 있는 것을 트집 잡아 지금 자리로 옮기게 했다고 한다.

나철 생가에서 발견한 도(道)의 의미

단군과 관련한 행사를 제정해 처음으로 의식을 거행한 주체가 대종교이며 그 중심인물이 나철이라고 했다. 일제강점기에 단군을 신으로 섬기는 종교가 나타난 이유를 알아볼 필요가 있다. 그저 일제에

전남 보성군 벌교의 니철 생가.

저항하기 위해서라고 하기에는 설득력이 부족하다. 나철은 여느 종교 지도자들처럼 깨달음을 얻어 대종교를 만들지도 않았다. 그가 어떤 계기로 대종교를 이끌게 되었는지 알아보기 위해 그의 고향으로 가 보자.

나철은 전라남도 보성군 벌교의 작은 마을 '금곡'에서 태어났다. 마을 입구에 들어서면 '민족 독립 지도자 나철 선생 유적비'가 보인다. 그 옆 좁은 길을 따라 올라가면 나철 생가가 나타나는데, 마당에 작은 못이 있는 소박한 집이다. 대문으로 들어서면 보이는 '일지당(一之堂)'이라는 건물에 나철의 영정이 모셔져 있다.

나철은 특별할 것 없는 집안에서 인영(寅永)이라는 이름으로 자라 났다. 대종교 활동 이후에 쓴 이름이 나철이다. 그는 스물아홉 나이로 과거에 급제하고 중앙 관료로 진출해 징세서장에 임명되기도 했다. 그러나 급변하는 시대에 안타깝게도 조선은 국권을 위협받는 처지였다. 출세에 매달릴 때가 아니라고 깨달은 나철은 벼슬길에 나서지 않고 동료들과 함께 국권을 지키기 위한 활동에 나선다.

당시 일본은 러시아에 대한 선전포고에 '대한제국의 완전 독립을 위해 싸운다'는 명분을 내세웠는데, 이런 국제 정세에 주목한 나철은 조선·일본·청 3국이 상호 친선 동맹을 맺고 동맹국들이 조선에 우의를 베풀어야 한다고 주장했다. 동료들과 직접 일본으로 건너가 황궁 앞에서 단식 농성을 벌이기도 했지만 효과는 미미했다. 일본은 자신들보다 약한 국가와 동맹하는 데 조금도 관심을 보이지 않았다. 이런 와중에 을사늑약이 체결되었다는 소식을 듣고 참을 수 없었던 나철은 동료들을 모아 을사오적 암살을 계획하기도 했다. 하지만 실행에 옮기기도 전에 계획 사실이 드러나 붙잡혔고, 10년 형을 선고받아 감옥에 갇히는 신세가 되었다가 고종의 특사로 1년 만에 출소했다.

나철은 자신이 할 수 있는 일에 온 힘을 쏟았지만, 변하지 않는 절망적인 현실이 문제였다. 일지당 나철의 영정 곁에 이런 글귀가 쓰인 족자가 걸려 있다. "나라가 망하더라도 도는 보존할 수 있다.[國雖亡而道可存]" 이 짧은 구절 하나가 나철의 삶 전체를 꿰뚫는다. 그는 스러져 가는 조국을 구하기 위해 동분서주하며 최선을 다했지만

민족 주체성을 다시 보다

결과는 좋지 못했고, 국권을 빼앗기는 지경에 이르고 말았다. 연이은 실패에 절망하지 않았을까? 말 그대로 '나라가 망해 버린' 상황에서 무엇을 할 수 있을지 깊은 고민에 빠져들었을 것이다.

나철이 대종교를 처음 접한 시기는 정확히 알 수 없지만, 대략 이 무렵부터 본격적으로 대종교 활동에 나선 것으로 짐작된다. 나철은 국권 회복 운동을 위해 일본을 오가던 무렵 백전(伯佺)이라는 노인에게 단군교 경전을 처음 전해 받았지만 별 관심을 보이지 않았다. 그 뒤 다시 두일백(杜一白)이라는 노인이 찾아와 단군교 관련 문서를 전하면서 나라의 운이 다했으니 새로운 길을 찾아야 한다고 설득했다. 두 노인은 희미하게 명맥을 이어 오던 단군교를 섬기고 있었다. 분명 이 과정에서 나철이 뭔가를 깨달은 듯하다.

영정 옆 글귀의 '보존할 수 있는 도'란 무엇일까? 적어도 현실과 관련 없는 종교적 깨달음만은 아니었을 것이다. 사람들은 날마다 급변하는 상황 속에 저마다 살길을 찾았다. 새로운 것을 받아들이기만 해도 버겁던 시절이다. 지식인은 한꺼번에 밀려드는 문물 가운데 무엇을 받아들여야 할지 끊임없이 고민해야만 했다. 우리에게 뭔가 부족하다는 인식 때문이었다. 그런데 나철은 조금 더 근본적인 문제를 떠올린 듯하다. "우리에게 무엇이 부족한가?" 대신 "우리가 무엇을 잃어버렸는가?" 하고 물었다. '보존할 수 있는 도'를 추상적이고 종교적 차원으로만 해석할 수 없는 이유다. '도'는 곧 주체적인 민족정신을 나타낸다. 민족정신은 새로운 것이 아니라 이미 역사적으로 구축되어 있는 정체성이기에, 잃어버렸던 것을 되살리기만 하면 된다.

나철 생가 일지당에 모셔져 있는 영정과
'국수망이도가존(國雖亡而道可存)'이 쓰인 족자.

나철은 대종교 활동을 통해 민족정신인 '도(道)'를 되살려 나라를 되찾을 희망을 보았고, 그래서 이 '도'를 지켜 나가기 위해 온 힘을 다했다.

　결국 나철은 은밀히 전하던 단군교를 1909년에 공식적으로 세상에 드러내는데, 이를 중광(重光)이라고 한다. '중광'이라는 말에는 특별한 의미가 있다. 일반적으로 새로운 종교는 특별한 경험이나 수행 끝에 얻은 깨달음을 통해 성립하지만 대종교는 그렇지 않았다. 중광은 '거듭 밝힌다', 곧 본래 있던 가르침을 다시 살린다는 뜻이다. 대종교에서는 아주 오래전부터 존재했으며 절대 사라지지 않는 민족의 근본정신이 있다고 믿었는데, 이를 한얼이라고 한다. 이 한얼을

민족 주체성을 다시 보다

한자로 표현하면 '대종(大倧)'이다. 곧 한얼을 섬기는 종교가 대종교인 셈이다. 한얼은 단군을 넘어선 더 넓은 의미의 최고신, 하느님을 뜻하며 민족의 근본정신을 뜻한다.

근본정신이란, 치우침 없는 조화를 추구하는 정신을 뜻한다. 이것은 역사적으로도 설명할 수 있다. 단군이 이 땅을 처음 다스리던 시절에는 아무런 문제가 없었다. 조화를 추구하는 근본정신이 온전히 실현되고 있었기 때문이다. 즉 단군의 가르침과 다스림을 직접 받은 사람들은 한얼 정신을 온전히 실천할 수 있었다. 그러나 단군이 하늘로 돌아간 뒤로 사람들은 본래의 정신을 잃고 불교, 도교, 유교의 어느 한 가르침에 치우쳐 망하는 역사를 되풀이하고 말았다. 불교가 융성하던 신라와 고려가 망했고, 유교의 나라 조선이 일제에 굴복하고 말았다. 대종교 사상은 과거에 나라가 망해 버린 이유를 되물으며 문제를 제기했다. 나철이 단군교를 대종교라는 이름으로 바꾼 것은 '단군'에 대한 일제의 탄압 탓도 있지만, 단군이라는 특정 인물을 넘어 민족의 정신적 근본이라는 성격을 강조하려는 뜻도 있다.

취운정에서 되살린 한얼 정신

단군교, 즉 대종교가 1909년에 거듭났다고 선언한 곳이 취운정이다. 나철과 동료들은 이 근처 여섯 칸 초가의 북쪽 벽에 단군 신위를 모시고 하늘에 예를 올렸다. 지금 감사원 앞에서 조금만 걸어가면 취

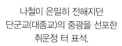

나철이 은밀히 전해지던
단군교(대종교)의 중광을 선포한
취운정 터 표석.

운정 터 표석이 나타난다. 2016년에 세워진 표석에는 간단한 내력만 적혀 있을 뿐 대종교와 관련된 말은 전혀 보이지 않는다.

취운정은 대제학까지 지낸 수구파 민태호(閔台鎬)가 1870년대에 지은 정자다. 지금은 터만 남아 있지만 역사적으로 다양한 일의 배경이 되었다. 갑신정변을 주도한 김옥균(金玉均)이 가까운 곳에 살면서 동료들과 취운정에 모여 정세를 토론했고, 유길준(兪吉濬)은 이곳에 유폐되어 『서유견문(西遊見聞)』을 썼다고 알려져 있다. 그리고 이곳은 나철을 비롯한 독립운동가들의 모임 장소로 활용되기도 했다.

최근 연구를 통해 밝혀진 흥미로운 사실은 그동안 정자 이름으로만 알려져 있던 취운정이 지명일 가능성이 높다는 것이다. 그렇다면 취운정은 표석을 중심으로 한 넓은 지역을 가리켰을 것이다. 똑같이 취운정이라고 해도 언급한 시기와 인물에 따라 가리키는 장소와 범

　　민족 주체성을 다시 보다

위가 달랐다는 뜻이다. 어쨌든 일제강점기에 많은 이들의 모임 장소로 알려진 것은 분명해 보인다. 하지만 이 주변 어딘가에서 대종교의 중광이 일어났다는 사실을 알아보기란 불가능에 가깝다.

한편 나철은 중광 이후에 바로 교세를 확장하지는 못했다. 기반이 부족했기 때문에 몇 차례 사옥을 옮겨 다녀야 했고, 일제 치하에서 단군을 내세운 종교 활동 자체가 쉬운 일이 아니었다. 게다가 단군의 이름으로 친일을 일삼는 사람들까지 생겨나자 나철은 '단군교'를 '대종교'로 바꾸는 결단을 내렸다. 실제로 대종교가 총독부에 맨 처음으로 종교 허가를 신청했지만 일제는 노골적으로 허가를 거부했다. 그 뒤 이어진 탄압은 국내 활동 자체를 불투명하게 만들었고, 나철은 결국 주요 활동 무대를 만주와 북간도 지역으로 옮겨야 했다.

만주에서 무장투쟁을 이끌다

1914년, 나철은 백두산 북쪽 기슭에 있는 청파호(青坡湖) 가까이로 총본사를 옮기고 만주 전역으로 교세를 확장했다. 당시 교인이 30여만 명에 이르렀다고 한다. 과장이 있다고 해도 분명 짧은 기간에 엄청나게 교세를 확장한 것이다. 백두산 근처는 단군이 처음 하늘에서 내려와 다스린 곳이며 생계나 독립운동을 위해 이주한 사람들이 이미 마을을 형성하고 있었다. 대종교는 독립에 대한 열망으로 자연스럽게 이 지역 사람들의 강력한 지지를 얻었을 것이다.

대종교가 교세를 확장해 가자, 일제는 '종교 통제안'을 통해 대종교를 '종교를 가장한 독립운동 단체'로 규정하면서 탄압하기 시작했다. 대종교가 존폐의 위기에 부딪치자, 나철은 1916년 8월 15일에 황해도 구월산 삼성사에서 스스로 목숨을 끊는다. 단식 수도 끝에 유서를 쓰고 호흡을 조절해 숨을 거두었다는 이야기가 전한다. 박해받던 민족종교 지도자의 순교로 해석되기도 하는 그의 죽음은 파급력이 컸다. 대종교인들이 일제의 탄압에 강력하게 저항했다.

그러나 일제가 이들을 가만둘 리 없었다. 더욱 집요하게 토벌 작전을 벌이면서 대종교와 독립군을 압박해 나갔다. 그럼에도 만주 지역에서 대종교의 활약은 눈부셨다. 신흥무관학교에서 독립군을 길러 내고, 북로군정서를 중심으로 무장투쟁을 이끌었다. 그중 우리가 가장 잘 아는 성과가 바로 청산리전투다. 나철과 함께 대종교의 중심인물이던 서일(徐一)이 청산리전투를 주도한 북로군정서의 총재였으며 북로군정서 자체도 서일이 만든 중광단이라는 조직에서 출발했다. '중광'이 들어간 이름 자체가 대종교를 떠올리게 한다. 우리가 잘 아는 김좌진(金佐鎭)과 이범석(李範奭) 등이 소속된 중광단은 당시 만주에서 활동하던 독립군 중 최정예로 꼽혔다.

그런데 서일은 단지 무장투쟁만을 추구한 인물이 아니다. 교육가로도 뛰어난 능력을 발휘한 그는 독립군을 이끌며 일제에 대항하는 상황에서도 대종교의 교리를 쉽게 풀어내는 작업을 멈추지 않았다. 지금까지 남아 있는 대종교 경전 가운데 상당수가 그의 손을 거쳐 만들어졌다. 신흥무관학교의 독립군 교육과정도 전투 훈련만 있지

스스로 목숨을 끊기 직전의 나철.

는 않았다. 학교의 목적은 독립사상 교육과 다양한 학술 연구는 물론, 농촌 아이들에 대한 교육까지 아울렀다. 궁극적으로 나철이 강조한 민족정신을 되살려 학생들이 다양한 방식으로 독립을 도모할 수 있게 만드는 것이었다. 교과목에 우리말과 역사, 지리를 넣은 것도 이 때문이다. 1911년에 작은 마을의 옥수수 창고에서 문을 연 신흥무관학교는 1920년에 폐교될 때까지 수많은 독립군을 길러 냈다. 신흥무관학교의 폐교는 봉오동전투 바로 다음 달의 일이었다. 일제의 탄압과 토벌이 얼마나 심각했는지 알 수 있는 대목이다.

일제는 대종교의 무엇이 두려웠을까? '천황'을 섬기는 일본이 조선의 최고신이자 민족정신을 뜻하는 '한얼'을 인정할 리 없었다. 한얼을 믿는 대종교를 허가할 경우 조선인의 주체성과 독립을 인정하는 셈이라는 걸 잘 알았기 때문이다. 실제 대종교인들의 활동은 종교적인 영역에 한정되지 않고, 우리말과 역사 등 문화부터 정치에 이르기까지 폭넓은 분야에 걸쳐져 있었다. 나철의 뒤를 이어 대종교를 이끈 김교헌(金敎獻)이 『신단실기(神檀實記)』와 『신단민사(神檀民史)』 같은 역사서를 쓰고, 나철을 끝까지 보좌한 김두봉(金枓奉)이 우리말을 연구해 『조선말본』을 지은 것은 우연이 아니다. 민족정신을 보존할 수 있는 모든 분야가 대종교의 활동에 포함되었다.

잃어버린 것에 대해 다시 묻다

일제의 탄압으로 옥에 갇혔던 대종교의 3대 교주 윤세복(尹世復)은 해방 뒤에야 석방되어 백두산 근처에 있던 총본사를 다시 서울로 옮겼다. 탄압으로 많은 자료가 유실되고 경전 자료가 흩어져 있었기 때문에 그는 자료 정리와 경전 간행을 추진하는 한편, 다양한 국학 강좌를 통해 대중 계몽 활동을 전개했다. 1946년에 윤세복이 다시 옮긴 대종교 총본사의 당시 주소는 '서울시 중구 저동 2가 7번지', 정확한 위치를 알 수는 없지만 지금 을지로에서 '골뱅이 골목'으로 유명한 곳과 가까운 듯하다. 이곳에서 대종교의 자취를 찾을 수 없어서 아쉽지만, 윤세복이 이끌던 대종교도 나철이 강조하던 민족정신인 '도'를 전파하려는 노력을 게을리하지 않았다. 국학 강좌에 윤세복이 직접 나섰고, 당대의 저명한 학자들도 적극적으로 참여한 듯하다. 강의의 핵심은 역사와 우리말 교육이었다. 민족정신을 중심으로 한 역사와 우리말 교육이 매우 필요한 상황이었기 때문이다. 하지만 재정적인 문제 탓에 강의가 오랫동안 이어지지는 못했다. 대종교 측 자료에 따르면, 이때 교인의 수가 2만 명을 넘는 정도였다고 한다. 교인들의 구심인 총본사를 두 차례나 옮기고 일제의 심한 탄압을 받은 직후였다고는 해도 교세가 매우 약해진 것이다. 문제는 여기서 끝나지 않았다. 한국전쟁 때 대종교계 인사들 중 상당수가 월북하거나 납북되었고, 친일 인사들 중심으로 정부가 꾸려지면서 초대 정부에 참여했던 대종교계 인사들이 배제되었다. 당연히 정치적 영향력이 약해질 수밖에 없었다. 게다가 근거지를 옮기는 과정에 대종교 관련 자료들이 많이 사라져 버렸다. 대종교 총본사마저 점차 재정적인 어려움을 겪어 교인의 숫자와 교세가 줄어들었다.

오늘날 대종교 총본사가 홍은동에 자리 잡았으나 100여 년 전의 위용은 찾아보기 어렵다. 이유가 무엇일까? 단군을 믿는 민족종교의 모습이 다른 종교들에 비해 부족했을까? 마음의 위안을 주기에 부족했을까? 아마 이런 이유는 아닐 것이다. 돌이켜 보면 대종교의 주요 인물들은 일제의 탄압에 강력하게 저항했고, 해방 뒤에도 한국전쟁 같은 현대사의 질곡을 피하지 않았다. 시대의 충격을 그저 온몸으로 받고 버티면서 살아남고 보니, 더는 충격을 감당하기가 어려워진 게 아닐까? 대종교 특유의 주체적인 정신을 반영한 교육이 이어지지 못한 점도 아쉽다. 나철이 처음 지니고 있던 문제의식은 단순한 종교

눈에 덮인 대종교 총본사(서울 서대문구 홍은중앙로 3길 89).ⓒ대종교

적 관심에서 비롯하지 않았다. 그의 사유는 현실에 대한 고민에서 출발했고, 결국 "우리는 누구이며, 무엇을 잃어버렸는가?" 하는 문제를 자각했다. 이 문제는 곧 주체성에 대한 고민이고, 우리말과 역사 교육은 대종교의 중심축이 되었다. 그가 제기한 '주체의 자각'이라는 문제의식을 지금 현실에 다시 적용한다면 어떨까? 대종교의 문제의식은 일제강점기에만 머무르지 않는다. 보존해야 할 정신에 대한 고민은 지금도 유효하기 때문이다. '나'와 '우리'가 무엇을 잃어버렸는지 되물어 볼 차례다.

박치우

해가 저물어 가는 태백산 기슭. 11월 중순이라 겹겹이 껴입은 무명옷을 뚫고 들어오는 찬바람에 몸이 움츠러든다. 함백산 등성이에서 일어난 교전으로 또 동지들을 잃었다. 머리가 아득해도 총을 쥔 손에는 힘이 들어간다. 남조선 혁명 투쟁을 위해 강동정치학원의 남로당 동지들을 이끌고 38선을 넘어 남하한 지 두 달 넘게 지났다. 토벌대를 피해 지리산까지 갈 수 있을지, 유격대의 운명이 어디로 흘러갈지는 지휘관인 박치우도 알지 못했다.

1909년 함경북도 성진에서 망한 왕조의 백성으로 태어나 여기까지 달려온 박치우의 불우한 시대는 조선 인민 모두에게도 가혹한 세월이었다. 경성제국대학에서 철학을 공부한 박치우는 평양 숭실전문학교에서 몇 년 동안 교수로 지내고 1930년대 후반은 『조선일보』 기자로 보냈다. 1940년대가 되자 일제의 수탈과 억압이 더욱 혹독해져 아내를 두고 중국으로 갈 수밖에 없었다. 우리말과 글을 잃은 것도 모자라 지식인으로 행세할 최소한의 양심마저 포기해야 했기 때문이다. 해방 후에야 다시 돌아온 조국에서 그는 새로운 독립국가에 대한 기대를 갖고 문학예술 단체에서 활동하며 『현대일보』를 창간했다. 또 박헌영과 남북을 오가며 분단을 막아 보려 했지만, 미 군정이 들어선 한반도의 남쪽에서 '좌익'은 곧 제거해야 될 '적'이 되어 버렸다.

토벌대와 대치하며 목숨이 경각에 달린 산속에서도 박치우의 신념은 이념이 아니라 인간이었을지도 모른다. 노동하는 사람들이 진정 공정한 대우를 받으며 자유롭게 살아갈 수 있는 민주주의 세상은 그가 '총을 든 철학자'가 될 수밖에 없었던 이유일 테니까.

태백산에서 최후를 맞은 게릴라 철학자

．

조배준

'김달삼모가지잘린골'이 들려주는 역사 이야기

태백산맥에 눈 나린다 총을 메어라 출진이다
눈보라는 밀림에 우나 마음속엔 피 끓는다
(후렴)
높은 산을 넘어 넘어 눈에 묻혀 사라진 길을 열고
빨찌산이 영을 내린다 원쑤를 찾아 영을 내린다

동지들이 흘린 피를 헛되이 말아라 출진이다
공화국을 부르며 죽은 그 얼굴이 떠오른다

참고 견디는 고향 마을 만나러 가자 출진이다
고난에 찬 산중에서라도 승리의 날을 믿었노라

사회주의 문예운동을 대표하는 작가 임화(林和)가 시를 짓고 월북한 민족음악가 김순남(金順男)이 곡을 붙인 〈태백산맥에 눈 나린다〉의 노랫말이다. 전쟁이 일어난 1950년에서 이듬해로 넘어가는 겨울, 태백산에서 지리산 쪽으로 남하하던 유격대원들은 '빨찌산'과 '원쑤'를 힘주어 불렀다. 북으로 다시 올라갈 수도 없고 산을 내려가 싸울 수도 없었던 이현상(李鉉相)의 '빨치산' 대원들은 이 투쟁가를 처연하게 부르며 결의를 다졌다.

남북 분단이 사실로 굳어 가면서 이념의 분단도 첨예해져 곳곳에서 맹목적인 적대감에 사로잡힌 학살과 보복이 반복됐다. 1946년에 '조선의 모스크바'로 불리던 대구에서 일어난 '10월 인민항쟁'은 미군정의 식량 정책에 대한 시위와 그에 대한 무력 진압에서 시작되었는데, 곧 시위가 전국으로 확대되고 많은 사상자를 낳았다. 11월에 결성된 남조선노동당(남로당)이 박헌영 계열을 중심으로 남쪽 좌익 진영의 통합을 추진했지만, 이와 동시에 38선 이남에서 모든 좌익 활동은 불법이 되었다. 이때부터 북으로 쫓겨 간 남로당원들은 한데 모여 교육받고 훈련하면서 남하를 준비했다. 1947년 3월 1일, 경찰의 발포 사건으로 시작된 '제주 4·3'에 이어 1948년 정부 수립 뒤에 여수·순천에서 일어난 민간인 학살은 한국전쟁 전후로 태백산맥 곳곳과 지리산에서 계속될 '산속의 전쟁'을 예고하는 것이었다. 그런 유격전의 흔적은 어느 산골 마을 땅 이름에 애처롭게 남아 있다.

우리나라에서 '가장 긴 지명', '두 번째로 긴 지명', '가장 짧은 지명'이 모두 강원도 정선군에 있다는 사실은 그리 알려지지 않았다.

박치우

김달삼모가지잘린골 앞을 흐르는 골지천은
아우라지에서 송천과 합류해 한강의 본류인 조양강으로 흐른다.

'안돌이지돌이다래미한숨바우'(북평면 숙암리)라는 13음절짜리 최장
지명에는 산간벽지 사람들의 해학과 실용성이 담겨 있다. 바위를 안
고 돌아(안돌이) 가거나 등지고 돌아(지돌이) 가야 해서 다람쥐(다래
미)도 한숨을 쉬는 험한 바윗길이라는 설명을 듣고 그 길을 가는 사
람 가운데 조심하지 않을 이가 있으랴. 큰 밭에 딸린 뙈기밭을 뜻하
는 '뙡'(임계면 도전리)같이 재미있는 외자 지명도 있다. 사실 이런
지명이 정선에만 있었을까. 각 지역의 독특한 자연환경과 역사와 문
화가 담긴 우리말 땅 이름이 일제강점기 초반에 일본식 한자를 엉귀
만든 지명으로 통폐합되면서 사라져 버렸다. 선인들이 남긴 정겨운
땅 이름을 정선처럼 인적과 왕래가 드문 지역에서만 겨우 찾아볼 수

태백산에서 최후를 맞은 게릴라 철학자

있게 된 것이다.

그럼 이 땅에서 두 번째로 긴 지명은 뭘까? 여량면 반론산 초입 골지천 인근을 가리키는 '김달삼모가지잘린골'이다. 이 이름에는 해방 후 비극적으로 전개된 한반도의 현대사가 응축되어 있다. 목이 잘렸다는 김달삼은 1923년생으로 본명이 이승진이며 제주 4·3사건 초반 남로당 세력의 봉기 주동자로 유명하다. 토벌대를 피해 월북한 김달삼은 1949년 늦여름 남로당 인민유격대 제3병단의 지휘관으로 남파된다. 토벌대에게 쫓기던 그의 부대는 1950년 3월쯤 반론산 인근에서 와해되었다. 지명은 그가 여기서 스물일곱 해라는 짧은 삶을 마감했다고 전하는데, 그가 더 오래 살아남았다는 설도 있다. 전쟁이 일어나기 석 달 전에 남북 사이의 대척점이던 이곳에선 반론산(半論山)이라는 이름도 예사롭지 않게 보인다.

일제강점기에 빨치산은 만주에서 활약하는 항일 유격대를 가리키는 말이었다. 하지만 광복의 열기가 분단의 냉기로 곧장 식은 뒤, 남쪽에서 이 말은 어느새 공포와 혐오를 담게 되었다. 전쟁 전 빨치산 토벌대는 산골 화전민과 '공비'를 물과 물고기의 관계로 보았기 때문에 마을에 불을 지르고 강제로 이주시키기까지 했다. 미 군정 시기의 기록사진을 보면 처형된 좌익 사범의 잘린 목은 방부 처리된 뒤 상자에 담겨 보고되었다.

골짜기를 찾아가도 특별한 흔적은 보이지 않는다. 마을을 둘러싼 우람한 산등성이 사이로 내려온 계곡물이 하천과 만나 흘러가는 지형은 여느 시골 마을에나 있을 듯하다. 무릇 지명이란 그 땅에서 살

박치우

반론산 정상 인근의 200년 된 철쭉나무는 국내 최대 크기로 천연기념물 348호다.
이 일대는 북방계 식물의 남방 한계선이다. 김달삼도 여기에서 더는 내려갈 수 없었다.

아가는 사람들이 입에서 입으로 전하며 굳어지는 공동 약속의 언어
다. 알려진 김달삼의 사망 시기가 맞다면, 이 마을에도 그로부터 석
달 뒤 전쟁의 광풍이 불어닥쳤을 것이다. 산골 민초들은 새파랗게
젊은 나이로 죽은 '빨치산 대장'의 참수 현장을 왜 기억했을까? 살아
남으려면 '인민군'이나 '좌익분자'를 혐오하고 토벌대나 국군을 기꺼
이 환대해야 했던 그들에게 김달삼이 최후를 맞은 장소는 자신들을
지켜 주는 면죄부가 되었을 것 같다. 우리 마을 사람들 중엔 '빨갱이'
가 없음을 증명하는, 곧 부역 행위에 대한 무고(無故)의 징표가 아니
었을까? 그렇다면 이 지명이 전한 과정은 힘없는 주민들이 가혹한
시대를 버티려는 의지로 다시 읽어야 할까? 어쨌든 분단의 역사가

우리 땅에 남긴 아픈 이름이다. "역사는 산맥을 기록하고 나의 문학은 골짜기를 기록한다." 흔적 없는 곳을 돌아 나올 때 빨치산 이야기를 소설로 쓴 작가 이병주(李炳注)의 말이 떠올랐다.

펜과 총 사이에 놓인 식민지 지식인의 운명

태백산국립공원 입구는 김달삼모가지잘린골에서 직선거리로 약 40킬로미터 북쪽에 있다. 1949년 11월 20일 무렵 태백산 깊은 골짜기 어딘가에서 김달삼과 합류한 제1병단 지휘관이 총탄에 맞아 쓰러졌다. 그리고 토벌대가 대검으로 그의 목을 잘라 상부에 보고했다. 태백산에서 일어난 이 '작은 전쟁' 중에 오롯이 산화한 그이는 철학자 박치우(朴致祐, 1909~1949)다.

박치우는 경성제국대학(경성제대) 철학과의 교육과정을 통해 '필로소피(philosophy)'라는 서양의 학문을 처음으로 전공한 조선인 학생들 가운데 한 명이다. 서양철학 1세대로 불리는 이들 중 대표적인 '월북 좌익'이자 '빨치산'으로 낙인찍혔던 박치우는, 1988년 7월 '납북·월북 문인 해금' 조치 전까지는 남쪽에서 공개적으로 언급할 수도 없는 인물이었다. 1953년에 김일성에게 '미제 간첩'으로 몰려 처형당한 박헌영을 보좌하던 남로당의 '브레인', 박치우의 행적은 북쪽에서도 여전히 해제될 수 없는 봉인에 갇혀 있다. 남과 북 양쪽에서 잊힌 철학자 박치우의 짧은 생애를 '길 위에서' 기억하기란 쉽지 않다.

박치우

남북으로 통하는 길은 막혀 있고 그의 피붙이와 그를 기억하는 사람들이 모두 사라졌다. 국가보안법이 건재한 남쪽은 물론이고 월북 인사들이 묻힌 북쪽의 '혁명렬사릉'에도 그의 묘비는 없다. 한반도 어디에도 그의 삶과 '철학적 실천'을 기록할 작은 비석 하나 세울 곳이 없다.

박치우는 1909년 8월 함경북도 성진에서 목사 박창영(朴昌英)의 아들로 태어났다. 일제에게 국권을 빼앗기기 1년 전이었다. 현재 북한 지도에서 보이지 않는 성진은 한국전쟁 중 '김책'으로 이름이 바뀐 항구도시다. 마천령산맥을 사이에 두고 함경남도 단천과 접해 있는 성진은 함경북도 최초의 개항장이었다. 이름이 바뀐 것은 김일성이 전쟁 중 급사한 동지 김책(金策)의 죽음을 애처롭게 여겼기 때문이다. 박치우의 고향 지명에서 빨치산으로 불린 두 사람의 운명이 대비된다. 만주와 연해주를 떠돌며 일본군과 싸운 '혁명 1세대' 김책의 이름은 딱히 연고가 없던 지역의 이름으로 남고, 태백산에서 죽은 남로당원 박치우의 이름은 남과 북에서 모두 지워졌으니 말이다.

아버지가 1923년에 선교를 위해 시베리아로 떠난 뒤 가난과 싸우며 성장할 수밖에 없었지만, 총명한 박치우는 함경북도 경성고등보통학교를 우수한 성적으로 졸업했다. 그러고는 금광 발견으로 벼락부자가 되어 『조선일보』를 인수한 방응모(方應謨)의 장학금을 받고 1928년에 경성제대 5기생으로 입학해 법문학부에서 예과 2년 과정을 거치고 철학을 전공할 수 있었다.

경성제대는 민립 대학 건립 운동을 억압하고 일제의 전체주의적

우민화 교육정책을 펴는 수단으로 1924년에 설립되었다. 3·1운동 뒤 무단 통치의 한계를 깨달은 일제가 조선인의 반발을 무마하고 식민 지배를 영구히 하기 위해 내세운 문화 통치를 시행하기 시작한 1920년대 초반, 민족주의 세력은 물산장려운동과 더불어 조선인의 손으로 대학을 세워 민족교육을 하자는 실력 양성 운동을 전개했다. 일제는 이런 흐름을 저지하면서 식민 지배를 원활히 하기 위해, 비판 의식을 키울 만한 정치·경제·사회과학 같은 고등교육을 통제하고 방직·토목·건축·광산·응용화학 등 이공 계열의 전문교육도 기술직에 한정했다. 제국주의적 지배 아래 교육 영역을 철저히 종속시킨 일제의 의도는 '제국대학령' 제1조에 잘 드러난다. "대학은 국가에 수요되는 학술의 이론 및 응용을 교수하고 아울러 그 온오(蘊奧)를 공구(攻究)함을 목적으로 삼고 겸하여 인격 도야의 국가사상에 유의하여야 한다." 치열한 경쟁과 사상 검열을 통과하고 입학한 조선인 학생들은 식민 지배를 영속화하는 데 필요한 인텔리 관료나 학자, 언론인으로 성장하길 요구받았다. 또한 그들은 '내지인(內地人)'으로 불리던 일본인들의 식민 지배를 합리화하고 조선에 있는, '천황'의 신하 된 백성인 '황국신민(皇國臣民)'을 계몽할 지식인 자원이었다. 하지만 일본인 교수와 학생 들의 일상적 차별 속에서 불안과 자괴감, 그리고 '엘리트 대학생'의 자부심을 동시에 느끼는 이중 심리는 그들의 정체성을 흔들고 사유를 위축시켰다. 조국의 사상적·문화적 전통은 처참히 무너져 단절되고 우리말과 글도 점차 흐릿해져 가는 중에 철학도로 살아간다는 것은 어떤 의미였을까?

박치우

박치우는 철학이라는 학문의 사명이 무엇보다 객관적이고 관조적인 태도로 진리를 추구하는 이론적 측면에 있다는 점을 지적했다. 그는 이에 더해 철학이 이론에 기초해 현실과 역사가 당면한 문제들에 더 적극적이고 주관적으로 개입하는 실천적 측면도 지향해야 한다고 강조했다. 그가 파악한 서양철학자들은 학문적 '객관성'에 기초해 사유하면서도 자신이 속한 역사적 상황 속에 자기 계급의 처지에서 '당파성'을 추구했다. 일제강점기라는 억압적 상황 속에서 그는 신남철(申南澈), 박종홍(朴鍾鴻) 등 다른 서양철학 1세대 동료들처럼 역사와 현실에 적극적으로 참여하고 발언하는 실천(praxis)을 통한 철학함을 고민했다. 물론 당국의 시퍼런 검열이 엄연히 존재하는 가운데 박치우가 당대의 상황에 직접 개입해 자기 목소리를 낼 수는 없었다. 하지만 그의 가슴속에 부글부글 끓고 있던 철학관이 표현된 글이 있다.

철학의 고향이 어느 곳이었으며 또는 그것이 여지껏 얼마나 호사스러히 자라왔든지 간에 손발 하나가 지극히 귀한 오늘의 우리로서는 공연히 몇 해를 두고 이 새로운 손님의 원적과 이력만을 들추고 앉았을 겨를은 없는 것입니다. 이러한 의미에서 나는 아까 철학이란 무엇이냐를 물을 겨를이 있거든 먼저 '철학은 오늘, 이 땅, 우리에게 있어서 마땅히 무엇이어야만 될 것인가', '마땅히 우리의 이 현실에 대하여 어떠한 책임을 분담해야만 될 것인가'라는 문제를 묻는 편이 백배나 더 중하고도 긴급한 일이라고 말하였던 것입니다.

태백산에서 최후를 맞은 게릴라 철학자

— 「아카데미 철학을 나오며: 철학의 현실에 대한 책임 분담의 구명」
(1936)

박치우는 경성제대 졸업 후 평양 숭실전문학교의 교수로서 비로소 자유롭게 철학을 공부하고 마르크스주의에 심취할 수 있었는데, 그 생활이 오래가진 못했다. 일제의 신사참배 강요 탓에 학교는 1938년에 스스로 폐교 결정을 내렸고, 그가 다시 간 경성에서 학술·문화면 담당 기자로 일하던 『조선일보』도 1940년에 폐간되었다. 이 무렵 한반도에서 조선어로 말하고 글을 쓸 수 있는 통로는 철저히 막혔다. 박치우는 경성제대 대학원에 잠시 몸을 맡겼다가 일제강점기 마지막 5년 정도를 중국에서 망명자 신세로 보냈다. 그가 어떻게 살았는지는 알려지지 않았고 어떤 독립운동이나 활동에 가담했는지도 단편적 증언들 사이를 채우는 추론만 남았다. 그의 생애를 따라 지도에 선을 그린다면 아마 한반도를 내리지르는 종단선에 중국 대륙으로 이어지는 점선이 더해질 것이다. 함경북도에서 경성으로, 평양에서 다시 경성으로, 만주와 중국으로 망명 또는 탈출. 식민지 지식인으로서 그의 행로는 어디에서도 자리 잡고 머무를 수 없는 고달픈 것이었다. 그는 말과 글로 사상을 전파하고 자기 시대의 고뇌를 표현할 논리가 정연한 철학자였지만 자유롭게 '말할 수 있는 시간'은 짧은 생애 동안에도 거의 주어지지 않았다. 식민지 시대와 해방 공간에서 심지어 죽어서도 늘 '불온한' 사람으로 여겨지는 이 철학자의 운명을 어떻게 봐야 할까?

박치우

박치우가 지금은 행적을 알 수 없는
부인 김종숙과 찍은 사진.

박치우가 태어나고 두 달쯤 지났을 때 안중근이 서른 살 나이로 하얼빈역에서 이토 히로부미를 저격하고는 홀로 "코레아 우라(대한 독립 만세)!"를 목 놓아 외쳤다. 10월 26일인 '그날'은, 열렬한 일본군 장교에서 남로당 군사 총책으로 변신했다가 동료들을 배신하고 살아 돌아온 뒤 '반공'을 이용하는 독재자로 살고 부하가 쏜 총탄을 맞은 박정희의 '그날'보다 훨씬 더 중요한 이유에서 기억하고 싶은 날이다. 조국과 민족의 모든 것이 침략자들의 발에 짓밟히고 수탈당하는 식민지와 함께 태어난 박치우의 시대는 의기 높고 심지 굳은 젊은이들을 결단의 길로 내몰았다. 해방 공간에서 그가 겪은 불가항력적인 남북 분단 상황과 극심한 좌우 대립은 인민의 주체적 의지와 상관없이 닥쳤다. 20세기 전반에 한반도의 사람들이 겪은 식민-이산-분단-전쟁의 역사는 자기 신념을 지키려는 창창한 젊음에게 목숨 건 결행을 촉구했다는 점에서 가혹했다.

일제 수탈의 중심지에서 만든 『현대일보』

일제강점기 후반부 박치우의 생애처럼 좌파 철학자로서 그의 독자적인 사상 체계가 어떻게 구축되었는지에 대해서도 많은 부분이 괄호 속에 숨겨져 있다. 일제강점기에 발표한 단편적인 원고들은 사상 검열을 염두에 두고 쓴 것이라 그가 품은 생각의 진면목이 선명하게 드러나지 않고, 해방 후 짧은 기간에 남긴 글은 소략하기 때문이다. 그런데 경성제대를 졸업한 뒤 철학적 실천의 방향을 마르크스주의로 정립한 그가 당대의 역사에서 분명히 통찰한 지점은 오늘날에도 여전히 유효하다.

1930년대와 해방 이후 발표한 글 중에서 박치우가 '안티테제'로서 줄곧 관심을 가지고 분석한 부분은 당대의 '파시즘' 체제와 그것에 내재된 철학적 원리였다. 그는 서구 부르주아 사회의 자유주의 이념에 담긴 '형식주의'적 원리의 타락과 병폐가 결국 독일, 이탈리아, 일본에서 형성된 '신비주의'적 원리에 빠진 대중 파시즘을 불러들였다고 보았다. 시민혁명과 산업혁명의 성취로 지배 권력을 쟁취한 백인 부르주아 사회가 표방한 자유주의 이념 그리고 자본의 착취 구조를 통해 전 세계적으로 구축된 제국주의 체제는 극소수만이 누릴 수 있는 '가짜' 자유와 해방을 낳았다는 것이다. 결국 사회주의 혁명, 합리주의 정신, 절차적 민주주의를 모두 부정하고 개인과 공동체의 일체를 강조하며 등장한 전체주의의 망령과 그것이 일으킨 세계대전은 서구 자유주의 사회가 도달한 필연적 결과물이 된다. 이런 점에서 당시 식민지 조선의 민중이 감내하는 역사적 고난은 전 세계에 드리워진 전쟁의 공포와 파시즘의 득세라는 세계사의 흐름과 무관하지 않았다. 파시즘의 종말이 가까워졌음을 통찰한 박치우의 고민은 단지 일제로부터 독립한다는 목표를 넘어, '누구'의 '무엇'을 위해 '어떤' 정치가 실현되는 독립국가를 한반도에 건설해 나갈 것인가라는 문제로 모아졌으리라. 물론 그 미래의 조국은 역사적으로나 그 원리로나 한계에 봉착한 부르주아 시민계급 중심의 사회, 우매한 대중의 욕망을 읽는 카리스마 있는 독재자와 함께 언제든 닥칠 수 있는 파시즘 사회를 모두 극복하는 것이어야 했다.

해방 이후 박치우가 지식인으로서 온 힘을 기울인 활동의 두 가지 방향도 결국 이런 흐름에서 이해할 수 있다. 서구 파시즘과 그 아류인 일본 제국주의가 남긴 '노예 원리'에서 벗어나려는 주체적 독립은 먼저 근대성의 핵심인 합리주의 정신을 회복하는 것, 특히 봉건 사회의 습속을 벗어날 수 있는 민주주의 정치를 제도적으로 이루는 것에서 출발해야 했다. 한편 그 정치의 형식을 채울 수 있는 핵심적인 가치로서 요청되는 것은 새로운 세상의 진정한 주인으로서 절대다수를 차지하는 '근로인민'의 공평과 복지를 추구하는 계급적 당파성에 대한 옹호여야 했다. 이런 지향을 통해 박치우는 정치, 경제, 사회, 문화 모든 영역에서 사람 중심의 민주주의가 실질적으로 실현될 수 있는 독립국가를 열망했다. 이것이 바로 보편적 정의에 합치하는 길일 뿐만 아니라 세계사적 필연성이 담긴 시대정신이었기 때문이다.

박치우는 8·15 해방 한 달쯤 뒤, '서울'로 이름이 바뀐 경성에 돌아왔다. 그는 곧바로 독립국가를 만들기 위한 조직 여러 곳에 들어가서 활발한 정치 활동과 저술을 펼쳐 나갔다. 1946년 2월 전국문학자대회에서 발표한 「국수주의의 파시즘화의 위기와 문학자의 임무」에서 그는 적폐 단절과 폭넓은 연대를 주장했다. '친일파'에서 '친미파'로 빠르게 변모하며 기득권을 유지하려는 세력 그리고 국가와 민족이라는 추상적 대상을 맹목적으로 숭상하면서 일제의 전체주의를 '새 나라'에 재현하려는 세력에 대응하기 위해 그는 합리적 민주정치를 옹호하는 '범민주주의 세력'의 연대를 외쳤다. 그가 도모한 당대의 정치투쟁을 위한 실천 지침은 이렇게 요약할 수 있었다.

국수주의의 파시즘화를 경계하자! 비합리성의 원리를 분쇄하자! 합리성의 원리로써 무장하자! 합리주의 사상 진영과 손을 잡자! 감정을 민주주의적으로 훈련하자! 민족 신비주의의 유혹에 속지 말자! 민주주의 계몽운동에 적극 참여하자! 국제 파시즘의 뿌리를 뽑자! 반파쇼 깃발 밑으로 모든 민주주의자는 단결하자!

남북 분단과 함께 시급해진 이런 활동을 더 활발하게 펼치기 위해 박치우는 언론 활동에 매진했다. 1930년대 후반 지면에서 고상한 '인문평론가'로만 등장하던 이 젊은 철학자는 해방 공간에서 『현대일보』의 발행인이자 주필이 되었다. 1946년 3월 25일에 '자유 조선의 소리, 세계 민주주의의 전령, 새 나라 건설의 전령'을 내세우며 일간지 『현대일보』를 창간한 것이다. 작은 규모지만 주간 이태준(李泰俊), 편집국장 이원조(李源朝), 고문 김기림(金起林) 등 문단의 쟁쟁한 인물들이 자리를 채운 이 신문은 당시 남쪽 좌익의 색깔을 선명히 드러내는 것으로 주목받았다. 박치우는 일요일에도 신문을 발행하면서 당시 혼란한 시국에 적극적으로 대응해 현안에 대한 좌익의 여론을 주도하려고 했다.

『현대일보』 사무실이 있던 곳은 일본인이 남기고 간 큰 필지의 가옥으로 옛 주소가 황금정 2정목 199다. 일제강점기 당시 '조선의 월가'로 불린 황금정은 오늘날 각각 충무로와 명동에 해당하는 본정, 명치정과 더불어 경성의 3대 일본 상점가로서 '수탈 벨트'의 핵심 지역이었다. 비록 당시 흔적은 찾을 수 없어도 황금정 자리인 을지로 2가 네거리 일대엔 지금도 금융기관 본사가 밀집되어 있고 상업 지구가 발달했다. 일제강점기에는 식민지 수탈로 악명 높은 금융기관들이 모여 있었는데, 대표적인 건물이 현재의 증권거래소에 해당하는 '경성주식현물취급시장'이었다. 가까이에는 그 유명한 '동양척식주식회사'와 '식산은행' 본부 건물이 웅장한 현대식 위용을 자랑하며 서 있었다. 그런데 해방 직후가 되자 식민지에 대한 경제적 수탈을

태백산에서 최후를 맞은 게릴라 철학자

저지르던 그 건물에서 『독립신보』·『공립통신』·『중앙신문』 등 언론사 및 대한독립협회 같은 정치조직과 박치우의 『현대일보』가 '새 나라 건설'을 위한 민주주의 발전과 사회 통합을 역설했다는 점은 의미심장하다.

그러나 『현대일보』는 창간한 지 6개월도 못 되어 '미 군정 포고령 위반'으로 무기 정간되고 발행권이 우익 단체인 대한독립청년단에 넘어가 버린다. 미 군정의 무능한 민생 정책에 대한 보도, 좌익 활동의 탄압과 우익의 파시즘적 행태에 대한 비판은 이념 지형이 급속히 경직된 남쪽에서 더는 이어질 수 없었기 때문이다. 해방된 한반도 전체에서 여러 민주주의'들'이 자유롭게 논의될 수 있는 시간은 아주 짧았다. 해방 직후 80퍼센트에 가깝던 문맹률이 아주 빠르게 떨어지고, 아직 '레드 콤플렉스'가 없던 인민대중은 새로운 나라의 정치 원리로 '사회주의'를 지지하고 있었는데도 말이다. 남북에 각각 정부가 서고 미국과 소련에서 이식된 서로 다른 체제에서 분단을 고착화하는 통치가 시작된 뒤로 이 땅에서 도달할 수 있는 '인민의 자기 통치'로서 민주주의의 시간은 지속적으로 미루어졌다.

노동자가 주인 되는 민주주의국가를 꿈꾸다

박치우는 해방 공간의 민주주의 논쟁에 참여하면서 박헌영 이름으로 1945년 8월 20일에 제출된 '8월 테제'가 주장한 현 단계의 과제,

즉 '부르주아 민주주의 혁명'을 우선 지지했다. 그런데 토지 분배 문제의 혁명적 해결과 민주주의의 제도적 정착을 주장한 그 노선을 넘어 그가 궁극적으로 해방 조국의 새로운 지향점으로 품던 것은 '인민민주주의'의 이상이다. 그것은 서구 자유주의 정치 이념이 정립한 형식적 민주주의, 사적 소유권 중심의 시민 민주주의를 극복할 수 있는 민주주의였다. 그는 절대다수를 차지하고 스스로 노동하며 살아가는 '근로인민'이 바로 민주주의의 주권자이며, 이들이 정치적 주체로 나설 수 있는 민주주의가 '인주주의(人主主義)'의 토대가 된다고 주장했다. 곧 철학사에서 공리주의의 원리로만 알려진 '최대다수의 최대 행복'을 실질적으로 정치 공동체에서 실현할 수 있는 민주주의야말로 전체주의를 낳은 근대 시민사회의 모순을 극복하는 '진짜' 민주주의라고 부를 수 있다는 것이다.

그가 바란 새로운 한반도의 나라는 노동자가 스스로의 노동을 통해 정치적·경제적 자유를 실현할 수 있는 민주국가, 자본·토지·세습 권력이 주인 행세를 하는 것이 아니라 가난하지만 정직하고 성실한 사람들이 사람답게 살아갈 여건을 보장하는 민주국가였다. 물론 이런 인민민주주의에 대한 이상은 '현실 사회주의' 또는 '역사적 공산주의' 사회가 내세운 정치 이념이지만 실제로는 정치 구호로만 활용되기도 했다. 그래서 남쪽에서 강조된 '자유민주주의'와 대비되는 북쪽의 인민민주주의에 덧씌워진 독재적이고 독단적인 제도화에 대한 편견을 떨쳐 내기는 쉽지 않다. 그럼에도 박치우의 말에서는 이 땅에 세워질 진정한 독립국가의 정치 원리에 대한 순수하고 열정적인 이상이 전해진다.

다수자의 요구인 일대일이 관철되는 날 조선의 민주주의는 일대 비약
이 필지(必至)일 것이다. 그것은 적어도 금(金)주주의적인 낡은 민주주
의 그대로일 수는 없을 것이다. 능력대로 일을 시키지 않는 사회, 능력
이 있고도 일을 안 해서 무방한 사회, 그리고 일을 하고도 분배에의 관
여가 허여되지 않는 사회, 일을 않고도 분배를 독점할 수 있는 사회,
이러한 사회에서는 공평의 가상밖에는 안 되는 형식논리적인 일대일
은 있을 수 있을는지 모르나 가장 참된 일대일, 현실적인 일대일, 현실
적인 공평은 있을 수가 없는 것이다.
민주주의라는 것이 자기 자신의 주의와 주장에 철저하려면 이른바 부
르주아 민주주의에 주저앉지 말고 다수자인 근로인의 현실적인 일대
일의 요구를 강력히 보증할 수 있는 근로인민 민주주의에까지 자신을
진전시키지 않으면 안 되며 또 당연히 그렇게 되고야 말 이유가 여기
에 있다. 이것을 예측 내지 각오할 줄 모르는 민주주의가 있다면 그것
은 벌써 민주주의가 아니라 '금(金)'주주의나 '물(物)'주주의 혹은 '지
(地)'주주의 이외의 아무것도 아닐 것이다.
— 「전체주의와 민주주의」(1946)

박치우는 일제강점기 말부터 새로운 독립 조국의 미래상을 고민
하던 실천적 '지식인'이자 역사의 수레바퀴를 조금이라도 굴려 나가
는 데 도움이 된다면 언제든 자신의 안위를 내던질 준비가 되어 있

는 '혁명가'였다. 그는 해방 조국이 무엇보다 어렵게 일하는 사람들이 주인으로 살 수 있는 세상이 되길 원했고, 그 길을 넓히기 위해 치열하게 '사유'하고 폭넓게 '연대'하자고 주장했다. 그것이 "일본 제국주의는 파시즘이다!" 하고 목 놓아 외치고 싶어도 반대로만 말해야 했던 고통스러운 식민의 역사를 극복할 수 있는 길이자 언제든 얼굴을 바꿔 돌아올 수 있는 파쇼의 망령을 벗어날 수 있는 길이라고 생각했다.

'반민족 세력에 대한 처벌', '통일국가의 형성', '실질적 민주주의의 실현'을 위한 '점진적 혁신'과 '사회적 연대', '시민사회의 모순과 이율배반의 극복', '변증법적 현실 인식'의 정치적·실천적 가능성 등 박치우가 고민한 문제들은 사실 당시에만 유효한 과제가 아니다. 냉전이 끝난 뒤에도 한반도의 두 분단국가는 여전히 서로 적대성을 통해 분단 기득권 중심의 통치 체제를 유지하면서 정치 발전을 가로막아 왔기 때문이다. 주변 강대국들의 이해관계와 분단 체제 내부의 관성 속에서 유지된, '평화적 공존'을 외면하고 '적대적 대결'을 강화하는 분단 패러다임은 2018년 봄에야 비로소 균열되기 시작했다. 이런 상황에서 '실천으로서 이론'이자 '이론으로서 실천'을 변증법적으로 지향한 그의 철학함은 오늘날에도 인문학 연구자들에게 요구되는 태도일 수밖에 없을 것이다.

박치우가 월북 직전에 출간한 유일한 저서 『사상과 현실』은 그가 분투한 실천적 사유의 역사성과 현재성을 증언한다. 1946년 10월 인민항쟁 이후 박치우에 대한 체포령이 떨어졌고 남쪽에서 좌익 활

『사상과 현실』 초판(백양당, 1946년 11월 20일)과 재간행본.

동은 명백한 불법이 되었다. 그는 도피 중에도 일제 말기와 해방 직후에 발표한 논문과 글을 갈무리해 책을 내놓았다. 분단은 이미 정해진 일이 되고 이념 대립이 격렬해지던 당시 상황에서 이 책은 3쇄를 찍었다.

미 군정의 탄압과 우익 청년 집단의 테러가 일상적으로 자행되던 1946년 말에서 1947년 초, 결국 그는 북으로 갈 수밖에 없었다. 남로당이 1946년 11월 23일에 결성되었으니, 박치우는 그 뒤에 월북했을 것이다. 박헌영이 평양으로 올라가 김일성과 진행한 회담 여섯 번 중 네 번이나 배석하며 남로당의 핵심 이론가로 불린 그가 어떤 상황에서 다시 남쪽으로 내려올지는 알 수 없었다. '8·15'와 함께 강제로 그어진 38선은 겨우 1년 사이에 이미 돌이킬 수 없는 적대적 경계이자 생사가 갈라지는 전선(戰線)으로 굳어지고 있었다.

박치우

태백산의 천제단이여, 박치우의 물음을 전하라

'근로인민'이 경제적으로나 정치적으로나 주체로 살아갈 수 있는 사회를 만들어 가는 민주주의 국가, 그 이상을 실천해야 한다는 신념은 결국 그를 북으로 내몰았다. 그는 박헌영의 지시에 따라 정치 활동에 필요한 인쇄물을 공급하는 해주인쇄소를 설립하는 데 참여했다. 박헌영과 박치우의 관계에 대해 많은 점이 불분명하지만, 박치우가 1928년에 해체된 옛 조선공산당 세력 또는 박헌영 중심의 재건파와 적어도 해방 직후부터 교류했다고 짐작할 수 있다. 1947년 10월 이후 박치우는 월북한 남로당 세력을 교육하고 유격대로 양성하기 위해 강동정치학원을 세우고 운영하는 일에 매진한다. 평안남도 강동군 승호면 입석리의 탄광촌에 마련된 이 군사학교는 당원들을 재규합하고 사상을 벼리며 무장투쟁을 준비한 곳이다. 박치우는 사상과 역사 교육을 전담하는 정치부원장으로서 2년 넘게 이곳의 운영에 주도적으로 참여했다.

그러나 '체제의 분단'이 결정된 뒤 자신을 비롯한 남로당 세력이 곧 사면초가 상황에 놓일 것을 그는 직감하고 있었다. 1948년 8월 20일까지 남쪽에서 실시된 지하 간접선거에서 인민 대표 1080명이 뽑힌 데 이어 해주의 남조선인민대표자대회에서는 최고인민회의에 보낼 대의원 360명이 다시 뽑혔다. 그리고 최고인민회의에서 통과된 헌법을 통해 조선민주주의인민공화국이 수립되었는데, 치열한 권력 투쟁 속에서 남로당 세력은 점차 수세에 몰릴 수밖에 없었다. 남로

태백산에서 최후를 맞은 게릴라 철학자

당 세력은 점점 궁지에 몰리며 남북 모두에서 스스로를 '증명'해 내야만 했다. 결국 강동정치학원 출신 남로당 유격대가 1949년 9월 '남조선혁명화'를 위해 봉기했다. 박치우와 그의 동지들은 스스로 죽음의 문턱을 향해 걸어갔다. '여순사건' 이후 지리산에 들어간 세력 및 이미 6월부터 오대산 지구로 내려와 있던 400여 명과 합류하는 것이 이들의 1차 과제였다. 당시 박치우는 과연 짐작이나 했을까? 향후 처절한 전쟁을 통해 남북 모두 독재적 지배 체제를 구축하며 자신들은 머지않아 분단국가 내부 권력투쟁의 희생양이 될 것이라는 점을 말이다.

> 5병대 7병단 1군단
> 김생 김달삼 이호제 박치우 서득은
> 여러 슬기로운 지휘관들의 피
> 아직도 눈 위에 임리하고
> 청옥산 태기산 일월산
> 국망봉 백암산 준령들의 산정 위
> 피바람 불어 끊이지 않는 저
> 험준한 태백산 전구의 이름과
> (…)

임화가 1952년 7월에 쓴 시 「기지로 돌아가거든」 중 한 대목이다. 휴전 회담이 시작됐지만 38선 인근에서 공방전이 지루하게 이어지

안개 낀 태백산.

던 무렵 그는 전쟁 전에 이미 죽은 동료들, 즉 빨치산으로 불리는 남로당 인민유격대 지휘관과 그들이 산화한 산 들을 서늘하게 부른다. 이랬던 임화도 전쟁 중 행방불명된 어린 딸을 그리워하며 쓴 시 「너 어느 곳에 있느냐」가 빌미가 되어 다음 해에 비극적인 운명을 맞게 된다. 지극히 인간적인 감상이 인민의 투쟁 의지를 떨어트린다는 비난을 받은 것이다. 박헌영이 주도하던 남로당계에 대한 북쪽 정부의 숙청은 전쟁이 끝나기도 전에 예정된 일처럼 진행되고 있었다.

박치우가 최후를 맞이한 태백산으로 다시 가 보자. 태백산은 주변에 높이 1000미터 이상의 봉우리 100여 개가 거대한 산악 지형을 이루고 있어서 이현상이 활동하던 지리산과 함께 '빨치산 투쟁'의 주요 보루가 되었다. 정상부에 흰 모래와 자갈이 눈 덮인 듯 쌓였다는

태백산에서 최후를 맞은 게릴라 철학자

데서 이름이 유래한 태백산은 백두대간의 중추인 태백산맥과 소백산맥이 교차하는 지점에 있다. 우리말로 '크고 밝은 뫼'를 뜻하며 예부터 '세계의 중심'을 뜻하는 태양의 흰 빛이 내려오는 신령스러운 산으로 추앙받았다. 또한 태백산은 금강산이나 설악산처럼 기암괴석이 많아 험한 산(岳山)이 아니라 부드러운 토질을 느낄 수 있는 흙산(土山)으로, 장군봉 정상에는 개천절에 단군에게 제사를 지내던 천제단이 있다. 물론 단군신화에서 환웅(桓雄)이 내려온 '태백산'은 대개 백두산으로 해석하지만, 한반도 남부의 태백산 또한 계룡산과 더불어 토속신앙의 중심지였다.

태백산의 정기는 예부터 이름 높았다. 백두대간의 중추이자 태백산맥의 주맥으로서 일출과 설경이 아름답기로 유명하다. 겨울마다 은빛 설국으로 변하는 태백산은 특히 세찬 바람이 눈을 흩날려 피워낸 설화가 빈 나뭇가지마다 기묘한 형태로 달라붙어 마치 조각품처럼 아름다운 자태를 자랑한다. 세찬 눈보라로 흩날리는 눈가루에 빛이 반사되는 모습은 산등성이 위로 불어닥치는 칼바람과 묘한 대조를 이룬다. 그리고 겨울 태백산 자락은 흑백의 대조를 이루며 또렷이 드러난 산등성이들이 수묵화 같은 풍경을 보여 준다. 게다가 태백산은 신라 때부터 왕이 몸소 하늘에 제사를 올렸다는 기록이 전한다. 우리나라에서 가장 오랜 역사를 가진 성지로 손꼽히는 태백산 천제단은 고려와 조선 시대에는 수많은 백성들이 지성을 드리는 곳이었고, 구한말과 일제강점기에는 나라를 걱정하는 애국지사들의 천제 장소였다.

박치우

우리나라에서 가장 오랜 역사를 지닌 성지, 태백산 천제단.

그런데 오늘날 태백산에서는 전쟁 전후에 동족끼리 처절하게 싸운 역사를 증언하는 작은 팻말 하나, 죽은 이들의 혼을 위로하는 작은 돌탑 하나 찾아볼 수 없다. 분단 73년, 휴전 65년을 맞는 우리나라가 분단의 역사를 스스로 성찰하는 시대적 여건과 문화적 토대가 이러하다. 하긴 차라리 아무것도 없는 게 나을 수도 있겠다. 지리산 남쪽 등산로 중 하나인 '빨치산 루트'라는 것도 애초부터 값싼 '관광 상품'으로 기획되었다. 빨치산이 숨어 지내던 토굴을 재현한다면서 조잡한 인형에 군복을 입히고 총을 들려서 만든 설치물은 북한에 대한 혐오감과 적대감을 맥락 없이 자극했다. 이런 것이 겨우 몇 년 전

태백산에서 최후를 맞은 게릴라 철학자

에야 철거되었다. 제대로 알지도 못한 채 망각된 분단의 상처에 대해 말하거나 쓰는 것도 어려운데, 하물며 시각화하는 것은 조심스러울 수밖에 없을 것이다.

지방에서 출몰하고 있는 무장 폭도의 도량은 단순한 행동이 아니라, 우리가 입수한 정보에 의하면 북한의 괴뢰 집단은 평양에 있는 소위 강동정치학원이라는 곳에서 게릴라 전술을 습득한 청년 2천 명이 태백산맥과 소백산맥을 타고 월남하여 지방 각지에 분산되어 살인 방화를 선동하고 있는 것이다.

— 1949년 여름, 대한민국 내무부 차관 장경근

마흔한 살 박치우는 1949년 9월 6일, 흩어진 남쪽의 빨치산들을 규합하고 통솔하기 위해 태백산 지구로 투입된 제1병단 360여 명을 이끌었다. 오대산·건봉산·태백산으로 나누어 향하던 이 부대는 국군 8연대의 토벌 작전으로 거의 섬멸되고, 다시 북으로 올라가지 못한 잔류병들은 미리 투입된 김달삼의 부대와 합류해 계속 교전을 벌였다. 박치우는 저항을 계속하던 11월 말쯤 군경 합동 토벌대에게 사살되어 주검도 수습되지 않은 것으로 보도되었다. 불행히도 그의 마지막 행적은 신문 기사의 단 한 문장으로 알려져 있다. 일본 육군 사관학교 출신 친일파로 몇 년 뒤 국방부 장관이 되는 당시 육군참모총장 신태영(申泰英)이 오대산, 태백산 공비 소탕 작전의 성과를 이렇게 요약했다. "약 2주일 전 태백산 전투에서 적의 괴수 박치우

박치우

박치우의 사살 소식을 전하는 『동아일보』 1949년 12월 4일 자 기사.

를 사살하였다."

박치우는 적어도 마지막 몇 년 동안 자신의 철학적 사명에 부끄럽지 않은 삶을 살기 위해 모든 파시즘에 대한 저항과 인민민주주의에 대한 실천에 몸을 던졌다. 남긴 저작이 많거나 위대한 사상 체계를 세웠기 때문이 아니라 지행합일의 무게감을 회피하지 않았다는 점에서 그에게 붙는 '철학자'라는 수식어는 자연스러워 보인다. 물론 빨치산이라는 말만 들어도 진절머리를 치던 냉전 시대의 유산을 극복하고 이제 좀 자유로워져 역사를 있는 그대로 볼 수 있다면 말이다.

1928년 이른 봄, 부푼 꿈을 안고 경성역에 내린 축구를 좋아하던 스무 살 청년 박치우는 짐작이나 했을까? 사상과 실천이 분리되지 않는 삶을 살려고 한다면, 회피할 수 없는 시대의 요구에 응답해 역사의 운명 같은 것을 감내해야 한다고 말이다. 사실 필로소피라는 서양의 학문을 맨 처음 공부한 이들은 '실천으로서 철학함'이라는 문제의식을 기저에 공유하고 있었다. 하지만 역사의 소용돌이 속에서 실천 방향에 따라 1세대의 삶과 후대의 영향은 크게 달라졌다. 그들의 시대와 정치 공동체가 요구한 민족사적 과제는 결국 독립 이후 특정 이념을 지향하는 국가의 건설로 귀결될 수밖에 없었기 때문이다. 두 분단국가는 냉전 시대를 거치면서 공생적 적대 관계, 적대적 유사 체제를 구축했으며 그들의 운명은 결국 당대 지배 권력의 필요와 요구에 달려 있을 수밖에 없었다.

한때 절친한 동학(同學)이던 박종홍과 달리 박치우는 일제가 강요한 '교육칙어'나 '황국신민의 서사'에 담긴 정신이 새롭게 건설해야할 자주독립국가의 시대 이념이 되는 것을 거부했다. 철저히 근대적이고 합리적인 사고 위에서 이 땅의 토대와 조건에 맞는 사회주의적 실천을 추구한 것이 그의 '길'이었기 때문이다. 박치우가 꿈꾼 해방 조국은 그저 정직하게 노동하는 인민들이 공평하게 자신의 몫을 받고 삶을 스스로 가꿔 갈 수 있는 '모두의 공동체'였다. 그는 '민족중흥의 역사적 사명을 띠고 태어나 조국 근대화를 위해' 희생해야 하는 국민을 규율하거나 '하나는 전체를 위하여 전체는 하나를 위하여 복무하는 공화국'을 위해 동원되는 인민을 옹호하는 사상을 일찍이 거부했다. 그가 전쟁 뒤까지 목숨을 부지했다 해도 남에서나 북에서나 '이데올로그' 노릇은 할 수 없었을 것이다. 이런 점에서 서양철학 1세대를 관통하던 '이론적 실천'과 '실천적 이론'을 동시에 추구하던

박치우

자생적 전통은 박치우라는 기표와 함께 '분단 체제' 안에서 아득히 사라졌다.

　그러고 보니 박치우는 경성제대 졸업논문에서 연구한 신칸트주의 철학자 하르트만(N. Hartmann)이나 지도교수 미야모토 와키치(宮本和吉)보다 더 이른 나이에 세상을 떠났다. 하지만 그의 외침은 더 오래도록 살아남아 지금도 답변을 요구하고 있다. 경성제대 졸업 후 '아카데미즘' 중심의 철학함을 벗어나겠다고 다짐하면서 그는 과거에 철학이 무엇이었든 간에 지금 여기에서 '나와 우리'의 현실적인 문제가 무엇인지를 묻는 것이 진정한 철학의 과제라고 밝혔다. 이런 생각이 살아 있는 '우리 철학'을 고민하는 후학들에게 작은 이정표로 남았다. 바로 시대의 모순을 외면하지 않고 역사를 기억하며 현실을 살아가는 인간의 철학을 통해 주체적으로 파악하고 실천적으로 극복해 나가라는 메시지다. 아니, 사실 그것은 그만의 것이 아니라 소크라테스 이래 철학함의 본령이었다.

5부

타협과 저항 사이

신남철

서양의 역사 그리고 그 속에서 움튼 사상이 신남철에게는 참으로 위대한 웅변이었다. 주권 잃은 땅을 뒤흔들어, 희망 없이 하루하루 살아가는 식민지 백성을 뼈아프게 일깨우는 일갈과 호소가 담겨 있었다. 그는 칠흑 같은 시간에 나고 자라 뭘 위해 어떻게 살아야 할지 알지 못했다. 중앙고보를 나와 경성제국대학에 들어간 뒤 서양의 철학을 비롯해 역사와 문학 등을 접하면서 저 웅변하는 목소리가 크게 울렸고, 신남철은 비로소 신남철이 될 수 있었다.

특히 마르크스의 사상과 실천이 큰 영향을 주었다. 신남철은 이 가르침을 이 땅에 알맞게 적용해 자주와 자유의 가치를 뿌리내리게 할 방법을 치열하게 고민하고, 그 결과를 온몸으로 실천하려고 했다. 글로써 세상을 바꾸기 위해 기자가 되기도 했고, 새 세상을 이끌고 누릴 후대를 가르치는 데도 힘을 쏟았다. 그의 삶에서 부끄러운 자포자기가 없지 않았지만, 마침내 해방이 되었을 때는 모든 억압을 가로질러 자유로운 사람들이 자신의 운명을 스스로 결정할 수 있는 세상이 되도록 힘을 보탰다.

그러나 역사의 파고는 만만찮았고, 해방 뒤에도 조국의 운명은 열강의 손에 달린 채였다. 동강 난 한반도 남쪽에서 그가 떠난 까닭이 여기에 있다. 그때 이후 반세기가 훨씬 지난 지금은 어떤가? 우리는 역사를 스스로 이끌어 가고 있는가?

붉은 얼굴의 경계인

■

이병태

진짜 대학로, 그리고 대학로의 '대학'

행정적으로 대학로는 종로5가 사거리에서 혜화동 로터리로 이어지는 길이지만, 대개는 그보다 좁게 이화사거리에서 혜화동 로터리에 이르는 길을 가리킨다. 행정적 구분과 상관없이 종로5가에서 이화동 사거리로 이어지는 길은 통념상 '대학로'로 여겨지지 않는 것이다. 몸소 거닐어 보면 누구나 느끼겠지만 이 길 어디에도 '대학'을 떠올릴 만한 구석이 없기 때문이다. 사무용 건물, 정부 기관, 교회 등이 빼곡한 모습이 대도시의 여느 거리와 다르지 않으며 새로 지은 듯한 예식장 건물의 '위용' 정도가 그나마 눈길을 끌 뿐이다. 하지만 '판타지'를 머금어야 하는 예식장 건물의 건축학적 실험이 거의 기괴함에 이른 오늘날, 이 정도 위용쯤으로 이 거리가 특별한 곳이 될 수는 없다. 아무튼 종로보다야 단정하고 조용하긴 해도 그저 도심의 범상한 거리여서, 대학로라 부를 때 드는 위화감은 당연한 듯하다. 통념 속 대학로가 행정적 대학로보다 협소한 장소인 데는 납득할 만한 이유가 있는 셈이다. 일상적 통념의 배제에 뭔가 '엄격'한 구석이 있는 듯도 하고.

엄격한 기준 아래 통념이 진정한 대학로로 인정한 장소, 즉 이화사거리에서 혜화동 로터리 사이의 길은 실제로 '대학'의 이미지와 강하게 결합되어 있다. 장장 두 세기에 걸쳐 인근의 대학교와 대학원을 다닌 나로서도 이곳은 분명히 '대학로'다. 그러나 이러한 주관적인 인상과 상관없이 실제로 이 동네에는 여러 대학, 정확하게는 몇몇 대학의 캠퍼스 또는 그 일부, 부속기관 등이 몰려 있어 누가 봐도 대학의 거리다. 종로에서 혜화동 로터리 방향으로 걷다가 이화사거리에 이르렀을 때 길 건너에 보이는 첫 건물부터 홍익대학교의 '대학로 캠퍼스'란 이름을 달았고, 그 맞은편 건물도 어느 대학의 소유로 알려져 있다. 혜화동 로터리 방면으로 조금 가다 보면 오른편에 한국방송통신대학교가 있고, 건너편에는 서울대학교 의대와 병원이 자리 잡고 있다. 혜화역 주변 도로 안쪽 곳곳에서 대학 이름을 내건 건물이 심심찮게 보일 뿐 아니라, 가톨릭대학교와 성균관대학교도 멀지 않은 곳에 있다. 더욱이 문화·예술 관련 기관과 공연장도 상당히 많아, 대학생을 비롯해 청년층 유동 인구가 압도적으로 많은 장소다. 그러니 대학로는 꽤 어울리는 이름이다.

그러나 이 거리의 대학들은 대학로의 대학 이미지를 공유할 뿐, 그 이름에 지배적인 위상을 차지하는 대학이 따로 있다고 생각하기

신남철

는 어렵다. 하지만 그 뿌리를 더듬을 때 대학이란 말의 불분명한 외연에서 상대적으로 위상이 강한 대학교가 뜻밖에도 분명히 존재한다. 바로 서울대학교다.

대학로의 대표적인 랜드마크는 마로니에공원인데, 여기에서 '서울대학교 터'라 새겨진 표석이 '1946년 8월 국립 서울대학교로 발족 1975년 3월 관악산 기슭으로 이전되었다'고 전한다. 대학로의 상징, 마로니에공원이 서울대학교의 옛 교정인 것이다. 학교 모습이 대부분 사라진 듯해도 눈여겨보면 그 흔적을 곳곳에서 찾을 수 있다. 서울대학교 터 표석 옆에는 옛 교정을 축소한 조형물이 있고, 현재 한국문화예술위원회가 소유한 옛 본관(현 예술가의집)이 사적 278호로 지정되어 있다. 무엇보다 공원 맞은편에는 앞서 말한 서울대학교 의대와 병원이 예나 지금이나 건재하다.

대학로의 비극적 뿌리

'대학로'라는 이름이 1960년대에 결정되었으니, 이 이름에 따른 '대학'의 이미지는 당시 굳건하게 이 자리를 지키던 서울대학교와 가장 깊이 연결되었다고 할 수 있다. 「희미한 옛사랑의 그림자」란 시에서 시인은 이 대학을 졸업하고 30년 넘은 세월을 뛰어넘어 다시 혜화동과 동숭동, 즉 대학로를 배회하며 상실뿐인 중년을 아파한다. 이렇듯 '관악산 기슭으로 이전'하기 전에 이 대학을 졸업한 이들에게 대

붉은 얼굴의 경계인

대학로 예술가의집으로 쓰이고 있는
경성제국대학 교문과 본관.

학로의 대학은 의당 자신들의 모교를 의미한다. 하지만 대학로란 이
름이 행정적으로 결정되기 훨씬 전부터 이곳은 통념 속에서 대학교
의 거리였다.

잘 알려진 것처럼 1946년부터 1975년까지 30년 간 서울대학교가
쓴 교정과 모든 건물은 일제강점기에 '경성제국대학' 소유였다. 경
성제국대학이 자리 잡고 있었기에 지역 전체가 대학의 거리로 인식
되었다는 사실은 이상하게 여겨질 만하다. 다른 지역에 다른 대학이
자리하고 있으면 그곳 또한 대학의 거리일 텐데, 유독 이곳만 대학
의 거리로 여길 이유란 애당초 어디에도 없으니 말이다. 하지만 알
고 보면 그리 이상한 이야기가 아니다. 당시 경성제국대학은 식민지
조선에서 유일한 대학교였기 때문이다.

신남철

현재의 서울대학교 의과대학 쪽에서 본 경성제국대학 법문학부 캠퍼스.©한국일보
우측 상단 건물이 앞에 실은 사진의 본관이다.

만일 1920년대 초 월남(月南) 이상재(李商在)를 비롯한 민족 지사
들이 주도한 민립 대학 건립 운동이 성공했다면, 그리하여 여러 대
학이 이곳저곳 자리 잡고 있었다면, 그 가운데 오직 한 곳만을 대학
로라 부르는 일은 없었을 것이다. 경성제국대학은 민립 대학 건립
운동을 단번에 좌절시키면서 식민지 조선의 유일한 대학교로 설립
되었다. 하나뿐인 대학교, 경성제국대학이 자리 잡고 있었으니 행정
적 명칭이 결정되기 훨씬 전부터 통념은 이 장소를 '대학교의 거리',
즉 '대학로'로 인정했다. 결국 대학로의 '대학', 그 뿌리는 경성제국
대학이다. 그러고 보니, 대학로의 상징인 마로니에공원은 이곳이 옛
서울대학교 터임을 전해 주는 듯하지만 정작 공원의 이름이 된 '마

붉은 얼굴의 경계인

로니에'는 경성제국대학 시절인 1929년에 심어졌다. 일제강점기의 흔적은 이렇듯 나무 몇 그루를 통해 지명 속에서 여전히 생생하게 남아 있다.

일제강점기 경성제국대학의 설립은 전에 없던 근대 대학이 비로소 탄생했다는 점에서 역사적 사건이고, 한국 지성사의 지평에서도 의미심장하다. 경성제국대학이 탄생할 무렵 조선의 유구한 지적 전통이 급격하게 무너져 내리기 시작했기 때문이다. 제국 권력의 공식적인 학문·교육기관이 탄생하면서 그리고 그 전의 학문·교육기관들이 권위를 상실하면서 한국 지성사의 흐름은 명백하게 달라진다. 학문과 교육의 토대이자 중추였던 오랜 지적 전통은 순식간에 시대착오적이며 구태의연한 것으로 위축되었고, 일본을 경유한 서구발 전통이 그 자리를 대신하게 된 것이다.

식민화의 쐐기랄 수 있는 이 사건은 피 한 방울 튀지 않아도 참혹하기 짝이 없는 일이었다. 수백 년 이어진 전통이 너무도 순식간에 몰락했으며, 이 몰락의 처참함이 미처 인식되지도 않았기 때문이다. 지적 전통은 건축물과 달리 무너져도 눈에 뵈지 않으니 뼈아픈 일임을 알아챈 이조차 많지 않았다. 식민지 조선의 젊은 인재들은 이제 경전을 덮고 사각모를 쓰기 위해 앞다퉈 제국의 대학에 입학하려 했지만, 그곳에는 이들을 자기부정으로 이끌 기만의 논리가 가득했다. 장차 가혹한 시대를 가로지르며 저항하고 바로잡아야 할 이들이 오히려 그 가혹한 시대를 더욱 완강하게 만드는 자가 되고자 힘쓰도록 했으니 말이다. 새롭고도 휘황찬란해 보이는 과학, 기술, 이론 들의

신남철

이면에는 '굴욕'을 '영광'으로 여기게 하거나 억압과 굴종의 심화를 '진보'와 '계몽'으로 나아가는 역사적 숙명이라 강변하는 목소리가 항상 함께했다. 더욱이 제국이 씹다가 내뱉은 설익은 서구의 이론들을, 성리학의 녹록잖은 지적 전통 위에서 거경(居敬)과 궁리(窮理)를 좇던 인재들이 속속 받아 삼키고 있었다. 지성사적인 길들이기와 학문의 식민지가 이렇게 완성되었다. 선별된 인재들의 열정과 성실을 통해.

탕건 자국이 문신처럼 남아 있을 정도로 한학을 깊이 공부한 학생들이 많아 이들이 당시 한문 교수였던 다카다 신지(高田眞治)의 실수를 바로잡아 준 일화, 또 다른 한문 교수 다다 마사토모(多田正知)가 성균관 후신인 경학원의 대제학 정봉시(鄭鳳時)에게 몰래 과외를 받다 정봉시의 친척이던 학생에게 들킨 일 등은 제국대학 설립 이전 조선의 지적 전통이 그 공과는 차치하고 얼마나 단단했는지를 잘 말해 준다. 당시 경성제국대학 입학생 가운데 조선인 학생의 비율은 1/3~1/2 정도였는데, 이들 가운데 상당수가 새로운 이론에 젖어들면서도 제국의 논리에 완전히 공감하거나 동화되지는 않았다. 물론 학문 권력의 중심지에 몰려든 이들이 대체로 출세욕에서 자유롭지 못했으리라는 점은 부정하기 어려운 사실이다. 하지만 이들 가운데 일부는 현실의 질곡에 맞서도록 이끌 실마리를 서구 지성사에서 애타게 찾았고, 이는 당연히 역사적 상황에 대한 반응이었지만 어느 정도는 지적 전통의 잔향(殘響)이 작동한 결과이기도 했다. 하기야 저 뒤편으로 물러나 있긴 했지만 성균관은 '대학로' 경성제국대학에

붉은 얼굴의 경계인

서 그리 멀지 않은 곳에 있었다.

철학을 넘어선 철학도

신남철(申南澈, 1907~?)은 1926년 대학로의 대학, 경성제국대학에 입학해 철학을 전공했다. 그의 삶 전체에서 특별히 전통적인 학문적 훈련을 받았다고 여길 만한 흔적은 찾아보기 어렵지만, 그의 조선인 동학(同學)들 일부에게 공통적이던 시대적 정향은 그에게도 여지없이 나타났다. 아니, 더 뚜렷했다. 다름 아니라, 억압된 조국의 현실에 대한 깊은 감응이었다. 그가 가장 집요하게 매달린 학문적 주제가 '휴머니즘', '마르크스주의', '역사' 등이었다는 것은 결코 우연이 아니다. 그는 현실의 억압을 딛고서 인류의 시간을 특히 집요하게 응시했다.

그가 양평에서 태어났다는 설이 있으나 공식적인 출생지는 서울 청진동이다. 경성제국대학 졸업 후 3년 정도 『동아일보』 학예부 기자로 일하고 중앙고등보통학교에서 교사 생활도 한 그는, 해방과 함께 조선학술원 위원으로 활동하고 서울대학교 문리대 교수로 취임했다. 하지만 이듬해 미 군정의 국립 서울대학교 설립안, 일명 '국대안' 반대 운동에 적극 가담하다가 좌절되자 1948년에 월북을 감행한다. 월북한 뒤에는 김일성종합대학 교수로 지내다 1958년에 사망한 것으로 추정된다. 청진동에서 태어나 동숭동에서 대학을 다니고 세

종로와 계동을 거쳐 동숭동으로 일터를 옮겼으니, 월북 전까지 그의 짧고 파란만장한 삶은 대개 종로에 깃들어 있었다. 특히 경성제국대학을 졸업한 뒤에 서울대학교에 몸담았으니 그의 삶에 가장 강렬한 각인을 남긴 장소는 역시나 대학로다.

대학로를 오가며 철학을 전공한 신남철은 최초의 조선인 철학도라고 할 수 있다. 그런데 그를 '철학'이란 분과 학문의 영역에만 배타적으로 귀속시키기에는 개운찮은 데가 있다. 나 또한 철학도로서 팔이 안으로 굽기도 하거니와 어쨌거나 신남철이 철학과 졸업생인 까닭에 이 특출한 지식인을 철학사 또는 철학의 경계 밖으로 내보내기란 다소 아쉽다. 하지만 신남철은 학문적 차원에 국한해도 '철학'의 경계를 훌쩍 넘어섰다고 할 수 있다. 일단 그는 대단히 '문학'적이었다. 더욱이 한 가지 학문의 경계 안에 안존하기에는 지적 호기심이 너무 폭넓고 뜨거웠다. 신남철의 글이 『역사철학』(김재현 해제, 2010)과 『신남철 문장선집』 I, II(정종현 엮음, 2013)에 모두 실려 있다. 그런데 『신남철 문장선집』은 제목이 좀 어색하지 않은가? 조선 시대 지식인도 아니고 일제강점기에서 해방 이후까지 활동한 이의 글을 모아 놓고 '문장선집'이라 했으니 말이다. 엮은이의 말로는 『역사철학』이 완성도 높은 책으로 이미 출간되었기 때문에 이를 제외한 글을 다 실었다는데, 그렇다면 '전집'이라 하긴 어려우니 '신남철 선집' 정도가 무난할 것이다. 그럼에도 전근대 지식인에게나 어울릴 법한 '문장선집'을 제목으로 한 이유에 대해, 엮은이는 신남철이 근대 대학 및 교육의 세례를 받았음에도 분과 학문의 경계 안에 머무는 근

붉은 얼굴의 경계인

「동아일보」(1939년 1월 1일) 기사 「신건(新建)할 조선 문학의 성격」에 실린 신남철의 사진.

현대 지식인과 달랐다고 지적한다. 신남철은 '철학, 역사, 문학의 인문학과 마르크시즘을 위시한 당대의 사회과학의 영역을 넘나들며 자신의 지식을 형성하고 실천하고자 한 종합 지식인'으로서 '종합적인 인문 지식과 실천을 추구했던 동아시아의 지식 전통' 위에 있었기 때문에 책의 제목을 '문장' 선집이라고 했다는 것이다.

실제로 신남철은 탈경계적 성향이 아주 강했다. 그는 시와 단편소설을 비롯해 철학 논문, 조선학·문학·교육학 연관 논문, 문예비평, 나라 안팎 정세에 관한 시론 등 놀라울 만큼 다양한 영역에 걸쳐 글을 남겼다. 당대의 지식인들이 대개 그랬듯 신남철도 전공의 벽이나 강단의 울타리에 갇혀 있지 않았거니와 문학적 감수성과 지적 호기심, 실천적 열정과 의지 또한 남달리 강했기 때문이다. 개인적 성

신남철

향과 역사적, 지성사적 특수성이 복합적으로 작용하면서 그는 창조적인 상상과 자유로운 글쓰기를 거침없이 자신의 이론적, 실천적 삶속에 끼워 넣었다. 분과 학문의 울타리를 끊임없이 넘나들어 어느쪽에도 귀속되지 않았으며 늘 그 경계 위에 서 있었다.

휴머니즘과 마르크스주의: 적에게 얻은 대적의 무기

대학로에서는 대학과 함께 연극을 떠올리는 것이 자연스럽다. 이유는 알 수 없지만, 연극 전용 극장들이 밀집해 있고 공연도 워낙 많기 때문이다. 사실 대학로가 아니라 '연극로'나 '극장로'라고 해도 이상하지 않을 정도다. 지난겨울 이곳을 지나다 우연히 마주친 포스터는 기억도 가물가물할 만큼 오래전에 접한 작품이 현재 상연 중임을 알리고 있었다. 공연 기간이 얼마 남지 않았던 이 연극은 〈거미 여인의 키스〉다. 줄거리에 대한 기억조차 희미해서 나중에 책이라도 다시 읽겠다고 생각하며 씁쓸하게 가던 길을 갔지만, 몇몇 대사와 장면은 알량하게나마 머릿속에 남아 있었다. 주인공 발렌틴이 스스로 '마르크스주의자'임을 힘주어 말하던 장면 그리고 그와는 성격과 지향이 상반된 또 다른 주인공 몰리나가 들려주던 표범 여인 이야기다. 표범 여인은 표범과 인간의 종적 경계를 넘나들며 분열하고 방황하는 존재였는데, 그리스신화의 반인반마(半人半馬) '켄타우로스'가 포식 사회된 것 같다고 생각했던 기억이 생생하다.

신남철의 지적·실천적 노정에서 마르크스주의는 단연 중요한 위상을 차지한다. 발렌틴처럼 스스로 마르크스주의자임을 밝혔고, 마르크스주의에 관한 글도 상당한 양을 남겼다. 게다가 마르크스주의는 신남철에게 세계와 그 동정, 다양한 이론 등에 대한 기본 관점이자 판단 기준으로 작동했다. 하지만 당시 그가 받아들여 체화한 마르크스주의는 사회주의의 모국 또는 대국 들이 정식화한 역사 인식 그리고 이에 기반하는 실천적 노선과 다르다는 점에서 '수정주의적'이라거나 '자유주의적'이라는 수식어가 붙곤 했다. 달리 보면, 그는 교조적 이론의 기계적 수용과 적용보다 현실을 고려한 창조적 변용을 선택했다고 할 수 있다. 아울러 이런 변용은 고뇌의 무게나 상상력의 깊이에서 비롯되기도 했겠지만 그의 또 다른 이론적 성향, 즉 '휴머니즘'과 무관하지 않다.

마르크스주의가 신남철의 이론적·실천적 행보에서 가장 두드러지는 것이었다면 휴머니즘은 그의 삶과 글 전체에 관류하는 저변이었다고 할 수 있고, 이는 모두 그가 경성제국대학에서 얻은 지적 자양이다. 그의 저술에서 아주 빈번하게 보이는 '헬레니즘', '르네상스', '계몽', '인간' 같은 키워드를 집약할 수 있는 말이 휴머니즘이다. 그런데 휴머니즘이 신남철의 글 가운데 적지 않은 비중을 차지하는 것이 단순히 이론적 관심 때문만은 아니었던 듯하다.

낡은 세상의 해묵은 억압적 인습을 서서히 무너뜨리며 인간의 존엄, 만인의 자유와 해방으로 약진하는 서양사와 서양철학사의 장면들은 식민지 지식인 신남철에게 단순한 지식 이상의 의미가 있는 것으로 다가왔다. 따라서 르네상스나 휴머니즘 같은 역사적·지성사적 사건은 그에게 식민지 조선과 동포들의 참담한 현실 그리고 이를 넘어서고자 하는 공통의 염원 등과 겹쳐지며 그에게 강하게 각인되고, 지적·실천적 저변이자 사상적 정향의 토대로 자리 잡는다. 다만 그에게 서양의 휴머니즘은 지나치리만큼 이상화되어 정착된다. 그것이 이념의 분열과 퇴행, 전쟁과 착취, 심지어 조국을 식민지로 만든 제국주의 등과 뒤얽혀 있다는 사실이 분명하게 인식되지 않은 채 말이다. 이렇게 이상화된 휴머니즘이 분명 모호한 것이었지만, 신남철에게는 이론적 정체성의 가장 강력한 저류(底流)로 자리 잡는다. 그의 사상적·실천적 여로에서 가장 뚜렷하게 드러나는 것으로 여겨지는 마르크스주의마저 과감하게 바꿔 적용하는 힘을 발휘할 정도였다. 조국과 동포를 가혹한 역사적 질곡에서 구원하려는 '특수'한 휴머니즘이 '보편'적 계급해방의 논리보다 우위에 있었다고 할까?

그로 하여금 마르크스주의에 눈뜨게 한 이는 경성제국대학 교수였던 미야케 시카노스케(三宅鹿之助)다. 아이러니하게도 신남철은 '반제국'적(反帝國的) 사유의 토대를 '제국' 대학에서 처음 접한 것이다. 기록에 따르면, 미야케는 1928년 4월 18일부터 1934년까지 법학부에서 재정학 강좌를 맡았다. 하지만 그는 이를 통해 주로 마르크스주의를 강의했다고 전한다. 미야케의 영향력은 의외로 컸다. 신남철은 물론이고 유진오(兪鎭午), 이강국(李康國), 최용달(崔容達), 박문규(朴文奎) 등 해방 정국의 굵직한 인사들이 모두 그의 수업을 들었으며 1930년대에 조선공산당 재건 운동과 '경성트로이카'의 핵

붉은 얼굴의 경계인

이재유 탈옥 및 은닉 사건 기사(『동아일보』, 1935년 8월 24일)에 실린 미야케의 사진.

심 인물인 이재유(李載裕)와 깊은 인연이 있었다. 특히 이재유가 일제 경찰에게 체포되었다가 탈옥했을 때는 미야케가 그를 경성제국대학 관사에 숨겨 주었다 발각되어 급기야 이 일로 파면된다. 미야케의 진심 그리고 그와 인연이 있던 모든 이의 열정은 차치하고, 우리는 제국을 향한 이론적 무기가 '제국'의 대학을 통해 전달되는 이 '뒤틀림'이 신남철은 물론이고 지금 우리에게도 일정하게 이어지고 있지 않은가를 생각해 봐야 한다. 제국 대학에서 훈련받은 지식인과 식민지 백성이라는 두 정체성의 기이한 결합은 이렇게 신남철의 사유와 정서, 이론과 개념 속에도 비극적으로 함축된다. 성격이 상반된 발렌틴과 몰리나가 보여 준 대립과 공존의 관계가 마치 한 인격

속에서 모순적으로 구현된 것처럼 또는 몰리나의 '표범 여인'이 역사적인 실존 인물로 되살아난 것처럼 말이다. 식민지 지식인 신남철의 운명은 분명히 연극보다 훨씬 극적이었다.

부단한 부정의 삶

신남철은 당대의 많은 운동가, 사상가, 지식인처럼 가장 참혹한 시대에 굴하지 않고 분투하는 삶을 관철해 낸 이로 기억되곤 한다. 하지만 강철로 기억되는 이들 가운데 몇몇은 실제로 그들의 삶을 천착할 때 연약한 인간으로 되살아난다. 그 연약함이 씻기 힘든 비굴함에 연루되어 기억과 평가 자체가 전복되는 경우가 있고, 그 연약함과 인간적인 흔들림으로 그들의 분투가 얼마나 고통스러웠는지를 더욱 웅변하는 경우도 있다. 신남철에 대한 회고가 대개 최초의 공인 엘리트로서 조국의 암울한 현실을 고스란히 자기 삶으로 끌어안은 실천적인 지식인임을 강조하지만, 그의 삶은 앞서 말한 비극적 분열보다 더 견디기 힘든 균열의 흔적 또한 드러낸다.

그의 생각과 글은 언제나 일그러진 현실을 비판했고, 그 속에 자리한 이들의 비명에 감응했으며, 이를 딛고 서는 미래를 향해 질주했다. 하지만 1942년 7월 『매일신보』에 실린 글 「자유주의의 종언」을 보면, 이런 기개는 흔적도 없거니와 일제의 중국 침략과 제국주의 전쟁을 정당화한다. 더욱 뼈아픈 일은, 늘 그랬듯이 그가 쓴 글의 논리가 정연하다는 사실이다. 식민지 조선 최초의 근대 대학 철학과 졸업생이자 탁월한 문학적 감수성을 지닌 언론인으로서 그의 날카로운 붓끝이 적어도 이 글에서는 제국을 향하지 않는다.

이 시기, 즉 1930년대 말 1940년대 초는 식민지의 현실을 통탄하며 조국의 해방을 위해 제국에 맞서던 많은 이들이 특히 중일전쟁을 기점으로 대거 변절적 전향의 태도를 보이던 때다. 일제가 파죽지세로 중국을 침략하며 연일 승전보를 울리는 상황은 이들에게 옛 세상의 붕괴였으며 호불호를 떠나 새 세상의 도래였다. 새 세상의 중심은 물론 일본이다. 체념과 타협에 기반한 사상적 전향은 일본 내에서 더욱 극적인 형태로 전개되어, 천황 암살까지 기도하며 반제국주의 투쟁을 이끌던 일본공산당의 거두 사노 마나부(佐野學)와 나베야마 사다치카(鍋山貞親)가 1933년에 옥중에서 전향 성명서를 발표하며 세상을 깜짝 놀라게 했다. 맹렬한 위세를 보이는 제국의 행보 그리고 이에 길들어 가는 세상의 변화가 더는 거스를 수 없는 시대적 흐름이라 여기고 체념한 것일까? 후세의 평가는 분분한데, 어쨌든 이때부터 일본의 급진주의 세력이 급격하게 약화되었고, 일본만큼은 아니지만 조선에서도 많은 이들이 안타깝게 전향의 길로 접어든다. 그중 일부는 심지어 적극적인 친일로 돌아서기까지 했다. 신남철은 그 정도는 아니었고, 다만 1942년 『매일신보』에 실린 글 몇 편은 문제가 된다. 「자유주의의 종언」에 바로 앞서 같은 매체에 기고한 「동양 정신의 특색」에서 '동양'관은 일제의 관점에 가까웠고 그 전부터 사변적인 글이 많아졌기 때문에 그의 변화가 체념과 타협의 흔적으로 추정되지만, 확언하긴 어렵다.

해방 이후에는 신남철이 정의롭지 않은 현실에 맞서는 이론과 실천의 궤도로 되돌아간다. 따라서 문제의 글 몇 편을 놓고 그를 친일로 꾸짖을 수는 없지만, 그렇다고 일생에 걸쳐 초지일관 불의에 항거한 의인으로만 기억하거나 서술하기도 조금은 껄끄럽다. 그 또한 참혹한 조국과 동포의 현실에 분노하고 그것을 부정하며 더 나은 세상으로 나아가기 위해 부단히 사유하고 실천했지만, 역사의 거센 파고에 주눅 든 흔적이 없지 않다. 분노의 정서를 그 분노의 원흉이 건네준 이론으로 해석하고, 미야케와 얽힌 인연에서 보이듯 적과 싸우기 위한 무기를 적에게 공급받은 그의 모순과 분열은 다시 투쟁과 체념이 공존하던 삶의 궤적을 통해 재현된다. 다만 흔들림 속에서 넘어져 남은 그의 상처도, 다시 일어나 나아갔던 발걸음도 모두 우리에게는 틀림없이 크나큰 가르침이다. 그처럼 눈물겹게 분투한 바 없기에 넘어진 상처도 크지 않은 우리에게는.

신남철은 해방 이후 한국 사회와 급진적 혁명이 걸맞지 않다는 데 여운형, 백남운(白南雲)과 뜻을 같이해 중도주의적 노선을 주창한다. 교조적 이론의 관철보다 현실의 통찰에 기반을 두고 그 나름대로 마르크스주의를 창조적으로 적용하려 했기 때문이다. 하지만 그가 삶의 행로를 바꾸는 데 결정적인 사건은 앞서 잠깐 말한 국대안 반대 운동이다. 그는 경성제국대학을 국립 서울대학교로 전환하려는 미군정의 결정에 확고하게 반대했다. 1947년 『자유신문』에 발표한 「조선 교육 건설상의 제 문제」에 달린 글 두 편 중 첫 번째 글에서 비자

서울대학교의 옛 교정인 대학로 마로니에공원.

주적이고 비민주적인 국대안을 격렬하게 비판했는데, 결국 이 일로 월북을 택한다. 억압을 가로지르고 뛰어넘는 자유로운 세상에 대한 꿈이, 일시적이라도 주권의 박탈 상태를 도저히 견딜 수 없게 만든 것이다.

그는 자신을 키운 대학의 가르침으로 그 대학 자체 그리고 그 대학을 조선 최초의 대학이 되게 한 제국을 부정했으며 해방 이후 그 대학이 이 땅을 대표하는 대학으로 전환되는 것을 거부했다. 더욱이 그런 전환을 우리 스스로 결정하지 못하는 데 항의했다. 그는 이화동에서 혜화동 로터리로 이어지는 길이 '대학로'가 되는 것을 원치

신남철

않았다. 그리고 이 모든 부정이 거부되던 곳, 즉 미 군정 치하의 남한을 그는 마침내 부정했다.

신남철은 장소를 찾지 못한 지식인이었고, 실제로 그 어떤 장소에도 귀속되지 못했다. 마치 그의 지적 특징처럼. 대학로의 마로니에는 이제 아름드리로 자라 푸르디푸르고 우뚝하다. 하지만 그는 늘 뜨거운 붉은 얼굴로, 간혹 흔들리며, 언제나 경계 위에 있었다.

붉은 얼굴의 경계인

현상윤

간절히 바라던 광복에 이어 뼈아픈 다툼이 있을 줄은 몰랐다. 진짜 전쟁이 났다는 소식을 들었어도, 우리 민족이 서로 총부리를 겨눈다는 사실을 믿고 싶지 않았다.

일본 와세다대학에서 유학할 때 현상윤은 정말 몹시도 일본이 부러웠다. 일본의 군사력이나 패권을 장악한 제국주의나 죽고 죽이기를 너무 쉽게 보는 야만적 속내를 부러워하지는 않았다. 기술, 지식, 교육. 하루빨리 우리도 이런 것들을 갖기를 얼마나 바랐는지 모른다.

젊은 시절을 온통 새로운 지식에 대한 열망으로 채우고 돌아온 그는 지식인을 키워 내는 데 힘을 쏟았다. 중앙중학교, 보성전문학교, 고려대학교에서 교편을 잡고 있을 때 미래를 위해 스펀지처럼 지식을 빨아들이는 학생들을 위한 밭이요 거름이 된다면 의미 있는 삶이라고 생각했다. 하지만 눈에 보이는 것들에 집착하다 정신이 흐려지는 걸 놓쳤는지도 모른다. 승승장구하는 일본이 태평양전쟁을 승리로 이끌 수 있도록 힘을 보태라고 젊은이들을 부추기고 말았다.

납북되지 않고 순탄하게 활동을 이어 갔다면 스스로 더럽힌 명예를 회복할 수 있었을지, 아니, 자신에 대한 상반된 평가를 어떻게 받아들였을지 궁금하다.

한글로 근대적 사상사를 처음 쓴
대한민국 1호 박사

■

윤태양

탑골공원과 삼일문

사적 354호로 지정된 탑골공원은 우리나라 사람들이 만든 첫 번째 근대식 공원이다. 1897년에 영국인 브라운(J. M. Brown)의 건의로 만들어졌고, 1920년부터 일반에 개방되었다. 조선 세조 대부터 있던 원각사가 허물어지고 꽤 오래 원각사지10층석탑(국보 2호)만 있던 곳에 공원이 생긴 것이다. 처음에는 '파고다공원'이라고 부르다가 1992년에 옛 지명을 따다 '탑골공원'으로 이름을 고쳤다. '탑골'은 '탑이 있는 동네'라는 뜻이고, '파고다(pagoda)'도 동양식 탑을 뜻하는 포르투갈어 '파고지(pagode)'에서 왔다고 하니, 원각사지10층석탑이 눈에 띄긴 했나 보다.

탑골공원에서 가장 가까운 지하철역은 종로3가역이다. 5호선 쪽 5번 출구로 나오거나 1호선 방향 1번 출구로 나와 100~200미터만

탑골공원 입구의 한글 현판 '삼일문'.

걸으면 닿는 자리다. 다만 정문인 삼일문은 반대쪽 대로변에 있어, 낮은 담장을 따라 돌아 들어가야 한다.

탑골공원 입구의 한글 현판 '삼일문'이 이채로운데, 2003년에 만들어 달았다고 한다. '삼'과 '일'은 「독립선언서」의 글자를 그대로 쓰고, '문'은 「독립선언서」에 없어서 글자들을 조합해 넣었다. 바로 이곳에서 3·1운동을 시작했다는 사실을 분명하게 보여 주려는 노력이다. '삼일문' 현판은 원래 독립운동을 한 서예가 일중(一中) 김충현(金忠顯)의 글씨였는데, 무력으로 정권을 잡은 박정희가 그것을 떼어 버리고 자기 '친필'을 걸었다고 한다. (글씨에 자신이 있었을까, 영역을 표시하는 방법일까? 광화문과 아산 현충사의 현판도 박정희가 '남긴 것'이다.

현상윤

광화문 현판은 2010년 8월 15일에 교체되었지만, 현충사 현판은 남아 있다. 왜적을 무찌른 충무공 이순신의 영전 앞 '일본군 장교'의 친필 현판은 절묘한 아이러니가 아닐 수 없다.)

2001년 11월 23일 새벽, 서울 종로경찰서에 신고가 들어왔다. 신고자에 따르면, '쿵' 소리에 잠을 깨 보니 남자 두 명이 장대에 묶은 낫으로 현판을 떼어 달아나더라는 것이다. 현장에는 "3·1운동 발상지 탑골공원에 왜군 장교 박정희가 쓴 삼일문 현판을 민족정기의 이름으로 철거한다. 민족정기소생회원 일동." 하고 적힌 종이가 붙어 있었다. 수사 결과 그 두 남자는 '한국민족정기소생회' 대표와 '한국민족청년회' 집행위원장으로 밝혀졌다. 이들은 현판을 떼어 낸 날 오전에 명동의 한 교회에서 기자회견을 열고 일본군 장교였던 박정희의 현판 대신 원래 현판을 도로 붙이라고 주장했다. 하지만 이들의 기대와 달리, 김충현이 글자를 쓴 현판은 서울시청 창고에 없었고, 서울시와 종로구는 현판을 새로 만들기로 했다. 그리고 2003년 3·1절을 며칠 앞두고 지금의 현판이 걸리게 되었다.

3·1운동과 현상윤

사연 많은 현판이 달린 '삼일문'을 지나 탑골공원으로 들어간다. 보존을 위해 유리 벽으로 감싼 원각사지10층석탑 옆에 팔각정이 보인다. 바로 이곳에서 1919년 3월 1일에 「독립선언서」를 낭독했고, 수

십만 민중이 태극기를 흔들며 독립을 외쳤다. 이곳에서 시작된 행진은 거센 물결이 되어 전국으로 퍼졌다. 탑골공원을 빙 두른 벽에는 당시의 함성이 역동적으로 새겨져 있다.

2016년 촛불집회처럼 1919년 3·1운동의 핵심은 민중이다. 만세운동을 퍼뜨리기 위해 2월 27일에 2만 장 넘게 인쇄된 「독립선언서」가 전국으로 전달되었다. 최남선이 쓰고 민족대표들이 서명한 「기미독립선언서」는 3월 1일 오전 전국에 일제히 배포되었다. 만세 운동의 중심인 탑골공원에서는 민족대표들 대신 학생 정재용(鄭在鎔)이 읽었다. 민족대표들은 무력 충돌과 유혈 희생을 우려해 근처 식당인 태화관에서 독립을 선언하고 일본 경찰에게 스스로 연행되었기 때문이다. 그런데 민족대표를 33인이 아니라 48인으로 보는 경우가 있다. 독립선언으로 일제 법정에서 재판받은 사람이 마흔여덟 명이기 때문이다. 「독립선언서」에 서명한 사람들에 3·1운동을 준비한 사람들까지 더한 것인데, 여기에 현상윤(玄相允, 1893~?)이라는 이름이 있다.

3·1만세 운동을 준비하고 있을 때 중앙학교 교사였던 현상윤과 같은 학교 교장 송진우가 이 소식을 들었다. 만세 운동의 뜻에 깊이 공감한 두 사람은 운동의 규모를 키우기 위해 동분서주했다. 현상윤은 보성중학교 교장 최린과 일본 유학생 송계백(宋繼白)을 설득해 최남선과 천도교 교주 손병희를 움직였고, 현상윤과 최남선이 다시 기독교계 대표 격인 이승훈(李昇薰)에게 서울로 오라고 권하면서 기독교와 천도교의 연계를 설득했다. 민족대표 33인에 당시 유력 종교인

현상윤

고려대학교 대학원 건물 앞에 있는 현상윤 흉상.

천도교, 기독교, 불교를 대표하는 인사가 모두 참여하게 된 데는 이런 노력이 있었다.

김성수와 현상윤, 중앙학교와 고려대학교

현상윤은 일본 유학을 마치고 돌아온 1918년에 중앙학교 교사가 되었다. 3·1운동 한 해 전이다. 중앙학교는 원래 1908년에 애국 계몽 단체 기호흥학회가 세운 기호학교와 1910년에 안창호의 흥사단이 세운 융희학교를 합친 것이다. 그런데 당시 여러 민족 학교와 마찬가지로 재정난으로 운영이 어려워 1915년에 인촌(仁村) 김성수(金性

한글로 근대적 사상사를 처음 쓴 대한민국 1호 박사

洙)에게 인수된다.

1917년에는 지금 중앙중·고등학교 자리에 학교 건물을 새로 짓고 이전했는데, 이때 지은 본관·서관·동관이 사적 281·282·283호로 지정되어 있다. 중앙고등보통학교(1921), 중앙중학교(1938) 등으로 개편되다 1950년 교육법에 따라 현재와 같이 중앙고등학교와 중앙중학교로 분리되었다. 종로의 명물이 된 북촌 한옥마을 옆 계동길 끝에 자리해 함께 둘러볼 만하다.

중앙학교 교사였던 현상윤은 보성전문학교의 교장을 거쳐 고려대학교의 초대 총장이 된다. 일제강점기의 중앙학교와 보성전문학교, 즉 지금의 중앙고등학교와 고려대학교는 공통점이 많다. 두 학교 모두 재정난에 빠졌고, 김성수가 인수했으며, 현상윤이 교사나 교장 또는 총장을 맡았다. 고려대학교 대학원 건물 앞에 세워진 동상의 주인공이 보성전문학교 설립자인 이용익(李容翊)과 현상윤인데, 서양식 단정한 옷차림에 동그란 안경을 쓴 쪽이 현상윤이다.

두 학교의 공통점은 또 있다. 중앙고등학교 본관이 붉은 벽돌로 지어진 동·서관과 달리 회색 석조 건물인데, 고려대학교 본관과 판박이처럼 닮았다. 마치 해리포터 시리즈에 나오는 마법 학교처럼 생긴 두 건물 모두 1세대 근대 건축가로 꼽히는 박동진(朴東鎭)이 설계했다. 중앙고등학교 본관은 화재로 소실된 것을 1935년에 다시 짓고 고려대학교 본관은 1933년에 지었으니, 건축 시기도 비슷하다. 지금도 한옥이 빼곡한 마을 가운데 이런 서양식 건물을 지은 것이 놀랍다. 고려대학교 본관이 지어질 때 서울 시내에서 이런 석조 건물은

현상윤이 일본 유학을 마치고 돌아와
교편을 잡았던 중앙학교 본관.
현재 중앙고등학교의 본관이다.

손꼽을 만큼 몇 안 되었을 것이다. 두 건물의 설계에는 김성수의 의
견이 많이 반영되었다고 한다. 김성수는 1920년대 말 해외 유명 대
학들을 찾아다니며 벤치마킹했다는데, 아마 그 영향이 컸으리라. 서
구식 건물의 모습에서 서구 문명에 대한 선망과 스스로 힘을 키우겠
다는 의지가 선명하게 보이는 듯하다.

　김성수는 보성전문학교를 1932년에 인수하고, 1946년에 현상윤
을 교장으로 초빙한다. 이에 현상윤은 그 전해에 임명된 경성대학의
예과부장 자리를 마다하고 보성전문학교 교장으로 갔다. 김성수는
학교를 독립 대한민국의 민립 대학으로 전환할 생각에서 그를 불러

들였을까? 같은 해 8월 15일에 보성전문학교는 고려대학교로 승격되고, 현상윤은 초대 총장으로 취임한다.

총장 현상윤의 『조선유학사』 강의

총장 현상윤은 1948년부터 고려대 학생들에게 한국 사상사를 직접 강의하는데, 바로 이 강의 내용이 훗날 한국 사람이 한글로 쓴 최초의 근대적 한국 사상사인 『조선유학사(朝鮮儒學史)』로 결집된다.

『조선유학사』는 1948년 11월 25일에 완성되어 이듬해 12월 5일 민중서관에서 초판이 나왔다. 우리나라 사람이 우리의 전통 사상에 대해 근대적 체제를 갖춰 한글로 쓴 첫 저술로 평가된다. 현상윤은 이 저술로 아직 전쟁이 끝나지 않은 1953년 3월 25일에 고려대뿐만 아니라 대한민국에서 처음으로 박사 학위를 받는다. 하지만 그는 이 명예로운 학위를 받는 자리에 참석하지 못했다. 한국전쟁이 터진 1950년에 납북된 뒤 생사를 알 수 없었기 때문이다. 박사 학위 수여식을 진행하던 고려대의 2대 총장 유진오는 결국 오열을 참지 못했다고 한다.

『조선유학사』의 역사적 의의는 역시 '한국 사상에 대해 한국 사람이 한글로 쓴 최초의 근대적 사상사 저술'이라는 것이다. 이는 『조선유학사』에 앞서 '한국인이 아니라 다른 나라 사람이' '한글이 아닌 한문으로 쓴 것'이 있었다는 뜻이기도 하다. 『조선유학사』가 1949년

에 출판되었는데, 그 전에 이미 근대적 체제를 갖추었다고 할 만한 한국 사상사 관련 저술이 두 종 있었다. 하나는 1922년(또는 1917년)에 장지연이 펴낸 『조선유교연원(朝鮮儒敎淵源)』, 다른 하나는 1929년에 나온 다카하시 도루(高橋亨)의 「이조 유학사에서 주리파와 주기파의 발달(李朝儒學史に於ける主理派主氣派の發展)」이다. 현상윤이 쓴 『조선유학사』의 의의는 이 두 저술과 비교하면서 분명하게 드러난다고 할 수 있다.

식민사관에서 벗어나려는 소극적 발버둥

다카하시 도루는 '주리파(主理派)'와 '주기파(主氣派)'라는 표현을 처음 만들어 쓴 일본인 관제 사학자다. 그는 141면에 이르는 논문 「이조 유학사에서 주리파와 주기파의 발달」에서 퇴계(退溪) 이황(李滉)과 율곡(栗谷) 이이(李珥)를 주리파와 주기파로 나눴다. 그리고 이들이 학문 계통에 따라 정치적 집단을 만들었으며 당쟁에 골몰한 이 패거리 문화가 결국 조선을 망하게 했다고 주장한다. 여기서 그치지 않는다. 조선 민족이 창의적이지 않고 고착적이며 낙천적이고 문약한 데다 형식주의적이며 당파적이라고 폄훼한 것이다.

하지만 다카하시 도루의 해석은 문제의 소지가 다분하다. 이황과 이이의 학문적 중심을 주리와 주기로 단번에 가를 수 있는가를 차치해도, 그의 폄훼는 조선총독부의 편협한 입맛에 맞춘 것일 뿐이다.

한글로 근대적 사상사를 처음 쓴 대한민국 1호 박사

『조선유학사』 초판(1949).

조선 사상사의 특정한 예, 게다가 당시로부터 거의 300년 전의 일
을 두고 부정적 민족성을 도출한 것은 근거 없는 논리적 비약이기도
하다. 물론 그의 주장 중 납득할 만한 부분이 없지는 않다. 그의 주
장을 전면적으로 폐기할 수 있는가는 100년이 지난 오늘날에도 여
전히 문제다. 조선 유학에 대한 현상윤의 관점도 다카하시 도루에서
완전히 벗어나지는 못한 듯하다.

　현상윤의 『조선유학사』가 비판받는 이유 중 하나는 그가 「서론」에
언급한 '유교 공죄론(儒敎功罪論)'이다. 그는 중국의 문물을 좇는 '모
화사상', '당쟁', '가족주의의 폐해', '계급 사상', '문약', '산업 능력
의 저하', 형식과 허명을 추구하는 '상명주의(尙名主義)', '복고사상'
등을 조선 유학의 죄로 들었다. 이는 1933년에 그가 발표한 『우리의

자각과 생활의 신원리』에서 지적한 우리의 잘못된 습관 아홉 가지와 거의 일치한다. 이에 대해 장황하게 따지기 전에, 이 중 대부분을 다카하시 도루가 조선 유학의 문제로 지적했다는 것이 중요하다. 게다가 조선 유학의 영향으로 한국 민족의 사상과 성격이 바뀌었다는 현상윤의 설명도 다카하시 도루가 민족성에 대해 말한 것과 별 차이가 없어 보인다.

하지만 현상윤의『조선유학사』가 다카하시 도루 식 식민사관에 머무르기만 하지는 않았다. 그의 '유교 공죄론'에 따르면, 조선 유학에 '공'도 있으며 그것은 '군자학(君子學)의 면려(勉勵)'·'인륜 도덕의 숭상'·'청렴 절의의 존중' 등이다. 조선 유학에 대한 당시의 비판과 함께 조선 유학의 긍정적 이면을 조명한 것이다.

장지연의 아류 또는 현상윤의 완성

한편『조선유학사』의 체제와 구성은『조선유교연원』에 많이 기대고 있다. 전체를 3부로 구성한 것, 각 부에서 다루는 학설 등이 특히 그렇다. 물론 상세한 부분에서 다른 견해가 있고 장지연보다 세세하게 검토한 대목도 많지만, 기본적으로『조선유학사』는『조선유교연원』의 증보판 같은 느낌이 있다. 1957년에 초기 근대적 사상사 중 하나인『자료 한국 유학사 초고』를 펴낸 이병도(李丙燾)가 현상윤을 '장지연의 아류'로 평가한 것이 이 때문이다.

한글로 근대적 사상사를 처음 쓴 대한민국 1호 박사

그러나 『조선유학사』는 순 한문으로 쓰인 『조선유교연원』과 달리 한글로 쓰였다. 이런 표기 수단의 차이뿐만 아니라 내용상의 차이는 특히 주목할 만하다. 간략하나마 그중 세 가지만 들면 이렇다.

첫째, 서술과 배치 면에서 상대적 객관성 확보다. 장지연은 조선 성리학사에서 가장 중요한 학자와 학술 사건을 이황과 그의 사단칠 정론으로 보고, 19세기 유학을 다룰 때는 학자들을 나열만 하고 학 문적으로나 정치적으로 분열된 상황이라며 마무리한다. 반면에, 현 상윤은 기정진(奇正鎭)과 이항로(李恒老)를 중심으로 한 실천적 운동 에 의미를 두어 16세기 유학도 발전 과정의 한 부분으로 설명한다.

둘째, 학문의 발전 과정에서 역사철학적 연계성을 이끌어 냈는가 하는 점이다. 『조선유교연원』이 인물 중심 계보 정리에 머물렀다면, 『조선유학사』는 역사적 발전 과정을 드러낸다. 이황을 정점으로 한 봉우리 형태가 그려지는 『조선유교연원』과 달리 『조선유학사』는 이 황도 유학 발전 과정의 일부로 보고 지속적으로 성장하는 상향 곡선 을 나타낸다.

셋째, 특히 중국 유학과 비교하는 점에서 드러나는 민족적 자주 의식이다. 현상윤은 장지연에 비해 더 많은 학자들을 고르게 다루었 고, 주자학 중심 계통의 관점에서 벗어나 민족주의적 위치에서 객관 적으로 서술하려 했다고 할 수 있다. 그는 양명학과 서학의 전래 및 위정척사운동도 고르게 설명한다.

현상윤

분열적 주체의 친미 또는 친일

탑골공원에 다시 가 보자. 2018년 3월 1일, 태극기를 든 '어르신'들이 모여 있다. 양손에 태극기와 성조기를 들고 박근혜 탄핵 무효, 개헌 반대를 외치며 거리를 행진한 것이다. 한국기독교총연합회가 앞장서고 보수 우파 정치인들이 뒤를 받친 이 행진에서 몇몇 과격한 사람들은 세월호를 추모하는 조형물, '희망촛불'을 불태우기도 했다. 태극기를 내세운 사람들은 자칭 애국 보수다. '애국'과 '보수'의 이름으로 '성조기'를 태극기와 함께 든 이들은 '국가의 위기 상황'을 해결할 '애국의 길'은 오로지 '친미(親美)'라고 믿는 듯하다. 현상윤이 살던 시대에도 이런 사람들이 있었다. 바로 친일파다. 그들이 내세운 애국은 진심이었을까, 포장이었을까? 대표적 친일 문인인 이광수와 현상윤 사이의 일화가 있다.

이광수가 1940년 『매일신보』에 실은 글 「황민화와 조선 문학」에서 '이마를 찔러도 일본인의 피가 나올 만큼 일본인이 되어야 한다'고 했다가 크게 분노한 현상윤에게 공개적으로 면박당했다는 것이다. 이 일화를 1974년 『동아일보』에 연재하던 회상기에 담은 김기진(金基鎭)은 '모두 조선인을 위한 것'이었다는 이광수의 해명에 어이가 없었다고 한다. 이광수의 발언과 현상윤의 면박이 1944년에 열린 제3회 대동아문학자대회장에서 벌어진 일이라는 기록도 있다.

그런데 현상윤도 '친일'에서 자유롭지 않다. 『친일인명사전』에 그의 이름이 있는 것이 어쩌면 그의 정신에 '전통'과 '근대', '민족'과

한글로 근대적 사상사를 처음 쓴 대한민국 1호 박사

'일본 및 일본을 통해 들어온 서구'가 어정쩡하게 공존했기 때문인지도 모르겠다. 그리고 이 어정쩡한 공존은 그가 세 가지 교육을 받은 탓일지도 모르겠다. 어렸을 때 집안 어른에게 배운 전통 한학, 결혼 후 민족 학교에서 배운 민족주의 신학문, 일본 유학 시절 받아들인 서구화된 일본과 일본화된 서구 말이다.

1893년 평안북도 정주군에서 태어난 현상윤은 위정척사론자이자 의병장이던 의암(毅菴) 유인석(柳麟錫)의 문인인 진암(鎭菴) 현상준(玄商濬)에게 어릴 때 전통 한학을 배웠다. 열두 살 때 결혼한 그는 4년 뒤 장인 백이행(白彝行)의 권유로 부호육영학교에 입학한다. 이곳에서 신학문을 배운 이듬해에는 평양으로 가서 대성학교에 입학한다. 당시 대성학교는 설립자인 도산 안창호 대신 좌옹(佐翁) 윤치호(尹致昊)가 교장을 맡고 있었는데, 현상윤이 입학한 이듬해인 1911년에 일제가 한국의 독립운동을 탄압하려고 데라우치 마사타케(寺內正毅) 총독 암살 미수를 조작한 '105인 사건'으로 폐교되었다. 이에 현상윤은 서울의 보성학교로 전학한다. 1912년, 그의 나이 스무 살이었다. 보성학교를 졸업한 현상윤은 1914년에 일본으로 유학을 떠나 1918년에 와세다대학교 사학 및 사회학과를 졸업하고 귀국한 뒤 중앙중학교 교사로 활동하기 시작한다. 당시 일본 유학을 다녀온 지식인들 대부분과 마찬가지로 그 또한 일본에 대한 부러움을 깊이 느끼고 있었다. 그가 유학 중 월간지 『청춘』(1914년 11월 통권 2호.)에 보낸 글 「동경 유학생 생활」에서 말하는 일본 생활은 이렇다.

그들에게는 지식의 요구에 대해 공급할 수 있는 길이 십분 완비되어 있음을 보았다. 아무리 막바지 좁은 골목과 열리지 못한 빈민굴을 간다 하더라도 눈에 번쩍 띄는 것이 서점이요 신문 잡지 판매소다. 노동자에게는 일하는 사람에게 맞는 서적이며 잡지가 있고, 소학생에게는 소학생에게 적당한 읽을거리가 있다. 몇 십 전의 돈, 아니 눈만 가지면 각각 자기에게 알맞고 긴요한 지식과 사상을 누리게 되어 있다. 또 어느 날 어느 때를 막론하고 곳곳마다 연설이 있고 강연이 있다. 눈만 가졌으면 각각 자기 가슴에 깊이 새길 만한 선배들의 수양 교훈과 현대의 새 사조 새 경향을 들을 수 있다. (…) 나는 구경만 하는 생활이라도 매우 재미있는 것이라 생각한다. 아울러 몹시 부러워하는 마음을 이기지 못하는 것도 사실이다.

제자들이 기억하는 교사 현상윤은 대체로 민족의식을 중심에 두고 일제의 강점에 반대한 인물이다. 또한 서구와 일본의 지식 문화와 사상을 깊이 선망한 교육자다. 그의 정신과 삶은 아마 한옥이 빼곡한 마을 가운데 우뚝한 서구식 학교 건물처럼 거북했던 것 같다.

현상윤의 공과 죄

현상윤에 대해서는 상반된 두 가지 평가가 공존한다. 한쪽에서는 교육에 몸 바친 민족운동가이자 교사로 기억하고, 다른 쪽에서는 『친

고려대학교 본관 앞에 선
현상윤(왼쪽 끝)과 김성수(오른쪽 끝).
ⓒ동아일보

일인명사전』 '교육·학술' 분야에 실린 예순두 명 중 한 사람일 뿐이다. 『친일인명사전』에는 4389명의 이름과 친일 행적이 정리되어 있는데, 현상윤은 특히 1940년대 이후 변절이 문제가 되었다.

그는 교육자로서 3·1운동을 준비하던 활동이 무색할 만큼 1939년 이후 너무도 분명한 친일 행적을 보였다. 다양한 친일 단체에서 강연을 비롯한 활동에 나섰고, 특히 태평양전쟁에 협력하라는 글을 많이 썼다. 물론 1937년에 중일전쟁이 터진 뒤 정세 변화 때문에 많은 이들을 변절한 게 사실이지만, 일본의 승승장구가 충분한 변명이 될 수는 없다.

현상윤

『친일인명사전』이 발간되기 한 해 전인 2008년, 『기당 현상윤 전집』이 총 다섯 권으로 발간되었다. 편집자 서문에 따르면 '1893년부터 1950년 기당 선생이 납북되기 전까지의 저술'을 모았다는데, 제4권 사상 편과 제5권 문학 편에서 묘하게도 1937년부터 1945년까지의 글이 거의 없다. 다시 말해, 그의 이름을 『친일인명사전』에 올린 변절기의 글이 안 보이는 것이다. 한 제목의 연작을 한 편으로 계산할 때 사상 편에 실린 60편 중에서는 단 한 편, 문학 편에 실린 109편 중에서는 일곱 편만이 그 시기의 글이다. 그리고 이 여덟 편 중에 친일·반민족적이라 할 만한 것은 없다.

조선 유학에 대한 연구는 지금 이 순간에도 하고 있다. 그런데 과거에 대한 근래의 연구를 분석하는 것이 과거 자체에 대한 연구만큼이나 중요하다. 특히 '우리 철학'의 과거라면 더욱 그렇다. 우리 철학은 곧 우리의 정신이기 때문이다. 현상윤은 우리 철학을 돌아보는 것의 중요성을 일찌감치 깨닫고 있었다. 현상윤과 그의 『조선유학사』에 대한 탐색은, 과거에 이뤄진 역사적 탐색에 대한 탐색이라는 점에서 중첩된 의의가 있다. 다만 지금 우리는, 그가 조선 유학을 대했을 때처럼 비판적이고 균형 있는 시각에서 성실하고 체계적인 분석과 검토를 할 수 있어야 한다. 그러려면 그가 남긴 것들이 공이든 죄든 더하거나 빼는 것 없이 분명히 알려져야 한다. 마치 그가 『조선유학사』에서 그랬던 것처럼.

안호상

1968년, 안호상이 식민지 조국의 암울한 현실을 보고 뜻한 바 있어 유학을 떠났다가 돌아온 지 35년이 흘렀다. 그사이 조국은 그토록 바라던 광복을 맞이했고, 그와 뜻을 같이하던 이승만은 초대 대통령을 지냈지만 장기 집권을 노리고 부정선거를 저질러 참담하게 물러났다. 정권이 바뀌는 중에도 안호상의 지위는 탄탄했다. 쿠데타를 주도하고 대통령 자리에 오른 박정희와 국민교육헌장비를 만들었으니 말이다. 조국의 미래인 어린이들에게 우리 민족의 나아갈 길을 밝힌 글을 보이면서 그는 뿌듯했을 것이다.

1902년에 태어난 안호상은 조국의 광복을 위해 신학문을 배워야 한다는 뜻을 품고 처음에 중국으로 갔다. 그러나 그곳에서 배우고 싶은 학문을 만나지 못해 다시 독일로 떠났다. 그리고 당시 독일철학의 정수를 배울 수 있었다. 그가 보기에 독일에는 식민지 조선이 배울 점이 많았다. 신학문을 배우고 돌아온 그는 조선 청년들에게 민족이 나아가야 할 길을 가르치고 싶었다. 마침 그에게 은인과도 같은 김성수의 초청으로 보성전문학교 교수가 되고, 나중에는 초대 문교부장관으로서 나라 전체의 교육을 맡아보았다.

그가 노년에 이르렀을 때, 분단된 조국의 앞날이 참으로 걱정스러웠다. '한 핏줄'의 충성스러운 국민들이 공산당에 맞서는 싸움에서 결코 지면 안 된다고 보았기 때문이다. 또한 유구한 반만년 전통이 있는 우리 민족이 단군을 모시며 언젠가 세계에서 우뚝 설 수 있도록, 사람들이 저마다 개성을 앞세우려고 하는 세태를 바로잡고 국가에 봉사하는 엘리트를 많이 키워야 한다고 생각했다.

민족·국가·반공을 결합시킨 철학자

■

박민철

'국민교육헌장비' 앞에서 만난 안호상

1970~1980년대에 초·중등학교를 다닌 사람이라면 자신의 의지와 상관없이 반드시 외워야 하는 글이 있었다. '우리는 민족중흥의 역사적 사명을 띠고 이 땅에 태어났다'로 시작하는 글 393자를 당시에는 뜻도 모른 채 '무조건' 외워야 했고, 심지어 외우지 못하면 손바닥을 맞기도 했다. 이 글 속에서 나는 '민족중흥의 역사적 사명을 띠고 이 땅에 태어'난 것으로 둔갑했고, 내 삶의 의미도 '안으로 자주독립의 자세를 확립하고, 밖으로 인류 공영에 이바지'해야 하는 것으로 강요되었다. '민족'과 '국가'가 우리에게 끊임없이 강요되던, 바로 그런 시기다.

우리가 반드시 외워야 했던 글은 바로 「국민교육헌장」이다. 1968년 12월, 박정희 정권이 국민을 통제하는 교육을 위해 「국민교육헌

서울 어린이대공원의 국민교육헌장비.

장」을 발표했다. 학생들은 어떤 의문도 없이 교과서 맨 앞 장에 실린 문장들을 외워야 했다. 「국민교육헌장」을 발표한 정권의 의도는 분명했는데, 바로 '국가와 민족에 대한 맹목적 충성'이었다. 물론 오늘날 이 글을 기억하는 이는 많지 않다. 하지만 그 흔적은 여전히 곳곳에 망령처럼 남아 있다.

서울 능동에 있는 어린이대공원 정문을 지나 곧 마주치는 분수대 왼편에는 '국민교육헌장비'가 세워져 있다. 군사정권이 물러나고 문민정부가 출범한 뒤인 1994년에 군사독재의 잔재라는 이유로 교과서에서 삭제되고 2004년에는 선포 기념일마저 없어지면서 공식적으로 폐기된 「국민교육헌장」이 여전히 기념비 형태로 남아 있는 곳이

안호상

다. 가로, 세로 각각 4미터 규모에 박정희의 글씨가 새겨진 이 기념비가 '어린이대공원' 한복판에 남아 있다는 사실이 씁쓸하다.

「국민교육헌장」은 누가 만들었을까? 박정희 정권은 이 헌장의 초안을 만드는 데 기초 위원 26명, 심사 위원 48명을 동원했다. 그중 앞장서 이끈 사람이 철학자 박종홍과 안호상(安浩相, 1902~1999)으로 알려져 있다.

안호상이 누구인가? 한편으론 독립운동가, 민족사학자, 교육자, 종교인으로 불리며 다른 한편으로는 극우 정치인으로 불리는 그를 규정하는 가장 중요한 호칭은 '철학자'다. 그 이념과 지향이 어디로 향했든 그의 삶 전체를 관통하는 핵심이 철학과 사상이기 때문이다. 그는 생애 전반기에 중국·독일·일본·영국에 유학했으며, 중반기에는 대학의 연구자이자 특정 이념을 추구하는 현실 정치인으로 살았고, 말년에는 민족종교 지도자로서 활동했다. 이런 그를 국민교육헌장비 앞에서 떠올려도 전혀 어색하지 않은 것은, 그가 다양한 삶의 궤적에서 일관되게 추구하려고 한 '민족과 국가' 그리고 '반공을 위한' 철학이 「국민교육헌장」에 담겨 있기 때문이다.

'서양철학 수용 1세대' 또는 '한국철학 1세대' 중에서 안호상만큼 극적인 자기 변화를 보이는 사람은 찾기 힘들다. 철학의 지향점에 관한 '이론 대 실천'의 구도 속에서 항상 이론 편에 서 있던 인물, 독일과 일본 유학에서도 매우 극단적인 내용과 방법으로 '민족적인 것'에 침잠한 인물, 반공과 국가주의 이데올로그였지만 뒷날 반공법 위반을 스스로 선택한 역설적 인물. 바로 안호상이다. 그럼 안호상

민족·국가·반공을 결합시킨 철학자

의 철학은 어떻게 시작되고, 어떻게 변했으며, 끝내 어디로 향했을까? 안호상과 관련된 공간에서 그의 사유를 더듬어 보자.

보성전문학교 그리고 식민지 지식인의 분열

안호상의 철학을 만나기 위해 안암동부터 가 보자. 그가 철학자로서 처음으로 '아카데미즘적' 공간에서 학생들을 만나게 된 곳이자 식민지 지식인으로서 자기 철학을 시작한 곳이기 때문이다.

'안암동'의 이름은 20여 명이 앉아 쉴 만큼 큰 바위가 있다는 데서 유래한다. 편하게 쉴 수 있던 바위를 사람들은 '앉일바위'라고 부르며 한자로는 '안암(安岩)'을 썼다. 조선 초부터 안암동은 한성부 안에 있었으며 잠시 고양군에 들어갔다가 일제강점기에는 서울 동대문구, 해방 이후에는 성북구에 속했다. 오늘날 남쪽으로 안암로가 지나고 서쪽에 안암천이 흐르는 안암동의 많은 부분을 고려대학교가 차지한다.

고려대학교의 전신은 1905년에 설립된 보성전문학교다. 일제강점기 대학은 설립 주체에 따라 크게 '선교 사학', '일제 관학', '민족 사학' 등 셋으로 나뉘었다. 이 중 첫 번째에 해당하는 것이 연희전문학교(현 연세대학교)와 이화여자전문학교(현 이화여자대학교)라면, 두 번째가 경성제국대학교(현 서울대학교), 세 번째가 바로 보성전문학교다. 설립 시기인 구한말부터 일본 제국주의 침략이 본격화되던 때까

지 돌이켜 보면, 보성전문학교는 분명 민족 사학의 대표성을 내세울
만한 배경이 있었다.

소설이나 영화로 각색해도 될 만큼 극적인 삶을 산, 구한말 정치
가 이용익이 보성전문학교를 설립했다. 그는 외세가 일으키는 정치
적 소용돌이를 관통하다 일본의 손에 납치와 구금을 당했다. 대한제
국 황실의 재정을 총괄하는 벼슬인 내장원경으로 있으면서 러일전
쟁이 일어났을 때 고종을 설득해 대한제국의 중립을 선언하게 하고,
대한제국에게 대일 협력을 강요하고 협박한다는 목적이 있던 한일
의정서의 체결을 반대했기 때문이다. 이용익이 일본에서 구체적으
로 어떤 일을 겪었는지는 알 수 없지만, 일본의 근대 교육체계를 접
하고 큰 영향을 받은 것은 분명하다. 일본에 납치되었다가 귀국하고
나서 바로 '한국인이 설립한 최초의 근대적 교육기관'으로 불리는
보성전문학교를 세웠기 때문이다. 교육을 통해 나라를 구할 인재를
기르는 것이 학교를 세운 목적이다. 그는 일본에 머무르는 동안 근
대 교육기관을 두루 살펴보았고, 학교에 필요한 도서와 인쇄기까지
구입해 올 정도로 열정을 쏟았다. 하지만 일제의 지배가 극심해지던
시대 흐름 속에서 민족 사학도 부침을 많이 겪을 수밖에 없었다.

해방 전까지 보성전문학교는 일제의 강점 아래 벌어진 민족 사학
의 부흥과 좌절을, 다시 말해 일본 제국주의와 타협하고 부역하면서
존속할 수밖에 없었던 식민지 고등교육기관의 역사를 고스란히 보
여 준다. 그것이 강제적이었는지, 자발적이었는지를 묻는 것은 중요
하지 않다. 보성전문학교는 1930년 초반부터 대대적인 전환기를 겪

민족·국가·반공을 결합시킨 철학자

사적 285호로 지정된 보성전문학교의 본관(현 고려대학교 본관)과
김성수 동상.©경향신문

는다. 우선 학교를 인수하고 1932~1935년 그리고 1937~1946년에
교장을 지낸 김성수가 1934년에 현재의 안암동 교사를 새로 짓고 학
교를 이전했다. 기존 학교 면적보다 100여 배나 넓은 터가 안암동에
자리 잡은 것이다. 또한 현재 사적 285호로 지정된 보성전문학교의
본관(현 고려대학교 본관)을 1934년에, 사적 286호로 지정된 보성전문
학교의 도서관(현 고려대학교 중앙도서관)을 1937년에 완공했다. 김성
수가 교장에 취임한 뒤로 교과목이 체계화되고 교수가 충원되는 등
민족 사학이자 고등교육기관으로서 위상이 차츰 갖춰졌다.

하지만 이 시기에 식민지 민족 사학이 결코 피할 수 없던 자기 분
열의 모순적인 역사가 시작되기도 했다. 우리 역사가 기록한 김성수

고려대학교 문과대 앞에 있는 손병희 흉상.

의 '공식적인' 친일 행위는 대체로 그가 보성전문학교 교장에 취임한 1930년대 초반 이후 본격화된다. 그는 보성전문학교 교장으로서 그 많던 친일 어용 기관의 주요 임원이 되어 활동했다. 일제강점기를 통틀어 거의 유일한 민립 대학이자 민족 사학인 보성전문학교의 교장이 결국 당대의 대표적인 친일 인사로 전락해 버린 것이다.

보성전문학교의 상징이던 본관 및 도서관과 나란히 자리한 문과대학 건물 옆에는 김성수보다 앞서 학교를 경영하던 손병희의 '자그마한' 흉상이 외로이 있다. 손병희는 1919년 3·1운동 당시 민족대표 33인에 포함된 독립운동가이며 민족종교인 천도교의 3대 교주다. 본관 앞에 있는 '거대한' 김성수 동상과 대비될 만큼 작은 손병희 흉상은, 민족을 위한다는 이념이 반민족 이념으로 대체되는 변화를 상

민족·국가·반공을 결합시킨 철학자

징적으로 보여 준다. 이런 변화가 안호상에게도 반복된다.

히틀러와 이승만에게 끌린 엘리트 철학자

안호상은 1902년 경남 의령에서 태어났다. 아버지 안석제(安奭濟)의 독자로 태어나 어려서부터 한학을 공부했다고 한다. 항일운동가이자 집안 어른인 안효제(安孝濟)와 안희제(安熙濟) 등의 영향을 받아 신학문을 접했으며 대종교에 입교한 그들을 따라 자연스럽게 대종교 신자가 되었다. 1922년에는 상하이로 가 김구, 안창호, 신채호, 조소앙 등 민족 지도자들을 만나 영향을 받고 독립을 위한 장기 계획이 필요하다고 느껴 독일 유학을 떠났다. 안호상의 자서전에 따르면, 민족 사상의 중요성을 깨닫고 이를 학문적으로 해명하고 싶어서 철학에 입문했다고 한다. 원래 비행기를 공부하려고 했으나 해외 독립투사들이 파벌 싸움을 일삼는 것에 실망하고는 민족 사상이 박약하고 통일되지 않은 데서 그 이유를 찾고 철학 공부로 진로를 바꿨다는 것이다. 그는 1929년 독일 예나대학에서 철학 박사 학위를 받은 뒤 귀국한다. 1931년에 잠깐 일본 교토제국대학으로 건너가 연구하고 1933년에 완전히 귀국했다. 이때 김성수가 안호상을 보성전문학교 교수로 초빙한다. 1929년 7월 9일 자 『동아일보』에 「안호상 씨 영예 철학 박사 되어」라는 기사가 실릴 정도로 그의 해외 대학 박사 학위 취득은 유명한 사건이었다. 지금은 흔하디흔한 일이지만, 일제강점기의 암울한 분위기에서는 국민적 관심을 불러일으켰다.

안호상은 보성전문학교 교수로 취임한 뒤 전문 철학자로서 살아간다. 실제로 그는 당대 철학계에서 보기 드문 이론적 수준을 갖추고 있었다. 1920~1930년대 식민지 현실 변혁을 위해 새로운 이념을 갈망하던 지식인들에게 헤겔 철학이 민족 해방을 가능하게 하는 이론으로 부각되었고, 따라서 많은 사회운동가와 이론가 들에게 헤겔 철학이 폭넓게 수용되고 있었다. 식민지 조선에서 1930년대부터 본격적으로 등장하는 헤겔 철학에 대한 아카데미즘적 연구의 선두에 선 이가 바로 안호상이다. 그가 교수 시절에 쓴 글을 살펴보면, 동시대의 조선인 철학 연구자 가운데 헤겔 철학에 대해 가장 정교하고 치밀한 이해를 보여 준다. 그의 철학 연구는 비약적으로 발전하던 보성전문학교 안에서 성숙하고 있었다.

하지만 김성수의 행보가 보여 주듯 보성전문학교는 안호상이라는 식민지 엘리트 지식인의 왜곡된 지식 체계가 형성된 공간이기도 하다. 안호상의 철학적 관심은 유학 때부터 내내 '철학과 시대의 관계'에 있었다. 그에 따르면 '철학'과 '시대'는 결코 분리될 수 없지만, 철학이 시대보다 논리적 우위를 차지하는 동시에 그 시대를 제약한다. 이를 앞서 말한 '이론'과 '실천'의 의미로 바꿔 설명할 수 있는데, 안호상은 철학한다는 것의 의미에 인식(앎)의 중요성을 부여하며 이런 인식(앎)에 실천의 의미까지 포함했다. 실천하려면 실천해야 하는 것을 알아야 하고, 따라서 이론과 실천을 분리하는 것은 잘못이며 이론을 중심으로 실천을 통일해야 한다는 것이다. 이렇듯 안호상

민족·국가·반공을 결합시킨 철학자

은 우리가 살고 있는 지금, 이 시대를 인식하고 이해하기 위한 이론철학의 우선적인 중요성을 역설한다. 그의 주장은 철학적 사유가 바로 고차원적인 이론 인식일 수밖에 없으며 이를 완수해야 진정한 실천을 담보할 수 있다는 것이었다.

철학에 대한 안호상의 고유한 관점은 보성전문학교 시기가 끝나가던 1942년에 펴낸 『철학강론』에 집약적으로 드러난다. 그가 유학할 때 독일에서 널리 유행한 신칸트주의 경향 아래 쓴 이 책에서 철학을 크게 이론철학과 실천철학으로 나누고 이론철학은 다시 형이상학과 인식론으로, 실천철학은 윤리학·종교철학·미학으로 나누었다. 그러나 『철학강론』은 이론철학만을 대상으로 하며 실천철학은 다루지 않는다. 이렇듯 일제강점기의 다른 철학자들과 구별되는 안호상 철학의 특징은 실천보다 이론을 강조한다는 점이었다.

안호상은 민족이 강요받는 억압적인 역사 흐름을 극복하려면 조선의 철학적 사유를 재정립해야 한다고 생각했다. 즉 이론적 영역에서 '민족'을 재정립해야 한다고 강조한다. 예컨대 1938년에 발표한 글 「히틀러, 아인스타인, 오이켄 제씨(諸氏)의 인상(印象)」에서 그는 히틀러를 세계적인 인물로 꼽고 유학 당시 생생하게 경험한 히틀러 연설에 대해 '그의 말은 진심으로 우러나오는 듯하며 듣는 사람으로 하여금 도취와 신뢰를 아끼지 못하게 한다'고 평했다. 안호상이 지도 교수 바우흐(B. Bauch)의 영향 아래 헤겔 철학과 칸트 철학을 연구했는데, 바우흐의 핵심이 민족과 인종을 강력하게 강조하는 것이었다. 유학 이후 식민지 조선에서 형성된 안호상의 철학적 문제의식은 절대적인 앎을 강조하는 이론적 인식의 중요성에 있었다. 식민지 현실에 대한 그의 인식은 결국 민족 사상을 새롭게 확립해야 할 필요성으로 연결되고, 유학 때의 경험과 배움을 통해 특별히 '혈연적 민족'을 강조하는 것으로 나아갔다. 혈연성을 전제한 인종주의와 결합하게 된 배타적 민족주의는 나치즘 탄생의 배경이며 안호상 철학의 토대이기도 하다. 이런 점에서 안호상의 철학이 이승만 정권의 일민주의(一民主義), 즉 '같은 핏줄'의 충성스러운 국민으로 일치단결해 공산주의를 배척한다는 이념과 공명(共鳴)을 일으킨다. 실제로 1940년대 이후 그의 아카데미즘적 철학 연구는 급격한 단절을 보인다. 많지는 않아도 틈틈이 발표되던 철학 논문은 사라졌고, 그는 마침내 일민주의라는 반공과 분단과 국가의 이데올로그로 새롭게 등장한다.

남산자유센터의 이승만 동상

서울 남산의 자유센터, 한국 최대 보수 단체인 '자유총연맹'의 본부가 있는 곳이다. 이승만이 1954년에 출범시킨 아시아민족반공연맹 한국 지부가 1964년에 '한국반공연맹'으로 개편되고 오늘날 자유총연맹의 전신이 된다. 이 단체를 굳이 규정하자면 '자유민주주의의 수호를 위해 만들어진 반공주의 비정부기구'라 할 수 있을 것이다. 냉전의 산물인 한반도 분단은 1990년대 이래 탈냉전 시대를 지나면

민족·국가·반공을 결합시킨 철학자

남산자유센터(자유총연맹 본부)의 이승만 동상.

서도 와해되지 않고 오히려 분단을 체제로 규정할 정도로 확대, 재생산되었다. 그동안 남과 북은 각자 정권을 보호하고 강화하기 위해 서로 적대심을 적절히 활용했다. 상호 적대적이지만 그 적대심이 서로에게 필요한 '적대적 상호 의존 관계'인 것이다. 이런 관계는 특히 저마다 '반공주의' 또는 '반미주의'를 적극적으로 활용하면서 이어져 왔다. 따라서 반공주의와 반미주의는 강력한 상호 결합을 통해 결국 분단을 지속시킨 이념적 공모자라고 할 수 있다.

이곳에 온 이유는 분명하다. 이승만과 안호상, 안호상과 이승만은 결코 뗄 수 없는 관계이기 때문이다. 안호상에게 이승만이 자신의 철학을 실질적으로 구현하는 '정치적 상징'이었다면, 이승만에게 안호상은 통치 이념을 세련되게 꾸미고 보완해 줄 '이데올로그'였다. 이데올로그는 사전적으로 '특정의 계급적 입장이나 당파의 대표적인 이론 지도자'를 뜻한다. 이렇듯 안호상과 이승만은 일민주의라는 이념 속에서 하나가 된다. 서양철학 1세대인 안호상은 일민주의 보급의 최전선에 서 있던 대표적인 이데올로그다.

원래 일민주의는 이승만이 기획하고 보급한 배타적 민족주의 기반의 반공주의다. 그런데 1948년까지 정치적 구호 차원에 머무르던 일민주의가 1949년 4월 라디오방송을 통해 구체화되는 한편 '국시(國是)', 즉 국가의 이념이나 국가 정책의 기본 방침으로 선언된다. 1949년 12월에 안호상은 '일민주의보급회'의 부회장에 취임한다. 분단 이듬해인 1949년에 남북은 서로 자기 체제의 우월성을 끊임없이 강조하고 있었으며 이를 위해 남북에서 각각 탄생한 분단국가의 충성스러운 '국민 만들기'에 열중했다. 당시 남측 집권 세력은 1948년 말 여순사건 이후 증폭된 해방 정국의 혼란을 '공산주의 사상의 배타적 극복'과 '대한민국 국민의 정체성 확립'이라는 이중 과제의 달성으로 돌파하려고 했는데, 일민주의가 바로 이때 등장했다. 이승만의 「일민주의란 무엇? 헤치면 죽고, 뭉치면 산다」, 「일민주의 정신과 민족운동」 그리고 이승만의 정치이념 홍보에 나선 언론인 양우정(梁又正)의 『일민주의 개술』이 발표되고 안호상의 『민족의 소리』까지 이해에 출간되었다.

일민주의보급회 부회장으로서 안호상은 일민주의에 '반공주의'와 '혈연적 민족주의'를 결합시킨다. 해방 뒤 좌우 갈등 속에서 의식

민족·국가·반공을 결합시킨 철학자

적 반공 이념 아래 그가 구상한 일민주의의 골자는 이렇다. 첫째, 새롭게 건설된 대한민국의 정치·교육·경제·문화·윤리 등 모든 부문의 생각과 실천에서 평가 기준은 '민족'이다. 대한민국의 이상(理想)도 민족의 통일, 자유, 명예를 출발점으로 삼는다. 둘째, 일민주의는 핏줄도 하나 운명도 하나 주의도 하나인 사상이다. 일민은 핏줄과 운명이 동일한 민족을 대상으로 하기 때문에 외국인은 포함되지 않는다. 또한 이런 점에서 공산주의 사상은 일민주의의 박멸 대상일 뿐이다. 셋째, 일민주의는 개인의 소유와 이익을 절대로 보장하지만 무엇보다 민족 이익이 개인 이익에 앞선다. 이로써 일민주의는 단순한 정치 구호를 넘어 철학적인 세례를 통해 더 강력한 이념으로 변모한다. 『민족의 소리』에서 '우리에게 독특하고도 위대한 사상의 무기가 있어야 한다'던 안호상의 주장이 이듬해에 펴낸 『일민주의의 본바탕』에서는 그런 사상적 무장이 공산주의를 비롯해 '모든 반민족 사상을 여지없이 격파'해야 하며 그것을 위해서는 혈연적 동일성과 통일성에서 비롯되는 '일민주의'가 반드시 필요하다는 말로 구체화되었다. 분명 그는 이런 일민주의의 대표적인 이론가였고, 그런 만큼 그의 철학은 국가주의 철학과 일치했다.

실제로 일민주의에서 민족주의는 반공주의와 결합해 더욱 배타적인 것이 된다. 안호상은 혈연성에 기초한 민족과 일민의 구분, 즉 동일한 혈통이 '일민'의 필수조건이지만 충분조건이 될 수 없으며 이 충분조건은 일민주의라는 단일 이념에 충실하고 반공정신으로 무장한 개인이어야 한다는 점을 분명히 했다. 혈통이 같은 민족이라도 반공 의식이 없으면 일민에 포함될 수 없는 적대적인 타자라는 것이다. 또한 그가 『일민주의의 본바탕』에서는 이승만을 최고 '영도자'라고 부르며 반공이라는 의지 속에서 국가를 위해 희생할 수 있는 이들만 국민으로 규정될 수 있다고 말한다. 이렇게 일민주의의 핵심이 동일 혈통과 동일 운명에 있다는 것에 대한 끊임없는 강조는 결국 '국가'로 수렴되었다. "일민에는 일국가, 한민족에는 한국, 곧 한 백성에는 한 나라를 있게 함이 일민주의의 민족 철학이요 국가 철학이다."(『일민주의의 본바탕』) 오늘날 역사학과 정치학, 심지어 그가 몸담았던 철학에서도 안호상을 국가주의 철학자로 평가하는 것이 낯설지 않다. 분명 그의 철학은 1940년대 후반부터 1950년대까지 국가 철학의 이념적 토대를 제공하는 데 활용되었다.

근대 서구가 정치적으로 민족국가 건설을 지향했는데, 유년 시절과 독일 유학 경험에서 그런 이념적 지향을 강하게 흡수한 안호상의 철학도 민족과 국가의 강한 일치화로 전개된다. 특히 반공주의는 근대적 정치 주체로 성장하는 과정을 겪지 못한 한반도에서 민족과 국가를 맹목적으로 일치시키도록 돕는 이념적 접착제였다. 「민주적 민족 교육의 이념」에 등장하는 '빨갱이 개아들'이라는 말이 그래서 섬뜩하다. 안호상의 철학에서 민족, 국가, 반공의 '신성한 삼위일체'가 이렇게 완성되었다. 이승만의 눈에 분명 안호상은 매력적인 국가주의 이데올로그였으며 안호상으로서는 이승만이 삼위일체의 현실적 대리자였다. 이 둘의 결합은 1949년에 안호상이 문교부 장관 자리에서 전국 교원 5만여 명의 사상 경향을 조사하고 그중 '불순분자'를

민족·국가·반공을 결합시킨 철학자

파면하는 결과로 이어졌다. 어찌 보면 최근 문제가 된 지난 정부들의 블랙리스트 작성도 이런 역사와 맥을 같이한다고 할 수 있다.

거대한 이승만 동상 앞을 떠나기 전에 안호상을 다시 떠올려 본다. 여전히 일부에서는 대한민국의 국부로 칭송받으며 '우리들의 일그러진 영웅'으로 남아 있는 이승만 그리고 그와 함께 민족, 국가, 반공의 삼위일체를 위해 노력한 이데올로그 안호상. 하지만 산업화와 민주화 과정 속에서, 군사정권의 퇴진 및 문민정부의 등장과 함께 그들이 꿈꾸던 일민주의의 흔적은 거의 사라졌다. 또한 어찌 보면 박정희 식 일민주의인 「국민교육헌장」도 이제 그것을 기억하는 이가 거의 없다. 역사는 이렇게 흘러가는 것인가 보다.

대종교 총본사에서 만난 안호상의 민족주의

안호상은 이승만 정권의 초대 문교부 장관을 지내고 박정희 정권에서는 「국민교육헌장」 기초 위원 및 재건국민운동중앙회장을 맡는 등 독재 권력과 함께했다. 민족적 단일성에 대한 수사학적 강조와 국가에 대한 무조건적인 충성이 이승만, 박정희 정권에까지 이어진 것이다. 물론 여러 연구를 살펴볼 때 일민주의는 누구의 것이라고 규정할 수 없으며 해방과 분단을 겪는 과정 속에 여러 이데올로그가 함께 논리적으로 체계화하고 보급한, 즉 한반도 분단에서 파생한 이념이라고 보는 것이 타당하다. 그럼에도 안호상이 일민주의의 철학적 정당화에 몰두했다는 사실은 분명하다.

시간이 흐르면 사람도 변하고, 생각도 변하기 마련이다. 이승만 정권 이후 안호상은 주로 대종교의 보편성과 단군왕검의 역사적 위상을 설파하는 계몽운동가로 활동한다. 상고시대와 단군 사상에 대한 깊은 관심을 바탕으로 민족 뿌리 찾기 운동을 지속적으로 전개하면서 배달문화연구원장(1964), 국민교육헌장 기초 위원(1968), 국사찾기협회 회장(1974), 대종교 총전교(1992) 등을 지냈다. 특히 그가 대종교인으로서 본격적으로 활동하면서 국가주의 철학과 조금씩 거리를 두기 시작한다. 그가 일민주의라는 국가철학을 단군 사상으로부터 이끌어 내는 작업에 주력했는데도 말이다. 철저한 반공주의자였던 그가 대종교의 총전교로 선임된 이후 북한이 단군을 크게 받들자 정부의 불허가 방침을 위반하고 단군릉 참관을 위해 방북을 강행할 정도로 신심이 확고했다.

서울 서대문구 홍은동에 가면 대종교의 모습을 볼 수 있다. 단군을 섬기는 민속신앙에서 발전한 대종교는 단군 정신을 통해 일제에 항거하며 민족의 단결과 부흥 및 국권을 회복해야 한다고 주장했고, 나철·김교헌·윤세복 등 대종교 지도자들을 제외하고는 항일운동을 설명하기가 힘들다. 그 위세가 예전보다는 줄었어도 단군과 그의 건국이념인 홍익인간은 여전히 한민족을 결속시키는 상징으로 자리하고 있다.

안호상은 대종교 활동에 몰두하면서 변한다. 그가 1985년에 「무력 재침은 민족의 자멸 행위」라는 글에서 북한과 대화와 협력을 통

민족·국가·반공을 결합시킨 철학자

한 평화 정착을 주장한다. "'고려 연방제'도 서로 만나서 이야기해 봐야 할 것이 아닌가?" 북한의 통일 방안을 두고 이렇게 말할 만큼 적극적인 태도를 보인 것이다. 안호상 철학의 분열과 극복은 바로 여기서 시작한다. 민족과 국가가 일치하지 않는 분단국가에서 '민족을 최고 이념으로 삼는' 민족주의는 분열적일 수밖에 없다. 민족주의는 민족국가를 건설하려는 열망에 기초하지만, 한국에서 민족주의는 분단이라는 특수 상황 때문에 국가주의·반공주의 등과 뒤섞여 파행적으로 변모해 왔다. 안호상의 철학 역시 그랬다. 결국 파행적이고 분열적 민족주의는 다시 그 '처음'인 '민족'으로 돌아간다. 물론 대종교 활동 속에서 안호상의 철학이 긍정적으로 변모하고 최소한의 철학적 의미를 갖게 된다고 할 수는 없다. 하지만 적어도 민족 내 다른 집단에 대한 그의 극단적인 배타성이 약해진 점은 분명하다. 이런 흐름 속에서 최근 들어 안호상 철학의 의의와 한계를 세심히 살펴보자는 의견이 나타나고 있다. 국가주의 철학을 정립한 것은 허물이지만 서구 사상의 수용을 통해 주체적인 한국철학 사상을 정립한 공(功)이 있다는 것이다. 어느 정도는 공감하고 동의할 수 있다.

　그렇지만 결코 납득할 수 없는 부분이 남는다. 과연 그 공을 공이라고 할 수 있을까? 주체적인 한국철학 사상을 정립하는 목적이 무엇이었을까? 안호상의 철학이 오늘, 우리에게 전하는 메시지가 어쩌면 '국가는 과연 무엇인가'라는 근본적인 문제 제기의 필요성일지도 모른다. 한국철학계에서 1950~1960년대에 활동하고 국가주의로부터 자유로운 이를 찾기는 힘들다. 한국철학사 강의를 처음으로 만드는 등 뚜렷한 발자취를 남긴 박종홍이 군사정권과 손잡았다는 혐의에서 자유롭지 못하고, 김계숙(金桂淑)과 최재희(崔載喜)도 비슷한 처지다. 다시 질문이 주어진다. 오늘 우리에게 국가는 무엇인가? 우리는 어떤 국가를 만들어야 하는가?

민족·국가·반공을 결합시킨 철학자

추천 답사 코스

서대문, 광화문 코스

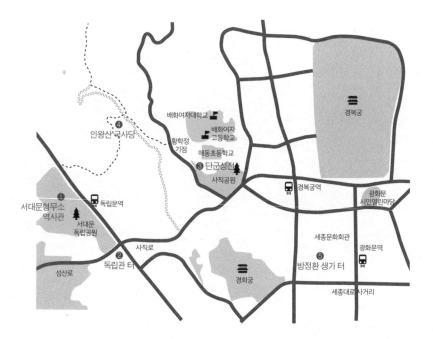

❶ 서대문형무소역사관
(한용운, 안창호, 장일순)

서울 서대문구 통일로 251.

1908년에 일제가 의병을 체포, 구금하기 위해 급히 만든 감옥이었다. 처음 만들 때는 경성감옥이었는데 1912년부터 서대문감옥으로 불리다가 1923년에 서대문형무소가 되었다. 애초부터 일제가 조선을 지배하는 데 이용하려고 만들어 독립운동가가 대거 투옥되었다. 1919년 3월 1일에 「독립선언서」를 낭독하고 바로 현장에서 연행된 한용운, 1937년 동우회 사건으로 체포된 안창호 등이 수감된 바 있다. 장일순도 5·16쿠데타 직후 서대문형무소와 춘천형무소에서 3년간 옥고를 치렀다.

❷ 독립관 터(신채호)

서울시 서대문구 영천동
(독립문어린이공원 안).

성균관에서 공부하던 시절에 신채호가 독립협회 활동에 참여하면서 자주 들렀던 독립회관 터. 독립회관은 원래 조선 시대에 명이나 청에서 온 사신들을 맞아 대접하던 모화관이 있던 곳인데, 청일전쟁 이후 사용하지 않게 되자 독립협회에서 사무실 겸 독립 정신을 불러일으키기 위한 집회 장소로 썼다. 서울시가 복원한 독립관은 현재 서대문독립공원에 있다.

❸ 단군성전(나철)

서울시 종로구 사직동.

사직공원에 있는 사직단 정문에서 나와 오른쪽으로 담을 끼고 얕은 오르막을 따라가면 군부대와 마주한 곳에 단군을 모시는 단군성전이 나타난다. 단군성전에서는 매년 개천절과 어천절 행사를 치르는데, 이는 일제강점기에 대종교를 창시한 나철이 시작했다.

❹ 인왕산 국사당(나철)

서울시 서대문구 무악동.

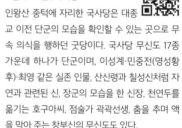

인왕산 중턱에 자리한 국사당은 대종교 이전 단군의 모습을 확인할 수 있는 곳으로 무속 의식을 행하던 굿당이다. 국사당 무신도 17종 가운데 하나가 단군이며, 이성계·민중전(명성황후)·최영 같은 실존 인물, 산신령과 칠성신처럼 자연과 관련된 신, 장군의 모습을 한 신장, 천연두를 옮기는 호구아씨, 점술가 곽곽선생, 춤을 추며 액을 막아 주는 창부신의 무신도도 있다.

❺ 방정환 생가 터(방정환)

서울시 종로구 당주동 로얄빌딩 앞.

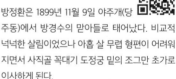

방정환은 1899년 11월 9일 야주개(당주동)에서 방경수의 맏아들로 태어났다. 비교적 넉넉한 살림이었으나 아홉 살 무렵 형편이 어려워지면서 사직골 꼭대기 도정궁 밑의 조그만 초가로 이사하게 된다.

종로구 코스

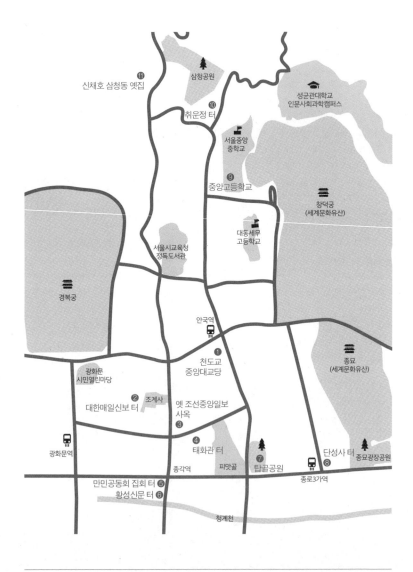

신채호 삼청동 옛집 ⑪

삼청공원

성균관대학교
인문사회과학캠퍼스

취운정 터 ⑩

서울중앙
중학교

중앙고등학교 ⑨

창덕궁
(세계문화유산)

대동세무
고등학교

서울시교육청
정독도서관

경복궁

안국역

천도교
중앙대교당 ①

종묘
(세계문화유산)

광화문
시민열린마당

대한매일신보 터 ② 조계사

옛 조선중앙일보
사옥 ③

광화문역

태화관 터 ④

종각역   피맛골   탑골공원 ⑦

단성사 터 ⑧

종묘광장공원

종로3가역

만민공동회 집회 터 ⑤
황성신문 터 ⑥

청계천

❶ 천도교중앙대교당(방정환)

서울시 종로구 삼일대로 457.

천도교중앙대교당은 천도교의 종교 의식과 일반 행사를 치르는 곳이다. 1923년 5월 1일 오후 3시, 대교당 앞 천도교 광장에 1000명도 넘는 어린이와 어른 들이 모여 어린이날을 선포했다. 어린이를 주체적 인격으로 대해야 한다는 주장은 천도교 정신에 바탕을 둔다.

❷ 대한매일신보 터 (박은식, 신채호)

서울시 종로구 수송동 85.

국·영문으로 발행한 『대한매일신보』는 1904년 7월 18일 서울 전동(지금의 수송동)에서 영국인 베델을 발행인 겸 편집인으로, 양기탁을 총무로 해 창간되었다. 주필은 박은식이 맡았고, 신채호를 비롯한 필진이 있었다.

❸ 옛 조선중앙일보 사옥 (여운형)

서울시 종로구 우정국로 38.

『중외일보』를 계승해 『중앙일보』로 창간했다가 1933년 2월 16일 여운형이 사장에 취임해 1933년 3월 7일부터 제호를 『조선중앙일보』로 고쳤다. 이 무렵 『동아일보』, 『조선일보』와 함께 조선의 3대 일간지로 자리매김했다.

❹ 태화관 터(한용운)

서울시 종로구 인사동5길 29.

1919년 3·1운동 때 민족대표들이 모여 독립선언식을 거행한 곳이다. 지금의 종로구 인사동에 있던 요릿집으로 명월관의 분점 격이었다. 독립선언서를 낭독한 민족대표들은 조선총독부에 이를 통고했고, 한용운을 비롯한 29인이 현장에서 바로 연행되었다.

❺ 만민공동회 집회 터 (박은식, 안창호, 신채호)

서울시 종로구 종로1가 사거리.

만민공동회는 우리나라 최초의 근대적 민중 집회로 독립협회가 1898년 정부의 친러 정책과 비자주 외교에 반대해 주도했다. 1차 집회 이후 사안에 따라 민중이 자발적으로 집회를 이어 갔다. 위정척사파의 면모를 보인 정통 성리학자였던 박은식이 만민공동회에 참여하면서 개혁 사상을 갖게 된다.

❻ 황성신문 터(박은식, 신채호)

서울시 종로구 서린동 33.

『황성신문』은 국한문을 함께 쓴 일간지로서 1898년 남궁억이 국권을 수호하고 국민을 계몽하기 위해 간행했다. 을사조약이 강제 체결되자 장지연이 쓴 「시일야방성대곡」이라는 논설을 실었다가 정간당하기도 했다. 박은식이 주필로, 신채호가 논설위원으로 활동했다.

❼ 탑골공원(현상윤)

서울시 종로구 종로 99.

우리나라 최초의 도심 공원. 1919년 3·1만세 운동 때 만세 운동의 중심지였다. 3·1만세 운동을 준비하고 있을 때 중앙학교 교사였던 현상윤은 같은 학교 교장 송진우와 만세 운동의 규모를 키우기 위해 동분서주했다. 민족대표에 당시 유력 종교인 천도교, 기독교, 불교를 대표하는 인사가 모두 참여하게 된 데는 이런 노력이 있었다.

❽ 단성사 터(최시형)

서울시 종로구 돈화문로 26.

단성사는 1907년에 문을 연 우리나라 최초의 상설 영화관이다. 조선 시대에는 이곳에 좌포도청이 있었다. 조선 후기에 좌포도청은 주로 당쟁의 정적 제거, 천주교도 탄압 같은 기능을 수행하면서 사회적·정치적으로 중대한 사건에 연루된 이들을 취조하고, 재판하고, 형을 집행했다. 천도교 2대 교주 최시형도 이곳에서 재판을 받고 스승인 최제우와 마찬가지로 좌도난정이라는 죄목으로 처형된다.

❾ 중앙고등학교(신남철, 현상윤)

서울시 종로구 창덕궁길 164.

중앙학교는 원래 1908년에 애국 계몽 단체 기호흥학회가 세운 기호학교와 1910년에 안창호의 흥사단이 세운 융희학교를 합친 것이다. 1915년에 재정난으로 운영이 어려워 인촌 김성수에게 인수된다. 1918년에 일본 유학을 마치고 돌아온 현상윤이 중앙학교 교사로 일하기도 했고, 신남철도 경성제국대학 졸업 후 중앙고등보통학교(약칭 중앙고보)에서 교사 생활을 했다. 중앙고등보통학교(1921), 중앙중학교(1938) 등으로 개편되다 1950년 교육법에 따라 현재와 같이 중앙고등학교와 중앙중학교로 분리되었다.

❿ 취운정 터(나철)

서울시 종로구 북촌로 112(감사원 앞).

취운정은 1870년대 중반 민태호가 지은 정자다. 유길준이 이곳에 유폐되어 『서유견문』을 집필하기도 했다. 일제강점기에는 독립운동가들의 회합 장소로도 이용되었다. 대종교의 초대 교주인 나철은 1909년 동료들과 취운정 근처에서 하늘에 제사를 드리고 단군교(대종교)의 중광을 선포했다.

⓫ 신채호 삼청동 옛집

서울시 종로구 삼청동 산2-1번지.

신채호는 1910년에 중국 칭다오로 떠나기 직전까지 이곳에 살았다. 삼청터널 끝자락에 위치한 신채호의 옛집은 지금은 흔적이 없고 시멘트 바닥만 휑하게 남아 있다.

성북구, 강남구, 광진구 코스

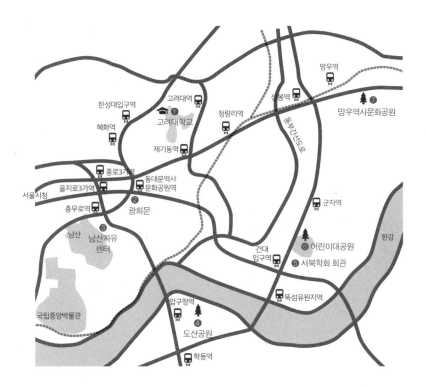

❶ 고려대학교(현상윤, 안호상)

서울시 성북구 안암로 146.

1905년에 이용익이 앞장서 한국 최초의 근대적 고등교육기관인 보성전문학교로 설립된다. 1932년에 김성수가 학교를 인수한다. 1933년에는 독일 예나대학에서 철학 박사 학위를 받고 귀국한 안호상을 교수로 초빙하고, 1946년에는 일본 유학 후 중앙학교 교사로 재직하던 현상윤을 교장으로 초빙한다. 1946년, 고려대학교로 개칭하고 4년제 대학으로 승격되자 현상윤이 초대 총장으로 취임한다.

❷ 광희문(최시형)

서울시 중구 퇴계로 344.

광희문은 한양의 사대문 사이에 자리한 네 문, 사소문(四小門) 가운데 동남쪽 문이다. 시구문(屍軀門)·수구문(水口門)이라고도 했으며 서소문(西小門)과 함께 시신을 내보내던 문이다. 좌포도청에서 처형당한 최시형의 시신이 광희문을 통해 한양 밖으로 내보내진 뒤 공동묘지에 묻힌다. 최시형의 묘는 나중에 제자의 손에 송파로 옮겨지고, 훗날 여주의 원적산 천덕봉 아래로 다시 옮겨진다.

❸ 남산자유센터(안호상)

서울시 중구 장충단로 72.

한국 최대 보수 단체인 '자유총연맹'의 본부가 있는 곳이다. 이승만이 1954년에 출범시킨 아시아민족반공연맹 한국 지부가 1964년에 '한국반공연맹'으로 개편되고 오늘날 자유총연맹의 전신이 된다. 이곳에 이승만 동상이 서 있다. 이승만이 기획한 배타적 민족주의 기반의 반공주의인 '일민주의'의 이데올로그 구실을 한 인물이 바로 철학 박사 안호상이다.

❹ 도산공원(안창호)

서울시 강남구 도산대로45길 20.

서울 강남구 신사동에 있는 공원으로 1971년에 착공하고 1973년에 개원했다. 공원 이름은 안창호 선생의 아호에서 따왔다. 공원 안에 도산 안창호 선생과 부인 이혜련 여사의 묘소가 있다. 안창호 선생의 업적을 기리는 안창호 기념관에는 도산의 생애와 사상을 한눈에 살펴볼 수 있는 사진, 서한, 임시정부 사료집, 도산 일기가 전시되어 있다.

❺ 건국대학교 내 서북학회 회관 (박은식)

서울시 광진구 능동로 120.

서북학회는 대한제국 말기인 1908년 1월에 한성부에서 평안도, 황해도, 함경도 출신 인사들이 조직한 애국계몽운동 계열의 단체다. 항일 독립운동가인 안창호, 이갑, 박은식, 이동휘 등이 단체의 대표 인물들이다. 서북학회 회관은 학회 창립(1908)과 함께 청나라 건축가를 초빙해 종로구 낙원동 282번지에 근대적 건축 양식으로 세운 건물이다. 1977년에 도시계획으로 건물을 철거했으나 1985년에 건국대학교 교정으로 이전 복원해 현재 박물관으로 쓰고 있다.

❻ 어린이대공원 (방정환, 안호상)

서울시 광진구 능동로 216.

1973년 5월 5일, 당시로서는 동양 최대 규모의 종합 어린이 놀이 시설로 문을 열었다. 우리나라에서 '어린이' 개념을 탄생시키고 완성한 방정환의 상을 찾아볼 수 있는 곳이다. 정문에서 가까운 분수대 왼편에는 '국민교육헌장비'가 세워져 있다. 안호상은 이승만 정권의 초대 문교부 장관을 지내고 박정희 정권에서는 「국민교육헌장」 기초 위원 및 재건국민운동중앙회장을 맡는 등 독재 권력과 함께했다.

❼ 망우역사문화공원 (한용운, 방정환)

서울 중랑구 망우로 570.

망우리공원묘지. '망우(忘憂)'라는 지명은 태조 이성계가 자신의 묏자리를 정하고 돌아오는 길에 이 고개에 올라 그 자리를 바라보며 "이제야 근심을 잊을 수 있겠구나." 한 데서 왔다고 한다. 독립운동가들의 장지로 쓰인 일이 많으며 한용운, 방정환, 이중섭, 오세창, 박인환 등 유명인 수십 명이 묻혀 있다. 서울시가 이곳의 새 이름을 공개 모집해 이제 망우역사문화공원이 되었다.

대학로, 성북동 코스

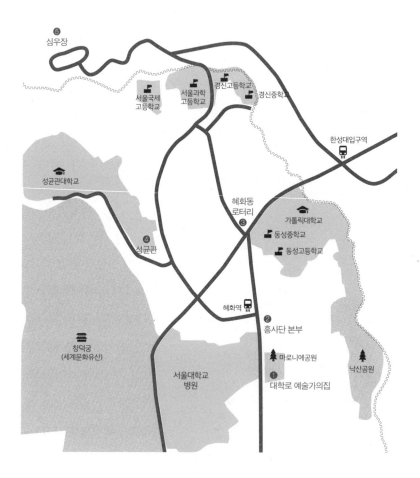

⑤
심우장

서울국제
고등학교

서울과학
고등학교

경신고등학교

경신중학교

한성대입구역

성균관대학교

혜화동
로터리
③

가톨릭대학교

동성중학교

동성고등학교

④
성균관

혜화역

②
흥사단 본부

창덕궁
(세계문화유산)

서울대학교
병원

마로니에공원

낙산공원

①
대학로 예술가의집

❶ 대학로 예술가의집 (신남철, 박치우)

서울시 종로구 동숭길 3.

사적 278호인 예술가의집 건물은 일제강점기에 경성제국대학 본관으로 쓰였다. 근대 철학 1세대인 신남철(1926년 입학)과 박치우(1928년 입학)가 경성제대에서 철학을 공부했다.

❷ 흥사단 본부(안창호)

서울시 종로구 대학로 122.

흥사단(興士團)은 1913년 5월 13일 도산 안창호가 미국 샌프란시스코에서 창립한 민족운동 단체다. '재능 있는 사람[士]을 일으키는[興] 모임[團]'으로 '건전한 인격과 신성한 단결을 육성하는 데 목표'가 있다. 그러나 평범한 수양 단체라기보다는 구국 광복을 위한 혁명을 중심으로 투사의 자격을 양성하는 혁명 훈련 단체였다.

❸ 혜화동 로터리(여운형)

서울시 종로구 혜화동.

몽양 여운형이 1947년 7월 19일 오후 1시 15분에 달리던 차 안에서 괴한의 총탄에 맞아 쓰러진 곳이다. 혜화동 로터리는 한국 근현대사의 여러 사건이 교차한 곳이기도 하다. 4·19혁명에 참가했던 동성중·고등학교, 우리나라 근대 성당 건축의 모범이 된 혜화동성당, 이승만이 살던 이화장이 로터리 인근에 있다.

❹ 성균관(신채호)

서울시 종로구 성균관로 31 유림회관.

신채호는 할아버지 신성우에게 한학의 기본을 배웠고 열아홉 살 되던 해(1898)에 성균관에 입교한다. 당시 성균관 입학 자격에 '시대 의식이 있는 자'라는 조항이 있었고, 이런 학풍 속에서 신채호와 동학들은 신학문에 대해 열띠게 토론하는 일이 많았다고 한다. 신채호는 1905년에 26세라는 나이로 오늘날 교수에 해당하는 성균관 박사에 임명되지만 박사가 된 다음 날 사직하고 유학자가 아닌 언론인의 길을 걷는다.

❺ 심우장(한용운)

서울시 성북구 성북로29길 24.

한용운이 남향으로 터를 잡으면 조선총독부를 마주 보게 되므로 이를 거부하겠다는 강력한 의지로 북향을 택해 지은 한옥이다. 집의 이름은 선종(禪宗)의 '깨달음'에 이르는 과정을 잃어버린 소를 찾는 것에 비유한 열 가지 수행 단계 중 하나, 즉 '자기의 본성인 소를 찾는다'는 심우(尋牛)에서 유래했다. 1985년 7월 5일, 서울특별시기념물 7호로 지정되었다. 한용운은 1944년에 광복을 보지 못한 채 이곳에서 생애를 마쳤다.

강원도 원주 코스

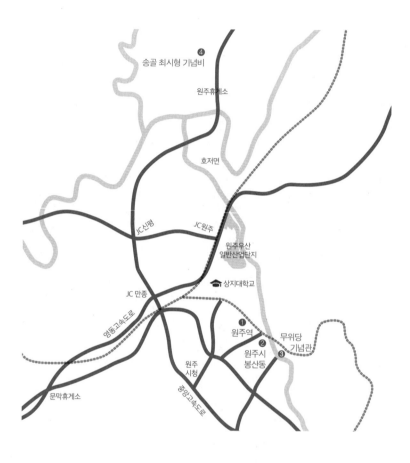

송골 최시형 기념비 ④

원주휴게소

호저면

JC신평

JC원주

원주우산
일반산업단지

상지대학교

JC 만종

영동고속도로

원주역 ①

무위당
기념관

② 원주시
봉산동 ③

원주
시청

중앙고속도로

문막휴게소

❶ 원주역(장일순)

강원도 원주시 평원로 158.

중앙선 기차역으로 역 주변으로 치악산 자락이 있다. 몇 년 전까지만 해도 원주역 담벼락에는 원주를 빛낸 인물로 선정된 장일순과 지학순 주교의 얼굴이 그려져 있었다.

❷ 원주시 봉산동(장일순)

강원도 원주시 봉산동.

봉산동에는 1955년에 장일순이 손수 지은 작은 토담집이 있다. 그는 1994년 5월 22일 봉산동 자택에서 67세를 일기로 영면했다. 봉산동 옛집 근처에는 장일순의 호 '무위당'이라는 이름이 붙은 작은 도로가 있다.

❸ 무위당기념관(장일순)

강원도 원주시 중앙로 83.

정부의 탄압으로 정치 활동을 할 수 없었던 장일순은 지학순 주교와 협동조합 운동을 벌인다. 1971년에 '밝음신협'이 창립된다. 원주의 원도심인 중앙로에 위치한 밝음신협 건물 4층에 있는 '무위당기념관'은 장일순을 기리는 사람들이 세웠고 그의 서화가 주로 전시되어 있다.

❹ 송골 최시형 기념비 (최시형, 장일순)

강원도 원주시 호저면 고산리 송골.

1894년 동학농민혁명 이후 최시형은 관의 눈을 피해 강원도 인제·홍천, 경기도 여주 등을 거쳐 원주시 호저면 고산리 송골마을로 피신했다. 이곳에서 최시형은 1898년 4월에 체포되고 같은 해 6월 처형되었다. 현재 송골마을 앞에 있는 최시형피체지 기념비에 '모든 이웃의 벗 최보따리 선생님을 기리며'라는 글귀가 새겨져 있다. 고 무위당 장일순이 쓴 글씨다.

지은이 소개

구태환

조선 후기 기(氣) 학자 최한기의 인체론을 다룬 논문으로 박사 학위를 받았다. 대학 시절 이후 30년간 철학에 적을 두고 이것저것 기웃거렸지만, 게으름과 미련함 탓에 이뤄 놓은 것이 없다. 최근에는 동학사상과 인권 의식에 관심을 기울이고 있다. 지은 책으로『철학, 삶을 묻다』(공저),『처음 읽는 한국 현대 철학』(공저) 등이 있으며 상지대를 비롯한 여러 대학에서 강의하고 있다.

김세리

다산 정약용의 소통과 관련된 논문으로 박사 학위를 받았다. 인간이 어떻게 살 것인가에 관한 가치관, 어떻게 놀 것인가에 관한 풍류관에 대해 선현들에게서 답을 구하고 있다. 차 마시는 일을 천명으로 여기는 다인(茶人)이기도 하다. #다산과 그의 인간관계들 #다산, 다향탐미(茶香耽味)

김정철

대학에서 역사와 철학을 공부하고 대학원에서는 한국 철학을 전공했다. 현재 17세기 조선 유학의 '도통론'을 주제로 박사 학위논문을 쓰고 있다. 다양한 사유와 철학이 좌충우돌하며 한 시대를 돌파해 나가는 장면을 꾸준히 발굴해 소개한다는 꿈이 있다. 대종교를 비롯한 한국 현대 철학에 대한 관심도 그 가운데 하나다.

박민철

1970년대 끝자락에 태어나 'IMF 시대'에 대학을 다녔다. 같이 놀던 사람들이 철학과에 다녀서 별 고민 없이 철학과에 들어갔는데, 철학 자체가 좋아져 결국 석·박사과정까지 마쳤다. 대학원 졸업 후 다들 그러듯 시간강사로 지내다 운이 좋아 한국 현대 철학에 대한 학문적 관심과 한반도 통일에 대한 실존적 고민을 함께 녹여낼 수 있는 직업도 갖게 되었다. 최근에는 한(조선)반도 사상사, 지성사에 대한 관심이 부쩍 늘어 '열공' 중이다. 연상의 아내, 아들 그리고 이북이 고향인 장모님과 서울에서 살고 있다.

배기호

순자(荀子)의 철학 사상을 연구해 석·박사 학위를 받았다. 자판기 커피를 들고 벤치에 앉아 멍하니 있기를 좋아하지만, 그런 호사를 누리기에는 여전히 부족한 점이 많다. 음악과 야구를 비롯한 잡기에 관심이 많아 때때로 중심 잡기가 쉽지 않지만, 틈틈이 공부하면서 앎과 삶이 일치할 수 있도록 노력하는 나날을 보내고 있다. 철학을 규정하기보다는 그것이 지금 나와 우리의 것이 될 수 있도록 하는 데 도움이 되고 싶다.

송인재

1980년대 이후 중국의 계몽, 민족, 문화 담론으로 박사 학위를 받았다. 철학, 역사, 문학, 사회과학, 정보과학의 경계를 넘나들며 근현대 중국과 한국의 지성계를 더디게 탐사하고 있다. 동아시아 개념사/디지털 인문학 분야에서 중국, 대만, 일본, 독일 연구자와 협업하며 국가 경계를 넘는 연구자로 거듭나려는 중이다.

유현상

대학 시절부터 이어진 철학 공부가 여전히 미진하다. 주로 정치철학과 사회철학 분야에 관심이 있다. 서양철학을 전공했지만 최근에는 한국의 사회문제와 근현대 사상에 집중하고 있다. 함석헌의 사상과 서양철학을 비교하며 동학에 대한 공부도 한다. 대중과 잘 소통하는 연구자가 되고 싶으나 아직은 역량이 부족한 편이다.

윤태양

건국대 철학과에서 공부했다. 순자의 도덕철학 같은 규범주의 도덕 이론의 구조와 한계에 대한 연구로 박사 학위를 받았다. 사람들의 도덕적 선택 과정과 그 과정에 시대와 개인이 함께 만들어 내는 임의적 결과 및 체계에 대해 탐구하며 시대가 요구하는 도덕철학을 지향하고 있다.

지은이 소개

이병태

세상과 사람을 잇는 고리에 깊은 관심이 있다. 이 고리에 엮인 모든 것은 끊임없이 변할 뿐만 아니라 반드시 변해야 한다는 생각 아래 배우고 가르치면서 산다.

이지

이화여자대학교에서 조선 후기 유학자 최한기의 기학을 연구해 박사 학위를 받았다. 동양철학이 오늘날에도 여전히 세계를 이해하고 설명하는 데 유효하고 다양한 사유 체계를 제공하는데도 주변으로 밀려난 까닭을 근대 이행기 한국의 역사적 상황에서 찾았고, 그에 따라 자연스럽게 이 시기 한국의 철학적 지형을 조망하는 데 관심을 두고 있다.

조배준

한반도의 역사와 시대정신에서 발현된 문제의식을 통해 근대의 사회 · 정치철학, 특히 민주주의의 토대를 연구하려고 한다. 월북 지식인이나 예술가에 대한 연구와 더불어 '분단의 지성사'를 '통합의 지성사'로 만들어 가는 것에도 관심이 있다. 다양한 주제의 시민 인문학 강의를 기획했고 통일 교육과 인문 체험형 DMZ 답사 프로그램에도 참여하고 있다.

진보성

'남명 조식의 수양과 실천'을 주제로 박사 논문을 썼다. 몇 년 전부터 한국철학사상연구회에서 한국 근현대사상을 공부하면서 한국 유학사를 다시 돌아보게 되었다. 옛 유학자들에게서 본 것은 고원한 우주적 주체성이지만, 근대의 고민을 거치면서 지금 우리가 바라볼 지평은 우주적 시민의 경지라고 생각한다. 우주적인 것 두 가지의 관계를 설명하고 풀어내는 작업이 재미있어서, 여기에 계속 힘을 쏟고자 한다. 요즘은 청주교대에서 한국 전통 사상과 시민 윤리 · 문화 등을 강의하며 교학상장을 꾀하고 있다.

길 위의 우리 철학

최시형부터 안호상까지 근대 지성 13인의 발자취를 따라 걷다

초판 1쇄 발행 2018년 9월 10일

지은이 | 한국철학사상연구회
편집 | 김정민·박숙희
디자인 | 여상우
마케팅 | 김하늘

펴낸이 | 박숙희
펴낸곳 | 메멘토
신고 | 2012년 2월 8일 제25100-2012-32호
주소 | 서울시 은평구 연서로 182-1, 502호(대조동)
전화 | 070-8256-1543 팩스 | 0505-330-1543
이메일 | mementopub@gmail.com
블로그 | http://mementopub.tistory.com
페이스북 | www.facebook.com/mementopub

저작권 ⓒ 한국철학사상연구회
ISBN 978-89-98614-55-3 (03150)

이 도서는 한국출판문화산업진흥원의 출판콘텐츠 창작 자금 지원 사업의 일환으로
국민체육진흥기금을 지원받아 제작되었습니다.